民國文存

10

清初五大師集（卷五）
顏習齋集

許嘯天　整理

知識產權出版社

顏習齋是清初的思想家、教育家，“顏李學派”創始人。本書共分三卷，收錄李塨撰寫的顏習齋年譜、鍾錂所纂的言行錄及顏習齋的《四存編》，比較全面地反映顏習齋的生平事蹟、舉止言行和學術思想。書前有整理者許嘯天撰寫的新序。

本書適合對學術思想史感興趣者及相關的研究者閱讀。

責任編輯：文　茜　　**責任校對**：韓秀天
執行編輯：韓　帥　　**責任出版**：盧運霞
特約編輯：譚　笑　　**動態排版**：賀　天

圖書在版編目（CIP）數據

清初五大師集（卷五）·顏習齋集/許嘯天整理—北京：知識產權出版社，2012.9
（民國文存）
ISBN 978-7-5130-1533-2
Ⅰ.①顏…　Ⅱ.①許…　Ⅲ.①顏元（1635~1704）—文集　Ⅳ.①B249.51
中國版本圖書館 CIP 數據核字（2012）第 217712 號

清初五大師集（卷五）·顏習齋集
Qingchu Wudashi Ji（Juanwu）· Yanxizhai Ji
許嘯天　整理

出版發行：知識產權出版社

社　　址：北京市海澱區馬甸南村 1 號	**郵　　編**：100088
網　　址：http://www.ipph.cn	**郵　　箱**：bjb@cnipr.com
發行電話：010-82000860 轉 8101/8102	**傳　　真**：010-82005070/82000893
責編電話：010-82000860 轉 8342	**責編郵箱**：wenqian@cnipr.com
印　　刷：北京中獻拓方科技發展有限公司	**經　　銷**：新華書店及相關銷售網站
開　　本：720 mm×960mm　1/16	**印　　張**：20
版　　次：2012 年 12 月第一版	**印　　次**：2012 年 12 月第一次印刷
字　　數：277 千字	**定　　價**：65.00 元

ISBN 978—7—5130—1533—2 / B · 062（4385）

民國文存

（第一輯）

出版前言

民國時期，社會動亂不息，內憂外患交加，但中國的學術界卻大放異彩，文人學者輩出，名著佳作迭現。在炮火連天的歲月，深受中國傳統文化浸潤的知識份子，承當著西方文化的衝擊，內心洋溢著對古今中外文化的熱愛，他們窮其一生，潛心研究，著書立說。歲月的流逝、現實的苦樂、深刻的思考、智慧的光芒均流淌於他們的字裡行間，也呈現於那些細緻翔實的圖表中。在書籍紛呈的今天，再次翻開他們的作品，我們仍能清晰地體悟到當年那些知識分子發自內心的真誠，蘊藏著對國家的憂慮，對知識的熱愛，對真理的追求，對人生幸福的嚮往。這些著作，可謂是中華歷史文化長河中的珍寶。

民國圖書，有不少在新中國成立前就經過了多次再版，備受時人稱道。許多觀點在近一百年後的今天，仍可說是真知灼見。眾作者在經、史、子、集諸方面的建樹成為中國學術研究的重要里程碑。蔡元培、章太炎、陳柱、呂思勉、謝無量、錢基博等人的學術研究今天仍為學者們津津樂道；魯迅、周作人、沈從文、丁玲、梁遇春、李健吾等人的文學創作以及傅抱石、豐子愷、徐悲鴻、陳從周等人的藝術創想，無一不是首屈一指的大家名作。然而這些凝結著汗水與心血的作品，有的已經罹於戰火，有的僅存數本，成為圖書館裡備受愛護的珍本，或成為古玩市場裡待價而沽的商品，讀者很少有隨手翻閱的機會。

鑑此，為整理保存中華民族文化瑰寶，本社從民國書海裡，精心挑出了一批集學術性與可讀性於一體的作品予以整理出版，以饗讀者。這些書，包括政治、經濟、法律、教育、文學、史學、哲學、藝術、科普、傳記十類，綜之為民國文存。每一類，首選大家名作，尤其是對一些自新中國成立以后沒有再版的名家著作投入了大量的精力，進行了整理。在版式方面有所權衡，基本採用化豎為橫、保持繁體的形式，標點符號則用現行的規範予以替換，一者考慮了民國繁體文字可以呈現當時的語言文字風貌，二者顧及到今人從左至右的閱讀習慣，以方便讀者翻閱，使這些書能真正走入大眾。然而，由於所選書籍品種較多，涉及的學科頗為廣泛，限於編者的力量，不免有所脫誤遺漏及不妥當之處，望讀者予以指正。

目　錄

新序

——整理後的感想

許嘯天

我們從竪的——過去的——歷史，看到横的——現在的——社會，那人類事業，經過種種創造、種種失敗、種種團結、種種破裂：千辛萬苦、前仆後繼的接續着做那創造而又失敗、團結而又破裂、循環無端的事業，以至於億萬斯年而不休息，而亦不成功。這是爲什麼來？人類同是天地間千萬種生物中的一種，同受着天地的豢養，現現成成有吃、有住、有穿，你若不創造，天一般也要生你的；你若不組織，地一般也要養你的。你看别的生物社會，他有什麽創造？他有什麽組織？即使有創造、有組織，總趕不上人類那模樣偉大的創造、繁瑣的組織；但他們不見得因此斷了種，也不見得因此絕了食。獨有人類的社會，却永古千年不住的在那裏創造什麽事業，組織什麽社會，鬧得烏烟瘴氣；又但是事業祇管翻新，社會祇管復雜，而人類依舊是住在地球上，依舊是靠天養活的。這樣説來，人類所經營的種種，豈不是白辛苦麽？明知是白辛苦，還是進行不休，這又是爲什麽來？這個答案，我可以總説一句：是受着人生觀的驅迫。

人雖同是天地間的一種生物，但因生理上的組織，比較現有的别種生物——將來有無勝過人的生物產生却不得而知——格外細緻一點，所以他思想界的領域，便也格外擴大一點；因思想界的擴大，他智識的慾望也跟着擴大起來，生活的慾望也跟着擴大起來。凡是他所創造、他所組織，都無非是求智識上的安慰和生活上的享受。人是最聰明而又最貪心——據現有的生物界說話——的動物，所以他的智識也永不能得到安慰的一日，他的生活也永不能得到滿足的一日；因此，他的人生觀也永不能得到完善解决的一日。明知道不能解决，但我們做一天人，那智識界上受着一天人生觀的驅迫——下愚的除外——不由你不去做一天解决人生觀的事業和維持人生的事業，因此，便也無意中延長了人生的歷史，組織成複雜的社會。

凡是人雖都有人生觀——便是下愚的人也有下愚的人生觀——但因各人受着環境的驅迫力不同、習慣的蓄養力不同、性情的趨向不同、學識的方向不同，因之而各人有各人的人生觀，甚至同是一個人，一時代有一時代的人生觀。雖是這樣說，大概一個民族，因爲同住在一處地方，同受着一處風俗的教養，同受着一處人性的遺傳，因此，在一民族中，雖有人人不同的人生觀，却可尋得一條人人相同的人生觀的趨向。根據他的趨向，我又可以把全世界人類對於人生觀大別的態度，分出三種來說：第一種，是向前看；第二種，是向左右看；第三種，是向後看。我再約略分說在下面：

第一種，向前看的人生觀。這一種，他把人看作無上尊貴而又萬能的，不但是萬物之靈，而且是天地間的主人翁。在人的智力範圍以內，沒有不可解决的事，也沒有不能明瞭的理；遇到了困難，便一味的向前要求，研究、創造、享用，成了如今物質文明的世界。

第二種，向左右看的人生觀。這一種，他果然也把人看做萬物之靈，但同時也承認自已爲天地間生物中之一員；在天地的範圍以內，任你人的智力如何發達，終不能得到人生觀的究竟。還不如安分守已，盡萬物之靈的本能，創造得一分，便享用一分；凡事不要求澈底的解決，凡理也不要求澈底的了解；眼前如有困難，便向左右看，在這困難境地上求自已的滿足。不想破壞局面，也不想改造局面，成了如今趨重情志的中堅社會。

第三種，向後看的人生觀。這一種，他把人生看做無上的煩惱而又虛空的。人生觀，是天地間永遠不能揭曉的一個大謎；既然是猜不透的東西，何必白費心思去研究他。在主張物質文明的人，以謂多研究得一分，便多明瞭得一分人生觀的原理；多創造得一分，便多解決得一分人生觀的事業。其實，他不知道這人生觀之門，是從外開進去的，不是從裏開出來的；他是一座迷宮，愈向裏開進去，裏面的門路愈多，愈叫人迷失了來時的道路。那求澈底了解人生觀的，愈是研究得精細，發生的問題愈多；社會上事業愈發達，人生愈是煩惱，愈是危險。憑我們做人的智力，終於不能解決自已的問題；何如不求解決，并且根本不要這個無謂的人，豈不是不解決而大解決了？憑這個態度，便成了如今趨向厭世的宗教社會。

總起來說：向前看的，是入世的人生觀；向左右看的，是處世的人生觀；向後看的，是出世的人生觀。這三種人生觀，各走各的路，各說各的話；自有人類社會幾千年以來，也便走了幾千年，說了幾千年。到如今，還不曾走得通，還不曾說得明白。倘然入世的人生觀走通了、說通了，人的壽命也可以仗着物質的保障，弄成永古不死的神仙；世界上各種事業發達完成，早已把地球弄成天國了。因又倘然處世的人生觀走通了、說通了，人人各安天命不奮鬬，不創造；直到如今，也可以保持幾千年以前穴居野處的原人狀態，又如何能造成如今這樣物質文明的狀態呢？又倘然出世的人生觀走通了、說通了，那更是乾脆，人類早可以滅盡死絕，何必再叫我們的子孫永古千年留在世界上，受盡煩惱吃盡辛苦呢？這三種人生觀，到如今一種也得不到成功者；衹因他們都有走不通的地方，互相維繫着，以造成今日這半明不暗的社會。

我還可以說一句，這三種人生觀，莫說眼前有走不通、說不通的地方，便是再過億萬年，也還是個走不通、說不通；他們走不通、說不通，難道說叫我們便不做人了嗎？還是候着他們走通了、說通了再做人嗎？還是暫時做一個沒有人生觀的人嗎？這都是不可能的。既是不可能，當然不能不做人；既不能不做人，當然要有一種人生觀。這三種人生觀，都不是可靠的；依我的主意，我們既在世界上做人，衹是低着頭去做罷！且不要抬着頭觀罷！觀是空想，做是實事；隨你什麽空想，都不足爲憑，衹有做成功的事實，是可以算得數的。向前看的人生觀，衹須去做他的向前的事業；向左右看的人生觀，衹須去做他向左右的事業；向後看的人生歡，衹須去做他向後的事業；誰做得成功便是誰的人生觀不錯，這"做"的一個字，便是西洋文化上所說的Positivism。我如今且把他的理由約略介紹幾句在下面：

Positivism是什麽呢？便是所謂實證論。實證論是什麽呢？便是說哲學必須以經驗的事實爲其研究上唯一的出發點，以確實的事實做基礎，排斥一切思辯的理論爲空論，論尊重實驗和觀察，主張與其消極的、毋甯積極的這一種主義。這實證論的傾向，是十九世紀差不多同時起於英、法、德諸國，給與思想界以極大的影響。其代表學者：在英國，是穆勒（Mell）和斯賓塞（Spencer）；在法國，是孔德（Comte）、列德勒（Littr'e）；在德國，是法協爾巴哈（Feuerbach）、拉斯（Loas）、來爾（Reihl）、杜林（Duhring）等。但實證論這一個名詞，是始於孔德稱他自己的哲學體系爲實證哲學（Phelosphie Positive）。孔德排斥在他以前的哲學家之欲認識事實——就是現象——和其關係以外的東西，而以現象底本質、其第一原因和其究極的目的等爲超絕我人底認識能力，不是我們所得而知的；我們只不過依着觀察研究，比較得知道現象間所存在的不易的關係和事實的連續、類同間所存在的整一的法則罷了。那麼，一切知識，都是相對的；絕對的認職，是沒有的。這是因爲事實的本質、起原和其生起底方法等，我們不能知道的緣故。我們只能單依着經驗，知道甲的現象和乙的現象不絕的結合——乙常與甲連續而生起——其所謂原因也同是現象，並不是那人格的神或超感覺的形而上學的原理。這樣看來，我們底認識，只限於現象的連續和共存之上；所以，我們所能得到的唯一知識，是唯一有用的知識。我們所以探求原因，是要促進阻止變更他的結果，或欲預知他的結果以爲之準備。這樣，結果的預知和變更，依着認知其法則連絡現象上的因果關係可達到。學問，就是爲着欲預知結果；預知結果，依着這實證諭可以達到目的。——《新文化辭書》（七五九）

預知結果，便是要得到人生觀的究竟。他明告訴我："一切智識，都是相對的。"他又說："我們所能得到的唯一知識，是唯一有用的知識。"相對，是限於人生底一部分的；人生的一部分，是發生於現象的。人生是切實的現象，是要人去做出來的；所以說："並不是那人格的神，或超感覺的形而上學的原理。"人生第一切要的，是要得到用；如何可以得到用？是要做，是要立刻去做；不是說如何做法，也不是說想去做，更不是那超感覺的空想。我們看還是空想能夠安慰人生，還是去做出來得到實在的利益能夠安慰人生？這當然是實利能夠得到人生的安慰。最淺近的比方，肚子餓了，祇有立刻去吃飯，還要吃飽，纔能夠得到安慰；這吃飯是要去做纔能得到的，倘然說肚子餓了不去吃飯，祇是想飯，這怕是不能解決人生問題的嗎？倘然說肚子餓了，非但不吃飯，并且不許想飯；又因爲吃了還是要餓的，索興把這吃的事實取銷了，這還成嗎？這因爲吃飯底本質起原和其生起底方法等，我們不能知道的緣故。你要取銷吃飯，勢必先要取銷吃飯的本質起原和其生起底方法，這是人的智力範圍內能成的嗎？所以空想是不適用於人生的，須是有實證方法纔能解决人生；但是實證方法，還不過是一個方法罷了，要得到實證的利益，還是在做。上面所介紹的實證論，還不過是一個做的方法，並不是做；不做，只有一個空方法，還是不中用。譬如害病，祇有一個樂[1]方，也是不中用的；一定要拿藥方去贖了藥來，給病人吃進肚子去纔中用。所以我們中國有一位顔習齋先生，他的人生觀，非但是鼓吹做，簡直是實行“做”的一個字。他的《存學編》裏有一段說道：

以讀經史訂羣書爲窮理處事以求道之功，則相隔千里；以讀經史訂羣書爲卽窮理處事而曰道在是焉，則相隔萬里矣！……譬之學琴然：書，猶琴譜也；爛熟琴譜，講解分明，可謂學琴乎？故曰，以講讀爲求道之功，相隔千里也。更有一妄人，指琴譜曰：是卽琴也；辨音律，協風韻，理性情，通神明，此物此事也。譜果琴乎？故曰，以書爲道，相隔萬里也……歌得其調，撫嫻其指，弦求中音，徽求中節，是之謂學琴矣，未爲習琴也；手隨心，音隨手，清濁疾徐有常功，鼓有常規，奏有常樂，是之謂習琴矣，未爲能琴也；弦器可手製也，音律可耳審也，詩歌惟其所欲也，心與手忘，手與弦忘，於是乎命之曰能琴。今手不彈，心不會，但以講讀琴譜爲學琴，是渡河而忘江也，故曰千里也；今目不睹，耳不聞，但以譜爲琴，是指薊北而談滇南也，故曰萬里也。

你看他這一段話，把空想和實行的界限，分得何等的清晰？把實行和空想的利害，又說得何等的明瞭？似乎比那提倡實證哲學祇講方法的一班西洋學者，說得格外切實些。所以，我們要得到人生

[1] “樂”，當爲“藥”。——編者註

觀的究竟，仗趨重情志的空想，果然是不中用；便是仗趨重理知的議論，也是不中用的。非得要求理知的實行，纔能得到人生觀的實現。我們中國的智識界，大別爲漢、宋兩時期：漢儒講考據——理知的，宋儒講理學——情志的。直到明末清初的時候，纔出了幾個學者——王陽明、王黎洲、王船山、顧亭林、顏習齋這班人——漸漸的知道趨向於人生的實現，提倡“知行合一”的議論。其中經過三百年淺薄的八股文的束縛，這一線中國實證派的學說，也湮沒了三百多年；如今的知識界，又把舶來的什麼主義、什麼思想搬弄了三四十年了！祇是搬弄，不去實行，還是得不到一個究竟；所以我再把三百年前中國的實證派學者請出來，把他的學說傳播出來。內中要算顏習齋先生，是一個積極的實證派；他自己取名一個“習”字，便是表示實證的意思。你們要得到人生觀的究竟麼？快研究他的學說和他一塊兒習去！——這一番話，便是我整理過《顏習齋集》以後對於思想界上的感想。

十四年，十二月，二十六日，
于上海嘯天書室

卷一　年譜

凡例

一、顔先生年譜，甲辰三月以前，本之先生追錄稿，及塨所傳聞；以後皆採先生日記。然日記共七十餘帙，每歲日記，不下七八十葉；嘉言卓行，不可勝收。又塨守先生“省減覽讀”之戒，修年譜，起乙酉六月二十有五日，訖甲申八月十有二日。除應他事外，一日務完一歲；則其涉獵而錄出者，略亦甚矣。故每言，如有每爲修譜者，將其日記節錄，尚可得五六編；編各不同，皆可傳世，亦一快也。

二、二帝三王之道，至孔子而集其成；然秦火以後，興衰劃然一分。漢唐之士，抱殘守缺；宋明之士，僞襲僭纂。而聖道幾委于地矣！先生崛興而尋墜緒，全體大用，煥然重明；天心世道，所關非尠。有志者詳諦之，可以興矣。

三、孔子不可得而見矣！然予以爲孔子生知安行，如《魯論·鄉黨》所載，人或尚疑高遠，以爲非中材可以步趨。先生年譜“日日改過，時時省躬”，雖愚柔觀之，亦不可託言自諉也。誠爲後人作聖模範。且講道透快剖陳，世故剴切。修已治人之方，皆具於是。

四、先生平居教學，每歎先儒伐異黨同，虛學欺世。一次，河北諸儒爲孫徵君祝壽；王五公先生代先生作一詩，後先生以書規曰：“祝徵君，鄙意也；但某不知而代爲吟詠，則非立誠之道矣!”其嚴如此。故今譜，先生功過並錄，一字不爲鏝飾，以守先生之教也。王崑繩規我曰：“詞戇，非述尊者體，可易而婉之。”予曰：謹受教，然終無曲隱者。

五、先生交遊，論定者各附上傳。或謂先生年譜，不傳他人；然先生“會友輔仁”之學，見於是焉。故甯贅勿削。

六、是編成，王子崐繩[1]訂之，實裨不逮。然終愧識淺學薄，不足寫狀先生；或再有賜訂者，萬祈無吝金玉。

丁亥，七月，李塨識

一

明崇禎八年，丁亥，三月十一日，卯時，先生生。

先生姓顏，諱元，字渾然，號習齋；父諱昶。博野縣北陽村人。蠡縣劉村朱翁九祚養爲子，遂姓朱，爲蠡人。妻王氏，孕先生十有四月；鄉人望其宅，有氣如麟，忽如鳳，遂產先生。啼聲甚高，七日能翻身。適園甃井，因乳曰園兒。數月後，母瘡損一乳，乳缺；朱媪抱乞孀隣嫗不得，則與朱翁嚼棗肉、胡麻、薄餅，交哺之。先生頂圓，後一凹。髪少年甚長，晚歲尺許。面方腴，少紅白色，晚蒼赤隱白。顴微峙，準方正而鉅，孔有毫；睛黑白分，中年病目上瘡，左目遂眇，然卒視之，若目睛如故者。左眉下瘡痕如橫小棗核，眉晚出，毫三五。耳有輪郭，珠垂額豐，博橫有紋。天庭一凹大指頂。口方正，有髭，豐下；鬚約四寸左右，髯五六株。兩輔各一志，生毫二寸餘；身五尺，胖白；手紋生字，掌紅潤；舌有文曰中足蟬翅，文甚密。其“言中行潔”之象乎？朱

[1] “王子崐繩”，當爲前文“王崑繩”。——編者註

翁，號盛軒，有才智，少爲吏，得上官意。滄桑變，偕衆守蠡城及劉村有功。妻劉氏無出。父昶[1]，形貌豐厚，性朴誠；膂力過人，愛與人較跌。善植樹。

丙子，二歲。

丁丑，三歲。

戊寅，四歲。

冬，畿內警兵至蠡；先生父不安於朱，遂隨去關東。時年廿有二，自此音耗絕。

己卯，五歲。

朱翁爲兵備道稟事官，移居入蠡城。

庚辰，六歲。

崇禎十三年，歲凶，人相食。朱翁納側室楊氏。

辛已[2]，七歲。

朱翁爲先生訂張氏女爲室。女長先生三歲，博野王家莊李芳潤女；因亂棄野，蠡人張宏文收爲女。至是，宏文爲道標巡捕官，故聯姻。

壬午，八歲。

就外傅吳洞雲學。洞雲，名持明，能騎射劍戟。慨明季國事日靡，潛心《百戰神機》；參以已意，條類攻戰守事宜二帙。時不能用，以醫隱。又長術數，多奇中。蓋先生之學，自蒙養時卽不同也。

癸未，九歲。

朱翁曰以錢給先生，令買餅餌；先生俱易筆。

---

❶ "昶"，即前文"昶"。——編者註

❷ "已"，當爲"巳"。原書中有大量"己"、"已"、"巳"混用的情況，以下徑改，不一一出註。——編者註

甲申，十歲。

三月，賊李自成陷京師，烈皇帝殉社稷。

五月，清兵入，是爲順治元年。先生嘗言：“曾戴藍晉巾二頂，明之服色也。”

乙酉，十一歲。

始學時文。朱翁側室楊氏生子——晃。

丙戌，十二歲。

吳師洞雲納婢生子，妻棄之櫪下，先生連血胞抱至家告朱媪，劉乳之，吳妻怒，捶其婢，婢逃；復遁之朱家，匿之。乃緩頰洞雲夫妻，卒還養子，遂成立。然終以吳妻怨怒，不得從吳遊矣。母王氏，改適。

丁亥，十三歲。

蠡生員蔣爾恂——明戶部主事蔣範化子也——以衆入城，殺知縣孔養秀，稱大明中興元年。朱翁挾先生避之博野。爾恂東略河間，衆敗遁去，乃還里。從庠生賈金玉學。

戊子，十四歲。

看《寇氏丹法》，遂學運氣術。見《斥奸書》，知魏閹之禍，忿然累日夜，恨不手刃之。

己丑，十五歲。

娶妻，不近——學仙也。

庚寅，十六歲。

知仙不可學，乃諧琴瑟，遂耽內；又有比匪之傷，習染輕薄。朱翁爲先生謀賄入庠，先生哭不食，曰：“甯爲眞白丁，不作假秀才！”乃止。縣試策問“弭盜安民”，先生對畧曰：“淫邪惰肆，身之盜也。五官百骸，身之民也。弭之者在心君。心主靜正，則淫邪惰肆不侵，而四體自康和矣。亂臣賊子，國之盜也，士農工賈，國之民也。弭之者在皇極，則亂賊靖息而兩間熙皡矣。”縣幕客孫明明大奇之，試四書文亦異；迎見如上賓，騎遇輒下。朱媼之母王氏患瘡，先生日爲拭血穢不倦；後卒，祭其墓者二十年。

辛卯，十七歲。

浮薄酣歌如故。冬，會友。夜讀書，二三過，輒不忘。

壬辰，十八歲。

習染猶故也，然无外欲，雖邪媚來誘，輒峻拒之。

癸巳，十九歲。

從賈端惠先生學，習染頓洗。而朱翁以訟遁，先生被縶訊。作文倍佳，端惠喜曰：“是子患難不能亂，豈凡人乎！”一日，役縲之行，遇妓，揖不顧。役曰：“此而敵所嫟者，盍求之解？”先生笑不答，大書其前室曰“養浩堂”。未幾，入庠，諱邦良。訟解，思父，悲不自勝。端惠，名珍，字襲什。蠡庠生，幼有文名，長莊慤。厭蠡城紛囂，棲西北野，從而居者廿家，因名廿家莊。攝邑篆劉公請見，不往，懸扁餽儀以致之，亦不往。及釋任去，乃往謝。一姻屬，捕廳有訟，艱包苴，曰：“聞汝賈文學婣也，持渠隻字來即免。”端惠笑曰：“必令婣有進，甯貨之財耳。字不可得也。”禁及門結社酣歌，及子弟私通饋遺。先生遵其教，故力改前非。及卒，先生爲持心喪五月。私謚曰端惠先生。

甲午，二十歲。

訟後家落，告朱翁曰：“時輩招筵搆會，從之喪品，不從媒禍；且貧不能揹城費，不如旋鄉居。”翁遂返鄉。以年邁，日費盡責之先生；先生身任之，耕田灌園，勞苦淬礪。初食薥秫如蒺藜，後甘之，體益豐，見者不以爲貧也。與鄉人朱參兩、彭恆齋、趙太若、散逸翁父子友。參兩名湛，端謹士也。恆齋，名士奇，頗有學，先生嘗與究天象、地理及兵略。初負節高尚，後技癢，以拔貢。康熙四年，授長洲令，厲禁婦女遊虎邱。欲有爲，終累繁劇失官，卒。太若，少學問，戆直。先生每謂其能攻己過也而友之。散逸翁，姓彭，名之炳，能詩字善飲，爲莊老學；子通，亦如之。更工畫，雖極貧困，夷然無累也。炳弟之燦，甲申後棄家出，南遊蘇門，至順治戊戌，謂孫徵君、高薦馨曰："吾不願生矣！"遂坐餓死於百泉之嘯臺。

乙未，二十一歲。

閱《通鑑》亡寢食；遂棄舉業。強入文社應歲試，取悅老親而已。

丙申，二十二歲。

元日，望東北西拜父，大哭，慟，作《望東賦》。以貧爲養親計學醫。

丁酉，二十三歲。

見《七家兵》嘗悅之，遂學兵法；究戰守機宜，嘗徹夜不寐。技擊亦學焉——源按：宋儒不知兵，以横渠之才，一講兵法，卽爲范公所斥，其屈於遼夏，辱於金元，不亦宜乎！先生初學，未幾，卽學兵法，此所以遠邁宋儒，直追三代經世之學也。

戊戌，二十四歲。

始開家塾，訓子弟。王之佐、彭好古、朱體三從遊。名其齋曰"師古"，自號思古人，謂治不法三代，終苟道也。舉井田、封建、學校、鄉舉、里選、田賦、陣法，作《王道論》後更名《存治編》。好古，父通，號雪翁，以往來孫徵君、刁文孝間也，時作道學語。先生問之，乃出薛文清、王文成、蔡文莊《指要》，及《陸王要語》。復言孫、刁行蹟。先生深嘉陸、王，手抄《要語》一册。漸爲人治疾。

己亥，二十五歲。

三月初六日，將之易州歲試。生子，名之曰赴考。抵易，訪王五修於山廠，訂交。五修，名之徵，保定新安人，孫徵君高足，安貧志道，自號尋樂子。作《大盒歌》略曰：“盒誠大兮誠大盒！大盒中兮生意多。此中釀成盤古味，此中翻爲叔季波。興亡多少藏盒內，高山拍掌士幾何？此處就有開匣劍，出脫匣來我婆娑。”《小盒歌》略曰：“盒誠小兮盒誠小！小盒生意亦不少。箇中錦繡萬年衣，就裏佳餚千古飽，如何捧定無失郤，如何持盈御朽索。忽而千里向誰覓？反而求之惟孔老。識得孔叟便是吾，更何乾坤不熙皋。嗚呼！失不知哭，得乃知矣！”

庚子，二十六歲。

得《性理大全》，觀之，知周、程、張、朱學旨。屹然以道自任，期於主敬存誠；雖躬稼胼胝，必乘間靜坐，人羣譏笑之，不恤也。一日，朱翁怒，不食，三請，不語；大懼，辟席待罪。又祇請，呵曰：“汝棄身家耶？”——蓋聞人議先生不應秋試也——謝曰：“即赴科考。”遂入京。寓白塔寺椒園，有僧無退者，大言曰：“念經化緣僧，猶汝教免站營財秀才；參禪悟道僧，猶汝教中舉會試秀才。”先生曰：“不然。吾教中中舉會試秀才，正是汝教念經化緣和尚；吾教自有存心養性秀才。”僧又侈誇佛道。先生曰：“只一件不好。”僧問之。曰：“可恨不許有一婦人！”僧驚曰：“有一婦人更講何道？”先生曰：“無一婦人，更講何道？當日釋迦之父，有一婦人，生釋迦，才有汝教；無退之父，有一婦人，生無退，今日才與我有此一講。若釋迦父與無退無一婦人，並釋迦、無退無之矣！今世又烏得佛教？白塔寺上又焉得此一講乎？”僧默然頫首，踰日復來。先生迎謂之曰：“無退參禪悟道，連日何輕出禪關也？”曰：“僧之剃髮師，即生父母；參禪師，即受業師。今憫衆寺和尚某削髮師也，將歸西矣！貧無葬具，力募竣事耳。”先生曰：“吾知汝不募緣久矣，今乃爲卽生父母破戒，非卽孝親之意乎？”曰：“然。”僧紹興人，因詰之曰：“紹興有父母否？”曰：“無。”“有墓否？”曰：“有。”“孰拜掃乎？”曰：“有兄。”先生曰：“卽生父母尚多一‘卽’字，遂破戒以致孝；眞父母宜如何？乃舍其墓於數千里外而不省，舍汝兄於數千里外而不弟，此際不當一思歟？”僧俯首泣下，長嘆曰：“至此奈何！”曰：“未晚也。足下年方富，返而孝弟，何難？”先生行後，無退南歸。設教於西五夫村，徐之琇從遊。

辛丑，二十七歲。

先生晝勤農圃，夜觀書史，至夜分，不忍舍；又懼勞傷，二念交爭。久之，嘗先吹燭而釋卷。祈州刁非有，以母壽，託彭雪翁求詩先生，因兩書問學，俱有答書，入祈拜謁，得其所輯《斯文正統》歸。立“道統龕”，正位伏羲，至同孔；配位顏、曾、思、孟、周、程、張、邵、朱外，及先醫虞龔。非有，名包，祈州人，舉天啓丁卯鄉試。嘗曰：“作時文不作古文者，文不文；作時人不作古人者，人不人。甲申，聞變，設烈皇帝位於所居之順積樓，斬衰朝夕哭臨。闖命敦趣七書，拒之，幾及難，遂不仕。孝母，研程朱學。蔚州魏敏果公象樞，甚重之，月送日記，求正。所居立“益友龕”，朔望拜。及卒，江南高彙旃等公呈當道，入主東林道南祠五公山，人私諡曰文孝。

壬寅，二十八歲。

時爲康熙元年，與郭敬公、汪魁楚等十五人，結文社，立社儀；至日，夙集，社長焚香，同拜孔子，四起，分班，長東，幼西，北上再拜。遂列坐，各據所聞，勸善規過；或商質經史，訖，乃拈題爲文。先生嘗言：“敬公端恪，不面折過。”禮畢，嘗秘授一小封，規失。敬公搆文，好步思；先生或對衆有溢語，輒遙讀曰：“願无伐善。”先生深投好，爲子赴考，聘其次女。敬公名靖，共蠡庠生。通州任熙宇聞先生名，寄書言道，不外飲食男女應事接物之間，惟在變化氣質，力行不倦。先生答書云：“君抱蕭曹之才，兼慕孔孟之道。”以其長刀筆也。熙申[1]又書至曰：“凡譽人失實，即已身離道；僕之駑下，輕誣以蕭曹，即道丈須臾之離道。”先生展書，竦然感佩，每向人道之。後復書至，規先生進鋭恐滋退速。

癸卯，二十九歲。

朱翁及側室楊子晃與先生日有間言，先生不知其父非朱氏子，第以爲翁溺少子耳；奉翁命，與朱媪劉，別居東舍，盡以南王滑村民田讓晃。劉病劇，先生禱神求假壽，跪伏昏仆；忽聞空中聲若大鼓者六，病頓瘉。日之西舍，事翁如常。作文社，規勉會友，共力聖道。作《求源歌》示門人，略曰：“六經註脚陸非誇，只須一點是吾家；廿史作鍬經作钁，誠敬桔槔勿間歇。去層沙壤又層泥，滾滾源頭便在玆；溉田萬頃均沾足，滌盪汚室如洗巵。小子勿驚言太遠，試爲闕塞負一畚。”辛未年後，先生追錄之。識曰：“此與《大小盒歌》乃予參雜於朱陸時所作也。幾許虛憍，幾許幻妄；周程所謂孔、顔樂處，陸、王所謂先立其大。致良知，與釋氏之洞照萬象，自謂極樂世界者，想皆以此也。一追憶之，堪羞堪恨！使當日而即死也，豈不爲兩間妄誕之鬼哉！堯舜周孔，自有正途，錄之以爲同病者醒，而彼三途者，亦不得以此誤人矣。”聞王法乾焚帖括，讀經，投佛像於井；居必衣冠，率家衆朔望拜祖祠父母，相其生母，拜嫡母。人曰癲先生。士皆如此癲，儒道興矣！馳

[1] “熙申”，即前所提的：“熙宇”。——編者註

書奬之。後又聞法乾自稱眞武化身，曰："此則无輔而癲矣！"乃先達信，十二月齋戒三日，廿六日往拜之。王子法乾名養粹，蠡之北泗人。少狂放，十六歲入定川衛庠。嘗以文事從先孝慤於會，孝慤語以道，迄年十九，奮然曰："不作聖，非人也！"遂取所讀八股焚之，誦五經，依朱文公家禮，作禮。先生聞之納交，爲日記，十日一會，考功過。及後先生悟周孔正學，王子終守程朱，後亦移其說，曰："程朱固一家學問耳！"每會，二人規過辨學，聲氣胥厲，如臨子弟；少頃，和敬依然。大約先生規王子腐曠，而王子規先生以流雜霸也。初，王子志聖學，力於行。習禮，習射，習舞；退食，輒令門人站班，高聲歌"戰戰兢兢，如臨深淵，如履薄冰"，王子竦起拱聽乃退。已，連遭妻子喪，心頹冷，因嗜《南華》；至謂孔學亦佳，有益於中人。先生力攻之，數年，乃出生平以明理爲學，自慊爲驗於非道事非道人，收視靜坐，不屑一睇也。或盜其柴，曰："吾欲周之，非渠盜也。"糧被竊，人以告，曰："不我竊，當誰竊者？"遭祲絕炊，忻然曰："今乃得貧之益也！嚮家人不勤，比皆力操作矣。"一騾死，曰："吾每念命蹇，牛或斃；大乃斃騾而不斃牛，幸也！"其善處拂逆類如此。

甲辰，三十歲。

正月四日，王法乾來答拜，約十日一會；會日，焚香拜孔子四，乃主東客西再拜，主人正客座，客一拱，主人下，同客揖，客爲主人亦然。乃就坐質學行，勸善規過。

三月，與王法乾爲日記，先生序之曰："月之十七日，法乾王子謂予曰：'邇者易言，意日記所言，是非多少，相見質之，則不得易且多失。'予曰：'豈惟言哉？心之所思，身之所行，俱逐日逐時記之；心自不得一時放，身自不得一時閒。會日，彼此交質，功可以勉，過可以懲。'王子喜，於是爲日記。"

四月，行家禮；朔望，隨祖拜先祠四拜，祖父母四，東向拜父四；元旦、冬至，則六拜。先聖孔子四拜，炎帝、黄帝四——以行醫也——日寅起，掃先聖室，揖；掃祖室、祖母室，昏定晨省，揖；出告反面，揖。經宿再拜，五日以往四拜。院亦自掃，有事，乃以僕代；躬耕耨，灌園鋤暇、贇則靜坐。

五月，定每日躬掃室，令妻掃院。晨昏安祖枕衾，取送溺器；冬炙衣，夏扇，進祖食，必親必敬。妻供祖母枕衾飲食，終日不去衣冠。讀書必端坐，如古人面命。朔望前一日，齋戒，勉力寡慾。十五日起，其早行禮畢，靜坐觀喜怒哀樂未發時氣象，覺和適；修齊治平，都在這裏——源按：宋儒靜坐，與二氏何殊？先生當日原遵此學，後乃能脱去窠臼，直追孔孟正傳，豈不異哉！

柳下坐記曰："思古人引僕控驟，披棉褐，馱麥行，令僕稞，猛坐柳下，仰目青天，苦天地與我外，更無物事。微閉眸觀之，濃葉蔽日，如緣羅裹寶珠，精光隱露。蒼蠅繞飛，聞其聲不見其形，如躋虞廷聽'九韶'奏也。胸中空焉洞焉，莫可狀喻。孔子疏水曲肱，顔子簞瓢陋巷，不知作何心景？今日或庶幾矣！所愧學力未純，一息不敬，卽一息不仁；一息不仁，卽一息不如聖不如天。以當前卽是者，如隔萬重矣！吾心本體豈易見也哉？雖然，亦可謂時至焉矣！一時之天，與一日、一月、一歲之天，有以異乎！密克復之功，如天之於穆不已，豈不常如此時哉？"辛未復自錄而識之曰："暑月復棉馱麥，貧且勞矣，猶能自娱，不謂之窮措大微長不可；然卽生許多妄想，爲如許大言。曰論宋儒之學，如吹猪膀胱，以眇小爲虛大。追錄之，自懲自勉也。"塨以爲此禪悅也！而宋儒誤以爲吾心之仁，體聖學之誠敬，所謂主一無適，灑落誠明者，皆此也。是指鹿爲馬矣！存養遂歧於異端矣！豈祇虛大哉！約王法乾訪孫徵君，以事不果。徵君，名奇逢，號鍾元，容城人。成童卽交定興鹿忠節公，善繼道義，氣節共淬磨。十七歲，舉鄉試；居憂，廬於墓。時左光斗、魏大中、周順昌爲魏璫所陷，下獄；徵君與鹿忠節公父正張果中藏匿其子弟，釀金謀完擬贓，時稱三烈士。鼎革後，移居輝縣之夏峯。鹿忠節公夙與徵君講學宗姚江，及沒，徵君過東昌訪張司空鳳翔，鳳翔立晦庵；徵君遂著論調和朱王。而接人樂易，道氣甚廣；兼以氣誼鼓舞天下，故從遊者甚衆。明清間，徵聘者累次皆不就，天下稱之曰孫徵君云。

六月，與王法乾纂《灑掃應對進退儀注》，作《勺詩舞節》——按:《勺詩舞節》，塨從學時，先生以儀節未備，亡其稿，塨後輯《勺詩舞儀》，具《小學稽業》。時往隨東村，看嫁母；夜聞風雨，必起坐，食必祭。閏六月，朔望，偕妻行禮。已而夫妻行禮，身南面起拜再，妻北面不起拜四。

八月九日，欲視非禮；忽醒，遂止。往耕田，行甚敬。日雞鳴，夙興。二十二日，妻不敬，愧無“刑于”之道，自罰跪，朱媪命起，妻亦悔過，乃起。自勘過，易怒多言。

九月三日晚，坐側，覺，卽正坐；又躧履行，覺，卽納。定日功，若遇事，甯缺讀書，勿缺静坐。與抄家禮，蓋静坐爲存養之要，家禮爲躬行之急也。朱翁病，禱於醫神先祠；自此時病，藥餌服食，竭力將以敬。同王法乾訪五公山人，問學。五公山人，王姓，諱餘佑，字介祺，保定新城人。父行昆弟，皆官於明。少年才譽，長念明季多故，乃讀孫、吳書，散萬金產，結士。甲申，闖寇據京師，遂從父延善，及從兄餘厚、兄餘恪、弟餘嚴、雄縣馬于等，起兵討賊；破雄縣、新城、容城，誅其僞官，已而賊敗。清師入，衆散隱居五公州雙峯；每至峯頂，慷慨悲歌，泣數行下。益博讀書，尤邃於韜鈐；嘗搜集廿一史兵略，爲此書十卷：曰“兵行先知所向”，曰“兵進必有奇道”，曰“遇敵以決戰爲先”，曰“出奇設伏”，曰“招降”，曰“攻取必於要害”，曰“據守必審形勝”，曰“立制在有規模”，曰“兵聚必質屯田”，曰“克敵在無欲速”。又著《通鑑獨觀》。工詩字，浩氣清風，見者傾倒。入蠡城，晤張鵬舉文升，與語《通鑑》，勉以實修於內，勿尚發露。內子歸甯，返塗失銀花，問曰：“返面禮行否？”朱媪云：“失銀花不懌，何行？”曰：“失銀花小事，遽廢大禮，得失當何如？”命行之。書范益謙“七不言”及《正蒙》數語於記額：一、不言朝廷利害，邊報差除；二、不言州縣官員長短得失；三、不言衆人所作過惡；四、不言仕進官職，趨時附勢；五、不言財利多少，厭貧求富；六、不言淫媟戲嫚女色；七、不言求覓人物干索酒食。《正蒙》云：“言有教，動有法，晝有爲，宵有得，息有養，瞬有存。思省察操行交濟爲功，近講操行不講省察，故多過。”

十一月四日，馱棉之五夫市，騎至朱祖墓；恐下不能上，不下，心則不安。下，步至五夫。乃知凡事心安勝於身安。十三日，子赴考，痘殤，慟甚，猶強慰祖母及妻。查禮不及下殤者，以日易月，服十二日，素衣冠革纓麻履，常功俱廢，惟事親儀不廢。十四日，奠告以文，略曰：“自汝之稍有知也，不詈人，不與羣兒鬬；輒引曰無，然恐長者嗔。”目[1]汝能執箸也，遇我之貧，蔬精者麵白者以奉祖、祖母，我夫妻食其粗黑；汝孩亦當同姥食，汝每粗黑，祖母強以分。輒辭曰：‘奶老矣，當須此。’自爾能舉止記憶也，每晨午飯後至我前，正面肅揖，側立誦《名教歌》三遍，認字三四句，乃與我擊掌唱和歌三，終，又肅揖始退。汝所欲爲者，畏吾卽止；所不願爲者，順吾卽起。入人之家，玩好不取，餅果之賜，辭而不受。遭吾不德，與叔異產，少汝者寸草，知私汝無

[1] “目”，當爲“自”。——編者註

分毫爲吾累。未病一二日，猶同三祝行禮於視，又至東院拜祖母，且笑三祝不揖而叩，傍鞠躬伏興必示之。爾以六載之身，於曾祖父母稱孝孫，於父母稱順子。嗚呼慟哉！”二十五日，復常功。往北泗，會塗風寒射面，側跨驢上，忽醒曰：“豈可因寒邪其身哉？”正之。以明歲元旦祭先聖先靈，二十一日，戒；二十八日，齋。朱媪率先生內子，亦致齊[1]三日。

乙巳，三十一歲。

元日，書一歲常儀功於日記。首常儀常功，逐年酌定，詳後。又書日記額曰：“苟日新，日日新，又日新。”每月朔日，書云：“操存涵養省察，務相濟如環；遷善改過，必剛而速，勿片刻躊躇。”

二月九日，訪塨父問學。先生深慕先君子，此後入蠡城，嘗謁先子；先子返鄉曹家蕞，塗去先生居伊邇，不往報也。先生同王法乾邀先子入會，先子不往，復法乾書曰：“有道之士，文章皆秋實；浮狂之士，道德亦春華。今足下與易直先生在朱時乃結道義交，‘以文會友，以友輔仁’。愚知學問將大進矣！氣質將大變矣！英浮者其將渾融乎？矯強者其將自然乎？圭角者其將沈潛乎？愚於二賢之好學，因而思顏子之好學，何其當時後世莫有及也？所以異於人者何或？子曰：‘不遷怒，不貳過。’又曰：‘回也如愚。’或其所難及者卽在如愚乎？曰：“如愚。”不惟不見圭角，亦聰明睿智之毫不露也。卽實學之曾子，追而思之亦惟曰：‘以能問於不能，以多問於寡；有若無，實若虛，犯而不校。’曾子之得於顏子深哉！承邀入會，則愚不能：一，居家多故；二，騎乘不便；三，質腐學薄，無能爲役，謹辭。”又復先生問學書曰：“承下詢，無可言；必

---

[1] “齊”，當爲“齋”。原書中有大量“齊”、“齋”混用的情況，以下徑改，不一一出註。——編者註

妄言之，當涵養沉潛煉至如愚光景，則英資不露，浮俗全銷。至此效孔子之無言可，罕言可，即終日不言，有何不可；故孔子於‘時然後言’不輕爲公叔文子信也。至涵養之功，務以誠篤而已。”又復書略曰：“人之相知，貴相知心。或易直至寒家不能相候，或當往貴府不克必往，此中有情理可諒也。祈如君子之汪汪。”源按：李先生，諱明性，字洞初，號晦夫，蠡縣人，明季諸生。事親孝，日雞鳴，趨堂下四拜，然後升堂問安；親日五六食，必手進。疾，侍湯藥，潔拂側牏。夜聞輾轉或寤噫咳，則問：“睡苦如何？思何飲食？”比三月如一日。妻馬氏，亦篤孝，相之無遠。親歿毀瘠，遵古禮三年，事兄如父；兄嘗怒而詈，舉履提其面。則惶恐柔色以請曰：“弟罪也！兄胡爲爾？氣得無損乎？”時年六十七矣。初，崇禎末，天下大亂；先生方弱冠，與鄉人習射禦賊，挾利刃大弓長箭，騎生馬疾馳，同輩無敵者。甲申變，復闇然弢晦，足迹不履市闕。念聖學以敬爲要，顔其堂曰：“主一慎獨功甚密祭必齋。”盛暑衣冠必整，力行古禮。讀書乏膏火，則然條香映而讀。晚年益好射，時時率弟子值侯比耦，目光箕張審固無虛發。元旦，設弧矢神位，置弓矢於傍，酎酒祭之，曰：“文武缺一，豈道乎？”顔先生嘗謂生平父事者五人：刁文孝、張石卿、王五公、張公儀與先生也。及卒，率同人私謚之，曰孝慤先生。作《婦人常訓》三章。鎑田，即存心於擔步。夢自矢曰：“臨財勿忘義，見義生可輕。”一日，耘蒜下雜蒿苣，工細繁，欲已，思嘗言學耐煩，豈可任己便乎？遂耘至半，靜坐；息片時，耘終畦。王法乾將赴眞定，先生贈之言曰：“千萬人中須知有己，中正自持；千萬人中不見有己，和平與物。”又云：“良嘗往祁，常思如與賢弟對則少過。大凡人每如諍友在前，可無大失。”又曰：“人有一分意必心未化，即不能保不爲伯、鯀；有一分財色心未去，即不能保不爲桀、紂；有一分怨君父心，卽不能保不爲亂臣賊子。”會友李貞吉達先君子候言，及半，止；先生詰曰：“大曾言圭角太露乎？”貞吉笑曰：“言君能直規友，惜少一人直之。”先生固乞言郭敬公、徐藍生規伐善。思人不論過惡大小，衹不認不是，卽終身眞小人，更無變換。一日，聞客至，行急，心亦忙；忽思急行耳，心何亦忙，乃急步而緩心。王法乾批曰：“記曰清剛所長也，似涉粗暴；言語明盡所長也，似少簡約。”先生深納之。

五月，增常儀，事親必柔聲下氣。

六月，赴試易州，遇朔望，望拜朱翁媪。

七月，訪張石卿問學。石卿曰：“敬者德之聚，所聚者何德？誠者自成，所成者何事？仁而已。仁須肫肫；屯肉象也，厚之至也。”石卿，名羅喆，保定府清苑人。甲申城守死難，吏部主事張羅彥之弟也。於時棄諸生講學，以仁爲主；對乞丐如賓。貧甚，非賢友之周不受也。卒後，魏一鼇、陸蓮立劉靜修等五賢祠祔食焉。王介祺來談經濟。自勘爲學調理性情甚難定。每靜坐，以十四事自省：心無妄思歟？口無妄善歟？耳無妄聽歟？目無妄視歟？足無妄走歟？坐如尸歟？立如齋歟？事親愛而敬歟？居家和而有禮歟？啓蒙嚴而寬歟？與人平而正歟？對妻子如嚴賓歟？讀畫如對聖賢歟？寫字端正歟？與王法乾言：“六藝惟樂無傳；御非急用。禮樂樂書數宜學，若但窮經明理，恐成無用學究。”塨此時正學已露端倪矣，蓋天啓之也。始教內子讀書。思敬則一身之氣皆上升。聖人以禮治天下，合乾坤合作一敬，自然淑氣上騰，位育可奏矣。所謂“篤恭而天下平”歟？集曾子言行。有所感，思父悲愴。思所爲旣已離俗，居以渾木，猶可容世；而浮躁稜厲，始於絕物，終於殺身，可不畏哉！乃擬勿輕與人論理，勿輕責人過；非有志者勿與言學，勿露己長。

十一月，晤先君子。先子言“冬日可愛”者再，先生曰：“教我矣。”

十二月，往見石卿，石卿言：“性皆善，而有偏全厚薄不同，故曰‘相近’。義理卽寓於氣質，不可從宋儒分爲二。”又言：“天者，理而已；是溷語無極，非是。”訪呂文輔，文輔言：“四書朱註有支離者。”先生時宗程朱，皆不然之。問文輔天文。文輔名申，清苑人，習天文六壬數，講經濟。

丙午，三十二歲。

正月，定行見墓則式，見災異民變則式，式者，騎鞍而起，在車憑箱而起。思日記纖過不遺，始爲不自欺。雖闇室有疚，不可記者，亦必書“隱過”二字。至喜怒哀樂，驗吾心者，尤不可遺。

二月，王法乾謂曰：“李晦夫先生言‘吾子欠涵養，且偏僻，恐類王荆公’。先生曰：‘某嘗謂如有用我者，可諫議參謀，而不可以宰政總師。’亦自知耳。”朱媼耳聾，先生歎曰：“人子不早自盡，至此，雖欲柔聲下氣，豈可得乎！”定日記，每時勘心：純在則〇，純不在則㐅：在差勝則〇，中白多黑少；不在差多則黑多白少，相當則黑白均。

三月，看《紀效新書》。

四月，思學者自欺之患，在能以能言者爲已得。

勘靜坐，心有所馳，目便勁闔；忽忘，則又睜開。必是主一無適睫毛間，乃得不及不離之妙——塨按：以此爲主一無適，乃外氏之垂簾內視矣。爲先儒誤乃爾，不謂一轉而卽悟也。

五月，益日功，以訒言爲要。

七月，傳朱翁坐，交股；覺，卽開之。入京秋試，拜尋遼東人，求傳尋父報帖。

八月，凡達友書，必下拜，接友書，必拜，乃展。

十一月，思孔孟之道，不以禮樂不能化導萬世。

十二月，思吾身不修，受病莫過於口；吾心不道，受病莫甚於慾。除夕，寫先儒主，稱周濂溪爲先聖——塨按：先生亦嘗稱朱子爲聖人，卽宗信之，亦何至是！蓋先生性篤摯銳往，故早年見似而以爲眞也。

丁未，三十三歲。

年儀，增過祖墓經時四拜，月再拜，旬揖，望墓式。先生以先君子不答拜，稍疎，二月朔日，曰："此非所以親賢也。"復入城，謁先子。先子言行古禮必以誠，先生約翌日再會；乃次晨至，則以事出矣。見先子日記，有易直立朝，必蹈矯傲之僻。先生悚然，觀先生學規，又聞先子骨力勁特，爲學惟日不足。及年高習射事，歎息而去。目王介祺春風和氣，李晦夫闇然恂恂：吾羡之不能之，卽見賢不能齊，不善不能改，柔莫甚焉！雖有猛厲方強，是暴也，非剛也。二十日，新興村延往設教，石鷟、石鸞、孫秉彝、齊觀光、賀碩德、張澍、李仁美、王恭已、宋希廉、李全美、石繼摶從遊；立學規，每晨謁先聖孔子揖，出告、反面揖，揖師不答。朔行率拜先聖，揖師，師西面答揖；節令拜師，師答其半。朔望令諸生東西相向揖，節令相向拜。思得仁則富，有禮則貴；言多言賤，言少言貴。

四月，先君子有書至云：易直凡事皆有卓見，吐時事之務，先先，曰謂我書卓見者，是規我好任已見也；謂我吐時務者，是規我輕談時事也。王汝乾亦附書，規以默以悠。先生書李晦翁、王法乾六字於筆筒，每坐，一拱敬對之。養一朱族子，名之曰訒言。先生每外出，遇朔望，內子必望肅拜四，先生遙答之。

九月，先生辭新興館，歸。

十一月，旗人賈士珩從遊。辯性善理氣，一致宋儒之論，不及孟子。

戊申，三十四歲。

二月十四日，朱媪病卒，先生擬以爲父出亡，宜代之承重三年服之。三日不食，朝夕奠，午上食，必哭盡哀，餘哭無時；不從俗用鼓吹，慟甚，鼻血與淚俱下。不令僧道來弔者，焚疏四日，斂入棺。易古禮“朝一溢米夕一溢米，爲三日一溢米，薦新如朝奠。”朱翁力命廿四日葬，乃具櫬朝祖祖奠及墓，觸棺號咷悶絕。既窆，王法乾叱曰：“宜奉主歸室堂爲孝，何得爾？”乃返，行《三虞禮》，廢業，惟讀喪祭禮；不廢農醫，以非此則養祭俱無也。三月，行朔望奠後以禮士，惟朔奠，乃望日會哭不奠。

四月六日，修倚廬十殯宮外大門內，寢苫枕塊。

三月，晝夜不脱，衰絰；畏齊衰不以邊坐。曰：“近過矣！”自此疲甚，甯臥坐勿偏。

五月十五日，行卒哭禮。已後惟朝夕哭其間，哀至不哭而泣，寢地傷濕，四肢生小瘍。朱翁命造地炕。

六月三日夜，始解衰絰，素冠着常衣寢。

七月，病。

八月十四日，聞妻病，遙問之。

十月一日，責訒言以其詐傳祖，不用辰膳致誤也。時朱翁日必六食；卯一，辰一，巳一，午一，申一，昏黑一。先生以祖母深恩，且慟父出亡，不能與斂葬，故過哀病殆。朱氏一老翁憐之，間語曰：“噫！爾哀毀死徒死耳！汝祖母自幼不孕，安有爾父？爾父乃異姓乞養者。”先生大詫，往問嫁母信，乃減哀。時見唆，朱翁逐先生；先生乃請買居，隨東村，翁許之。先生居喪，一遵《朱子家禮》，覺有違性情者，校以古禮非是。著《居喪別記》。茲哀殺思學，因悟周公之六德六行六藝，孔子之四教正學也。靜坐讀書，乃程朱陸王爲禪學俗學所浸淫，非正務也——源按：先生自此毅然以明行周孔之道爲已任，盡脱宋明諸儒習襲而從事；於“全體大用”之學，非二千年學術氣運一大關乎？

十一月十一日，夜夢納一秀才主於文廟，訒言用火香點之，一老婦隨後。寤而思曰：子點主，非死兆乎？養子拈香，非終無後乎？然主婦已老，則死期尚遠也。惟學程日退，焉得入孔廟乎？或後有妄傳妄信者乎？愧矣！因知而居喪不同。又王法乾主古禮，父在爲母期，定十一月而練，期而除，仍心喪三年。思厲言暴色加于人者不仁，致人加者亦如之。

十二月十五日，盛奠，隨朱翁致祭，几筵以練，告甚哀；去負版，辟領焚麻冠，仍懸哀練衣前，乃復外寢枕布枕解衣帶。止朝夕哭，惟朔望哭；若無時哭，則祇食菜果，仍非疾不御酒肉。

曰：衰，表心之衰痛也，去之何以名斬衰、齊衰？

己酉，三十五歲。

正月著《存性編》，原孟子之言“性善”，排宋儒之言氣質不善。畫性圖九言，氣質清濁厚薄，萬有不同總歸一善，至於惡，則後起之引蔽習染也。故孔子曰：“性相近，習相遠。”——堘後並爲七圖。覺思不如學，而學必以習；更思古齋曰習齋。戒講著多言，服膺王法乾語曰：“口邊纔發出，內力便已少。”

二月，思宋儒不特斥氣質之性，是染禪；見人輒言性天，即爲禪染。十四日，行忌祭，大哭；思父益慟哭，十五日除服，祔主於朱氏祠。朱參兩贈聯曰：“譚天下事務，何得容易；做身上功夫，還要安祥。”二十一日遷居隨東。春祭倩晃，辦而佐之。時先生雖知身非朱氏，而念翁媪撫養恩；又以翁性厲，未敢質言也。與王法乾言書數功，即治心功，精粗一貫。自移居，每出無所告，反無所面，即悵然；晨盥後無所謁，輒悲楚，乃議立父生主。始知齋禮飯酒不至醉，食肉不茹葷，向之不御酒肉爲異端亂也。時往劉村問朱翁安，朔望往行禮；米麵踰月一送，酒錢日需物無時。

三月，入祁州，以隻雞清酒，哭奠刁文孝。十一日，以初度，望拜父；妻拜，答之；往劉村拜朱翁，奠朱媪。嫁母貧，時周問。曰："天下小過，聖人必爲提撕，恐陷于惡也；天下大壞，聖人必爲包荒，恐絕於善也。故陶詩云：'亟亟魯中叟，彌縫使其醇。'"東平宋瑜從遊。

五月入府，哭奠張石卿，遂入山，弔王介祺父喪。會坎下田沛然及子經埏、界埏遊雷溪而還。

六月廿九日，戍[1]時，書曰："兩時之收心，不敵一時之肆口。"大自恨。

七月，學習數，自九九以及因乘歸除，漸學九章。聞太倉陸桴亭自治教人以六藝爲主。

八月，爲王法乾書《農政要務》，耕耘、收穫、辨土、壤糞，以及區田水利，皆有謨畫。思心如天之清，毫無遮蔽；如地之甯，一無震搖。豈不善乎？思五福惟攸，好德可自主；此一福不幸亨，眞無福人也，六極惟憂惡可盡；去此二極不自遠，直極禍人也！甲雇耕，欲少直，平留之，不悅；思不獲利而怒人，與不與人利而致人怒一也，即出錢與之。仍立一可受名，甲悅。

十月，學習冠禮。（冠禮）告祠堂，朔日主人拜，告家祠，卜上旬日；若庶子庶孫，則以月之中旬。（戒賓）賓擇親友賢而有禮者一人爲之。前期三日，主人使子弟冠服，奉莊啓詣其堂，再拜致辭曰：某之子某，年漸長成，將以某日加冠於其首；敬煩吾子教之。賓辭曰：某不嫻於禮，恐不堪供事以玷大禮，敢辭。使者再

[1] "戍"，當爲"戌"，原書中有不少"戍"、"戊"、"戌"混用的情況，以下徑改，不一一出註。——編者註

懇，賓再辭；使者固懇，賓曰：某辭不獲命，敢不敬戒以俟使者。再拜而退，賓俱答拜。（宿賓）前期一日，使子弟奉主人帖宿賓，揖致辭曰：某將以某日加冠於其子，某承吾子許以辱臨，敢宿賓。曰：承再命，敢不齊宿趨事。陳設，用時制冠服，三加各異以次加，盛設房中桌上，皆有覆，韠帶雜佩皆具，梳櫛紒盛匣中，酒餚、果品、盞箸、盤席、盥盤、巾架、氈八條，大門掛紅綵。厥明，夙興，安置內外，灑掃房外。近東向西布席，加氈，置几其後，移梳櫛匣於此。房西置筵南向，筵南北各一氈；筵上列餚果，筵西有酒尊，所置壺盞盤其上。堂中東布一氈，爲主位，西向；西布一氈，爲賓位，東向。稍後在氈左布一氈，爲贊位；東之對贊者，儐豆位也。西階下西壁置一桌，移安三冠各盤，仍覆之；階下之東安盥盆、巾架，西向西階之南少東布一氈、南向，爲冠者字位。稍南近西布一氈，東向，爲賓答拜位。其衣帶韠佩等存房中，各用司執一人；非嫡長子孫，仍冠立而醮。賓至，賓自擇習禮者爲贊。至，入更衣所；其門亦挂小紅綵，子弟迎候，一茶洗塵更衣；或路遠，略用酒飯。執事者告備，子弟延賓，立大門西東向，贊在賓左；儐入揖，告賓至，請迎賓。主人出，立大門，東西向，儐立主人右；儐贊唱揖讓，再揖，再讓；三揖，三讓。賓入門，先左足，主人先右足，每門一揖一讓。及階，三揖三讓，唱同前。升堂，儐贊唱就位，賓主各就位。儐唱拜賓，鞠躬俯伏，興，再拜，平身；贊唱拜同儐唱。執事者各司其事，將冠者出房南而立贊，降西階，盥洗升唱賓，揖將冠者卽席；將冠者就冠位往西向，儐唱將冠者跪，贊跪其後，爲之梳櫛合紒。贊復位唱，行始加冠禮。詣盥洗所，引賓降勺水淨巾，儐亦引主人降階下，對賓立；盥畢，贊賓唱復位，賓主一揖讓，升復位。儐唱執事者進冠，贊唱降階受冠。賓降階，一等受冠執之；贊唱詣賓者前，復正容徐詣冠者前。贊唱祝賓，賓祝曰：“吉月令日，始加元服；棄爾幼志，順爾成德。壽考維祺，以介景福！”贊唱跪加冠，贊者坐整冠纓畢起；唱興復位，儐唱冠者興，贊唱賓揖冠者適房，易禮服韡帶。儐唱冠者出房，南面立；贊唱賓揖冠者，卽席。儐唱冠者跪，贊唱行再加禮。儐唱，執事者進，再加冠；贊唱降階受冠，賓降階二等受冠。贊唱詣冠者執行，如初加儀。贊唱祝冠，賓祝曰：“吉月令辰；乃申爾服，謹爾威儀，淑愼爾德。眉壽永年，享爾遐福！”贊脱前冠，唱跪加冠，佐整如初；唱興復位，儐唱冠者興，贊唱賓揖冠者適房異職服，具雜佩職服如其祖父冠者，出房如初，贊唱行三加禮。儐唱執事者進職服冠，賓降沒階受冠，餘同再加。祝曰：“以歲之正，以月之令；咸加爾服，兄弟具在，以成厥德。黄耇無疆，受天之慶！”餘同再加贊唱行醮禮。賓揖冠者，卽醮位詣醮席右南向，儐唱執事者酌酒，贊受之授賓。唱祝醮，賓北面，祝曰：“旨酒旣清，嘉薦芬芳；拜受祭之，以定爾祥。承天之休，壽考不忘！”冠者受爵置於席；賓唱鞠躬俯伏興者再，贊唱復位東向答拜亦再。儐唱冠者席前祭酒，冠者升取酒進席前南向；賓唱跪祭興退就席，末跪晬酒授執事者盞興。席前謝賓，鞠躬俯伏興者再；贊唱賓答拜同。儐唱拜，贊者鞠躬俯伏興者再；贊答儐同，平身。唱賓字冠者。詣字位，引賓降自西階，冠者從之；儐引主人降自階階下西向，對賓，賓東向立，冠者在階東南面立。贊唱祝字，賓祝曰：“禮儀旣備，吉月令日；昭告爾字，爰字孔嘉。髦士修宜，宜之於嘏；永受保之，曰某甫。”冠者對曰：“某雖不敏，敢不夙夜祗奉。”賓唱謝字，鞠躬俯伏興再！贊唱答拜如之，平身，唱禮畢。主人延賓贊就次，使子弟陪之而退；率冠者見於祠堂，冠者從拜。拜父母四拜，見家諸父兄各爲常儀；見宗親鄉尊長，皆使年長子弟引之。主人出醴賓向賓曰：某子加冠，賴吾子教之，敢謝。鞠躬俯伏，興者再；賓答如之，謝贊者禮同如儐，非子弟亦謝之。凡親友預者，皆爲禮。升坐，主人獻酒進饌，筵終，主人奉幣以盤進賓；賓受之，授從者。賓謝，主人答拜如前儀；力能酬贊儐皆奉幣謝，答禮同。送大門外，揖，俟上馬，歸賓俎。

十一月，著《存學編》共四卷。大要謂：學者，士之事也；學爲明德，親民者也。周官取士以六德：知、仁、聖、義、忠、和，六行：孝、友、睦、婣、任、卹，六藝：禮、樂、射、御、書、數。孔門教人以禮樂兵農，心意身世，一致加功，是爲正學；不當徒講，講亦學習道藝，有疑乃講之，不專講書。蓋讀書乃致和中一事，專爲之則浮，學靜坐則禪學。定自力常功，日習數存理去慾。日記時，心在則○，不在則●；以黑白多少，別在否分數。多一言則○，過五則⊕；盆[1]一分則○，里[2]五則⊗，中有×，邪妄也。

十二月，邑士民以先生民喪盡禮，將舉賢孝；先生自引不德。且曰："以親亡得名，良所深悼。"力止之。與邑諸生爲遊孔林會。自驗無事時種種雜念，皆屬生平聞見言事境物；可見有生後皆因習作主。聖人無他治法，惟就其性情所自至，制爲禮樂，使之習乎善，以不失其性；不惟惡念不參，俗情亦不入。此堯、舜、三王所以盡人之性而參贊化育者也。朱省文從遊。

庚戌，三十六歲。

正月，學習書射及歌舞，演拳法。謄《存學編》曰："存學將以明學，而書多潦草，卽身謗之一端。古云：'明無人非，幽無鬼責。'今抑程朱而明孔道，倘所學不力，何以辭程朱之鬼責哉？

二月，與孫徵君書，論學，略曰："某思宋儒發明氣質之性，似

❶"盆"，當爲"忿"。——編者註

❷"里"，疑爲"過"。——編者註

不及孟子之言性善最眞。得天生作聖全體，因習染而惡者反歸之氣質，不使人去其本無，而使人憎其本有，晦聖賢踐形盡性之旨。又思周孔教人以禮、樂、射、御、書、數，故曰：‘以鄉三物教萬民而賓興之’，故曰：‘身通六藝者七十二人’。故諸賢某長治賦，某禮樂，某足民；至於性天，則以其高遠不凌等而得聞也。近言學者，心性之外無餘說，靜敬之外無餘功；與孔門若不相似。然僕妄著《存性》、《存學》二編，望先生一辨之，以復孔門之舊，斯道幸甚！”有聘作館師者，以方解正學，恐教時文費功，辭之。口占曰：“千年絕業往追尋，才把功夫認較眞；吾好且須從學習，光陰莫賣與他人。”劉煥章、齊泰階來訪。煥章，名崇文，蠡人；崇禎己卯舉於鄉，後任荆州興山縣，以寇據不得之任，巡撫委署棗陽宜城縣事。及解組，羢巾布袍，恬如也。母性嚴，晨昏朔望，拜侍惟謹。五旬後，母怒，輒跪受責，曲意務得歡心。聞先生學忘年爵，來拜入會，力滌夙習。立日記以聖賢相規勉者幾二十年，至卒不懈；身頎眞，容莊而和，見人謙抑，善譚論。七十五歲，無疾而逝，門弟子甚衆。泰階，名治平，荆州人，性通豪，官至都司，訪先生問禮。遙哭奠任熙宇。定州某聘爲館師，甲价。先生辭曰：“字有子弟，以買宅累之，不得往。”价曰：“還所假。”曰：“義不得也。”价曰：“聘儀甚厚。”曰：“以義不以利。”

閏二月，迎朱翁，養於隨東，復事祖常儀。同寢，當夜出溺，朱翁曰：“披吾裘不褌可。”對曰：“出門如見大賓，脫披裘不褌，敢見大賓乎？孫夜出必衣冠具也。”曰：“溺室中如何？”對曰：“不敢露體。”先生時知父爲博野顔氏而不得鄉，乃往博野訪之。有王翁者，爲先生父，居間過嗣于朱氏者也；訪之王莊，亡矣。其子在，問之悉，導之北陽村一巷，皆顔姓，果其父鄉也。祖母張氏尚存，八十矣。先生悲喜淚零，族衆歡留，次日乃返。劉煥章謂先生曰：“朱翁撫育恩不可負，年迫旦夕，俟其終歸宗，情理乃合。”先生然之。見王法乾日記曰：“婦人性陰，可束而不可順。”是之。語法乾曰：“我輩多病，不務實學所致。古人之學，用身體氣力；今日只用心與目口，耗神脆體，傷在我之元氣。滋六氣之浸乘，烏得不病？”思後儒每以一警策便與天地相似，自多不知人子原是父母血氣所生，但不毀傷玷汚，便可髣髴父母形禮；然必繼志述事，克家幹蠱，乃爲肖子耳。

三月朔日，始不往謁米氏家祠，朱翁祭拜，仍隨之。馬遇樂從遊，能規先生過。先生欣然謝之曰：“吾之於人，雖良友，非責吾善，其交不深；雖嫌隙，但責吾善，其憾即釋。”出弔歸，過友人留酒食，辭以弔。友曰：“非弔處也。”先生曰：“昔固然也。後讀《禮記》曰：‘弔喪之日，不飲酒食肉。’豈特弔處然哉？”然先生自謂此禮凡三斷而後能行，初未决也。斷之自弔柏氏始，移處猶飲食也；終日自讀禮始，歸家晚夜猶飲食也；既思日戒而夜違之，僞也，又一斷也。思世人盡有聰明慈惠而交人無善道，應事無成法者；亦有內外善交而德性不修、禮樂不明者，又有嫻習技藝而拜家多怨、秉彝不可問者。乃知《周禮》之三物，缺一不可也。

五月，著《會典大政記》，摘《大明會典》可法可革者，標目於册。罷道統龕所祀炎帝、黄帝、唐帝、虞帝、殷西伯主不祀，專祀孔子；以劉煥章言，士不得祀帝王也。行端午禮，以內子病，令免。曰：“佳節忍見相公獨爲禮乎？”勉起行之。先生曰：“能自強矣！”王法乾如元氏，先生有愛色，內子問之，曰：“良友遠離，恐自倒塌耳。”曰：“無慮外無強輔，妾當努力相規，勿即於邪。”先生喜曰：“果如此，雖古賢女何以過焉。”家人私假人器，讓之曰：“小事。”曰：“小事亦不可私。”齊泰階曰：“天下之元氣在五倫。”先生曰：“元氣虛矣，何以壯之？六藝所以壯之也。如父慈子孝，豈託空言？自有父子之禮。四倫皆然，故禮，序此五倫者也；樂，和此五倫者也；射、御、書、數，濟此五倫者也。舍是而言倫常，即爲空虛，即爲支離。”

七月，朱翁子晃，唆翁百計凌虐先生；一日，謀殺之，先生踰垣逃，憂甚。旋自寬，益小心就養。

十月二十九日，立父生主，刺指血和墨書牌；出告反面，晨參。朔望行禮，一如在堂。但不敢獻酒食，恐類奠祭也。

十一月，常儀增過祠則下，淫祠不下，不知者式之，所惻所敬皆式。定不答子弟拜，遵明典也。訪王介祺於河間，介祺出所著此書及《通鑑獨觀》示先生。思已近墨，王法乾近楊，宜返於中。

十二月，以貧，斷自新歲禮節再減，虛門再落，身家勤苦事再加；此即“素貧賤行乎貧賤”，自古無袖手書齋，不謀身家而聽天命之聖賢也。解乾卦九三爻辭。舊解，“終日乾乾，夕惕若爲晝夜惕厲”，未晰也。終日乾乾，乃終日加力習行。子臣弟友禮樂共農，汲汲皇皇，一刻緊於一刻，至夕無可作事，則心中提撕警覺，不自怠習。觀下釋曰“終日乾乾行事”也，可見。以王法乾言，主五祀，主春夏季夏秋冬分祀之。

辛亥，三十七歲。

正月，增常儀齋戒禮，戒食肉，不茹葷，飲酒不過三盞，不入內，不與穢惡，不弔喪，不問疾，不形怒。齊遷坐變食，沐浴著明衣；不會客，不主醫方，專思神。小祭一日，時祭三日，大祭七日，戒三日齋。凡食先祭，祭必齊如也；惟餕食不祭。內子言：隱過不可記，先生惡是僞也，何如不爲記；且卿欲諱吾過，不如輔吾無過。夫凡過皆記，雖盈册無妨，終有改日也；若不錄，即其過盡銷，更愧，以終無改機也。之楊村，拜祖母、叔母及族尊長。劉煥章評先生日記，規以靜穆，先生服之。

二月，之楊村，隨族長致清明祭。止孔子位前出告反面禮；以事親儀，非所以記事神也。謂王法乾曰：“甲辰乙巳，功程頗可對，至夫婦三月一榻，身未嘗比；不意後反退也。”相約日新。學習士相見禮，祭禮。士相見禮：來見者，先使价通姓名於主人，主人使辭曰：“吾子辱顧，不敢當也。請暫旋騶，卜日往見。”賓固請，儐入，告曰：“賓至請迎賓。”賓立大門之西，東面介在，其後稍北立；主人出，立大門之東西面，儐在主人後，稍北，立贊揖賓，介贊答揖，儐介揖，儐介贊讓，再揖再讓、三揖三讓，賓入門，先左足，主人先右足；每門讓一拱，及階，儐介贊二揖三讓仝前，賓先左，主人先右，同前。每階聚足登堂，儐介贊就位；儐贊拜，賓介贊答拜。若賓敬主人，則介贊拜主人。儐贊答拜，鞠躬俯伏，興者再，平身。儐贊女座，展坐，賓拱揖，儐贊獻爵，賓拱揖；儐贊獻箸，賓拱揖，主人降，并揖，介贊爲主人同。并揖畢，儐介贊卽席，乃拱讓就坐；若非食宴，去獻酒獻箸。祭禮：副通唱，執事者各司其事；排班，班齊，分獻官就位。獻官就位，瘞毛血；通贊唱，迎神鞠躬，俯伏興，俯伏興，俯伏興，平身。獻帛，行初獻禮；引贊唱，詣盥洗，取酌水淨巾，詣酒尊所，司尊者舉冪酌酒，詣至聖先師孔子神位前，祭他神隨宜跪獻帛，初獻爵；俯，伏，興，平身。詣讀祝位，跪讀祝文，副引跪，獻官之左；讀祝畢，引贊唱，俯，伏，興，平身，復位。凡引贊神前唱伏興通贊，贊陪祭者，俱同。通唱行亞獻禮，儀注同初獻，但無獻帛，不讀祝；通唱行終獻禮，儀注同亞獻，平身後，引唱點酒，詣侑食位。主人立門左，引唱出燭；執事者皆出，闔門。若祭祠五祀，主婦立門之右；引唱初侑食祝。祝曰：請歆再侑食，三侑食，並同啓門燃燭。通唱飲福食胙，引唱詣飲福位，跪，飲福酒，受胙，俯伏，興，平身，復位。通唱拜興，同引，通唱謝福胙，鞠躬，俯伏興，俯伏興，平身。徹饌送神，四拜，與迎神同。讀祝者捧祝，執帛者執帛，各詣燎所焚帛，焚祝文，望揖，副通唱禮畢。從王法乾學琴，鼓《歸去來辭》未就；後從張函白學《客窗夜話登瀛洲》諸曲，王法乾曰："宋儒，孝女也，非孝子也。"先生曰："然。明末死節之臣，閨中義婦耳。"

四月，習恭，日日習之，卽《論語》"居處恭"也。自驗身心氣象，與學靜坐時天淵。十二月[1]寅，盥畢，把巾出室門。內子諫曰："君昏夜從無露首出，今何有此？"先生卽整冠，曰："吾昏放矣！"十七日，思習禮一人亦可，乃起習周旋之儀，凡習禮以三爲節，轉行宅巷，必習折旋。

五月，張公儀遙贈《頤生微論》，乃達以書摘《存性》、《存學》數篇相質。習卜，備遯行及朱翁終尋父資也。

七月，蠡縣教諭王心舉先生行優，先生達書，力辭邑令。單務嘉請見，不往。補六藝六府於開蒙三字書內，端蒙識也。

十一月，定凡飲酒不過三爵，極歡倍之，過一盞必書。赴曲阜會，以其饌豐減食。

先生與人騎行，馬逸，先生善御無失，其一墜。衆因共言明朝生員騎馬，必一二人控轡，近失其規；先生竊歎，不悔不慣來。而悔不多控僕，士習爲如何哉！張公儀約會於祁州刁宅，論學，深以《存性》、《存學》爲是。公儀，甯晉人，原名來鳳，中崇禎年鄉試魁；鼎革後，易名起鴻，號河朔石史。逆闖屢徵不起，特下僞勅，擢爲防禦使，怒罵不受，僞守執之，檻解北上。至保定，而李自成敗奔，監送者碎檻放歸。笑曰："幾追文文山揖矣！乃不及。"

十二月十六日，先生因會日王法乾憚學習六藝，曰："古人以文會友，後世以友會話。譚論，聲話也；紙筆，畫話也；敬靜之空

[1] "月"，當爲"日"。原書中有不少"日"、"月"混用的情況，以下徑改，不一一出註。——編者註

想，無聲未畫之話也。”三十日，立祖神主，用父稱曰：顯考王莊顏翁諱發神主，側題存子元奉祀。於其發也，曰孝子某，冢家孫元致薦。王莊翁娶張氏：於萬歷四十五年舉先生父，日者言難育；遂以天啓元年因宅主王翁過給蠡東朱氏爲子，至三年，復舉先生叔父愉如。家貧而尚禮，嚴內外，因賃居王莊以卒也，故追號。是時先生易名元，元、園同聲。先生念初生名園，父知之也。自此日記書朱翁媪稱恩祖、恩祖妣。

壬子，三十八歲。

二月，謂王法乾曰：“人資性其庶人耶？則惟計周一身。受治於人，其君子耶？則宜明親兼盡，志爲大人。若俱不爲，而敢置身局外，取天地而侮弄之，取聖賢而玩戲之，此僕所惡於莊周爲人中妖者也！”哭奠師吳洞雲，助其葬。

三月，與陸桴亭書，論學；桴亭，名世儀，字道威，太倉人，隱居不仕。其學重六藝，言性善卽在氣質，氣質之外無性。著《思辨錄》，先喜其有同心也。致之書，略曰：“漢唐訓詁，魏晉清談。宋人修輯註解，猶訓詁也；高坐講論，猶清談也。甚至言孝弟忠信不可教，氣質本有惡，其與老氏以禮義爲忠信之薄，佛氏以耳目等爲六賊者，相去幾何也？某爲此懼，著《存性編》，大旨明理氣一致，俱是天命人之氣質，雖各有差等，而俱善惡者，乃由引蔽習染也，爲絲毫之惡，皆自玷其本體，極神明之善；止自踐其形骸。”著《存學編》申明堯、舜、周、孔三事、六府、六德、六行、六藝之道，大旨明道不在章句，學不在穎悟誦讀，而期如孔門博文約禮，身實學之，實習之，畢生不懈者。

閏七月，族壻貽桃，食之，又食蔡米商瓜二條；先生平日非力不食，用識人紙半張，留錢三文。吳氏強食片瓜，曰：數載猶在胸中未化，至是曰，近思吾與斯人爲徒，若貽我以情款，我以禮不宜過峻以絕物也。

八月，哭奠彭朝彥。朝彥，劉村傭者也；狷介勤力，少有餘卽施人，力爲善，先生敬而筵之。朝彥曰："生平非力不食人一盂。"先生曰："翁守高矣！然請大之。"爲述如其道舜受堯天下事，朝彥猶辭；又述徐穉食、茅季偉事乃食。

九月，先生以王法乾遭妻子凶變遂躭莊周《南華》而循正學也，乃告以止會自矢獨立不懦。十五日，祭孔子。自是每季秋致祭，祝文略曰："夫子一身之仕止久速，卽天時也；縫掖章甫，卽水土也；府事行藝，卽堯、舜、文武也；爲學，爲教，爲治，皆是也。迨以無能用者，不得已而周流，又大不得已而删述，蘇張學夫子之不得已，漢後以至宋明儒學夫子之大不得已，而俱舍其爲學、爲教、爲治之身，則非矣！元不自揣，妄期博文約禮，實由聖教；惟神相之俾，無顛躓，且佐帝牖民，多生先覺，聖道重光，元庶免罪戾焉！"

十月，至楊村，叔父愉如自山西歸拜聚。

十一月，王法乾來，悔過請復會，定仍以月之三六日。

十二月，王法乾曰："兄遭人論之窮，歷貧困之艱而不類，可謂能立矣。"蓋是時先生盡以朱氏之產與晃，且代償其債百餘緡；而晃又欲奪其自置產，屢與變難也。內子病，不服藥，曰："妾旣不育夫子有年，堅不置再醮，而處女又不輕爲人二；不如妾死，使相公得一處女，猶勝于待絕也。"先生曰："此有天焉，汝勿強。"強之藥。書孫微君[1]聯云："學未到家終是廢，品非足色總成浮。"

癸丑，三十九歲。

正月朔，祭顯祖考，望祭恩祖妣，因限飲三盞，改齋戒款

[1] "孫微君"，當爲"孫徵君"。——編者註

云：飲酒不至三盞，凡恩祖生日、父生日、己生日俱同朔望儀；凡掃祠及恩祖室，自東而西，從容挨次轉，則面向尊而身自移，却掃至門，除出。夏則先灑，每晨一次；非重故疾病，不令人代。室人不用命，罰之跪；至二鼓，謝過，乃命起。與人曰："窮苦至極，愈當清亮以尋生機，不可徒爲所困。"同會人如曲阜，遇風，次日大風。吟云："谷風凜凜逆行人，繼日塵霾日倍昏；山左揚鞭遊孔墓，不堪回首望燕雲。"

二月三日，至曲阜，齋戒具牲；五日，祭孔子廟及墓，思聖人之道，若或臨之。九日，祭泰山。賦詩云："志欲小天下，甯須祭泰山；聊以寄吾意，身陟碧雲天。"旋至楊村，過祖塋下拜，入里門下，出里門乘，後爲常。思吾身口及心，何嘗有"從容"二字，須學之。與王法乾習祭禮法，乾曰："勞矣！可令子弟習觀之。"先生不可，曰："所貴于學禮者，周旋跪拜以養身心，徒觀何益？"乃同習。

四月五日，朱翁卒，先生哭盡哀；是日，三不食，次日晨始食。與王法乾議律，異姓不許歸宗，卽同姓而其養父有子者許歸宗；今若以孫禮服期，是二本矣。可義服大功，既葬練，復內服，常食若葬緩從俗以五七日可也。越五日，以遭變中之變，不能朝夕會哭；定哀至，北面跪哭。先生本族叔父羽洙來，許歸宗；先生求至畢葬終喪。羽洙又促之，先生曰："葬，秋以爲期，踰時卽歸。"羽洙語以危行言孫，謹愼保身。

五月九日，練，惟朔望往哭殯宮，不與燕樂，不歌；復常功，如習書數類。仍廢常儀，如朔望拜類，晨謁告面生祠不廢。十四日，買食豆腐，愴然流涕。蓋先生養恩祖，祖母十一年，未嘗特食一腐，今傷腐之入口也。投呈於縣，轉申學院，求定服喪畢歸宗。批許歸宗，服以期，乃將讓產。後凡存朱氏物，盡還之，令養子訒言亦歸宗，曰："吾不忍訒言之徒父予也！"給以物。

六月，至陽村，携叔父之子至，名曰享，教之讀書。聞劉村孝子朱莪貧，餽以錢。論明政四失：設僧道職銜，信異端也；立宦官衙門，寵近倖也；以貌招選駙馬王妃，非養廉恥也；問罪充軍，以武爲罪徒也。誰復敵賊？

七月，思無事之時，朔望前一日，必齋戒；迨遭三年喪，則無日不哀，亦無日不齋且戒矣。故朔望節令哭奠，皆不云齋戒；若期功以下，既葬則飲酒食肉，非常戒哀，不及重喪之純，亦不得言常齋。凡朔望前一日，仍當齋戒。遇橫逆不校，然鬱鬱。思君子有終身之憂，無一朝之患，悔久之。一日，覺氣浮；思氣不自持，其災乎？已而傷手。

十一月十五日，哭奠恩祖考妣墓，以出館博野楊村告，又哭招亡子赴考之魂，令從而西。蓋楊村族人，公議挽先生還家教子弟也。時朱晃復謀吞先生隨東產起釁，先生不校，且使人解之，不肯與絕往來也。十九日，楊村顔氏告父祠族人來迎，先生歸復；爲顔氏，告父祠，奉生主升車，隨之西歸朱族。及劉村隨東各鄉，諸親友餞送；或村首，或至蠡城，或及楊村，皆哭泣不忍別。劉煥章贈圜榼一內果，曰："外無圭角，美在其中。"先生受之，謝曰："敢不佩教。"至楊村，次日，夙興，易吉服，告新宅五祀之神；畢，反喪服宅。本其祖居，先生復之者也。邊之藩、顔士俊、士佶、士鈞、士侯、士鎮、士鋭、夏希舜、王久成從遊。王法乾述煥章規先生之言曰："對賓言長，不能盡人之意；偏向，不及遍人之歡。"先生謝之。

十二月，朔望，拜哭朱翁於野所。

甲寅，四十歲。

正月朔，哭祭朱翁于南學。五日大功服闋，以學憲批期五內除，常儀俱復。祭先與神，吉服，餘服素終期，乃之蠡哭奠朱翁墓。告大功闋，期服內除。以《大明會典》品官祀四世，廢人祀二世，立顯祖考諱子科祖妣某氏神主，旁書孝元孫𡸁奉祀，又顯考諱發神主。以先生殤子赴考，祔食春祀祖以考配享秋紀禰不及祖；蓋髣髴程伊川所撰禮，而謂分時專祭祀，一主齊心，乃爲之能聚渙。又祭尊得以援卑，祭卑不可援尊也。後以爲誤改之。

二月，率家人行忌祭禮，于恩祖母墓並哭恩祖。闔族供清明祭于墓，先生奉族長命，立族約，約孝約弟，約行冠、昏祭、喪諸禮，約周卹，約勿盜賭奸欺，詳載家譜。

四月五日，期服闋，率家人舁供入蠡，祭恩祖考妣于墓；告以歸宗易吉服，延朱晃及朱氏族長賢者共餕，遍拜辭。先生既歸宗，謀東出尋父。值三藩變，塞外騷動；遼左戒嚴，不可往，日夜悽愴。思向謂有心作欺之害大，無心爲欺小；今知有心作欺之害淺，無心爲欺之害深。或勸先生獻策，曰：“張齊賢不以此出乎？先生笑曰：王文正何以不出；人隱見命耳，天之用吾也，深隱而人求焉，故劉穆之困臥無袴，一朝而相宋；天之廢吾也，插標自市而終不售。韓昌黎三上宰相書，何益哉！”魏帝臣來訪，先生待以脫粟。帝臣欣然曰：“君以君子待我矣！”帝臣名弼直，博野縣庠生，善容儀周旋；喜賓客譚論，款款然終日無倦。施目疾藥，遠來者輒延款下榻；嘗僕馬居數月，疾愈乃去。與妻宋氏相敬如賓，每外退必入宋榻，朱氏嘗請之副室；或已至副室，宋氏輒來，副趨出，垂手迎，搴簾肅入。夫妻坐談久，副侍，不命不坐也。及宋氏卒，副祝氏以哭，病亦死。帝臣晚年聞先生學，甚重之，致敬盡禮焉。士鈞問：“孔子稱管仲爲仁而孟子不許何也？”曰：“孟子因時立論，所謂時中也。《春秋》周室卑，荊楚；若不有管仲，孰爲尊攘？至七雄之世，功利誇詐之習成，發政施仁之道息。孟子自不得倣孔子口吻也。後之講學則不然，虎豹已鞹矣，猶云甯質；邢衛亡矣，猶云羞管；虛言已蠹世矣，猶云講讀纂修。而生民之禍烈矣！”

九月修家譜，其目十七：曰姓氏源流，曰世系派衍，曰遷移離合，曰別嫌明微，曰莊居宅第，曰墳塋圖像，曰祭田樹株，曰館宴儀注，曰家禮仁儀注，曰家法勸戒，曰人才列傳，曰嘉言善行，曰先人遺影，曰珍器文章，曰簡書誥命，曰婦女甥壻，曰拾遺雜記。買由氏女爲婢。王法乾爲子加冠，使先生爲賓，行如禮。王法乾謂先生曰：“凡食，祭先代造食之人；敬客，客先自祭，降等之客，主人先祭；導客，客從之；臣侍君食，則君祭而已，不祭若君以客禮待之，命之祭乃祭。大兄凡食自祭，非禮也。”先生曰：“此禮久廢，故吾獨行以爲人倡；承教，敢不如禮。”自勘有美言傷信之過。或言天下多事，盍濟諸？曰：“僕久有四方之志，但年既四十，血嗣未立，未敢以此身公之天下耳！”因愴然。

乙卯，四十一歲。

正月，增常儀，灑掃惟冬不灑。清明、十月朔、祭墓、恩祖考妣忌日，亦往祭其墓。時及門日衆，乃申訂教條。每節令讀書教條諸生北面參，令一長者立案側，高聲讀講畢，又一揖而退。有新從遊者，必讀講一次。教條：一，孝父母。須和敬並進，勿狎勿怠；昏定晨省，出告反面，各一揖，經宿再拜，旬以上四拜，朔望節令俱四拜，惟冬至、元旦六拜，違者責。有喪者不爲禮，但存定省告面；父母有喪者，亦然。一，敬尊長。凡內外尊長，俱宜小心侍從，坐必偶，行必隨，居心起乘必下，呼必唯，過必趨，言必遜，教必從；勿得驕心傲氣，甚至戲侮干犯者責。一，主忠信。天生人只一實理，人爲人只一實心；汝等存一欺心卽欺天，說一謊話卽欺人，務存實心、言實言、行實事，違者責。一，申別義。五倫若父子之親、君臣之義、長幼之序、朋友之信，其義易曉；獨夫婦一倫，聖人加以別字，洵經綸大經之精義也！七年，男女不同席；行路，男子由右，女子由左；叔嫂不通問，男女援[1]受不親，是皆男女遠嫌之別也。至于夫婦相敬如賓，相戒如友；必因子嗣乃比御，夫婦之天理也，必齋戒沐浴而後行。別義極精，小子識之。一，禁邪僻。自聖學不明，邪說肆行，周末之楊墨，今日之仙佛，及愚民之焚香聚會，各色門頭，皆世道之蟊蠱，聖教之罪人也；汝等勿爲所惑，勿施財修淫祠，勿拜邪神，勿念佛，勿呼僧道爲師。若宗族隣里，或迷者須感化改正；至于祖父有誤，諭之于道，更大孝也。違責者，罪重者逐。一，勤赴學。清晨飯後，務期早到；一次太遲及三次遲者責。一，慎威儀。在路在學，須端行正坐；輕佻失儀者責。一，肅衣冠。非力作不可去禮衣，雖燕居昏夜不可科頭露體。一，重詩書。凡讀書，必鋪巾端坐，如對聖賢；大小便後，必盥帨潔淨，方許展讀。更宜字句清眞，不許鼻孔唔唔，違者責。一，敬字紙。凡學堂街路，但見字紙，必拾積焚之；或不便，則塡牆縫高處。一，習書。每日飯後，倣字半紙；改正俗譌，教演筆法，有訛落忘記者責。一，講書。每日早晨試書畢，講《四書》，或經，及酉時，講所讀古今文字，俱須潛心玩味，不解者，不妨反復問難回講；不解者，責。一，作文。每逢二、七日，題不拘經書史傳、古今名物，文不拘詩辭記序、誥示訓傳，願學八股者聽。俱須用心思維，題理通暢；不解題、不完篇者俱責。一，習六藝。昔周公孔子，專以藝學教人；近士子惟業八股，殊失學教本旨。凡爲吾徒者，常立志學禮樂射御書數，及兵農錢穀水火工虞。予雖未能，願共學焉。一、六日課數，三、八日習禮，四、九日歌詩習樂，五、十日行射。一，行學儀。每日清晨飯

[1] “援”，當爲“授”。——編者註

後，在師座前一揖，散學同。每遇朔望節令，隨師拜至聖先師四；起北面序立，以西爲上，與師爲禮。再分東西對立，長東幼西，相再拜。一，序出入。凡出入齊班。上中左魚貫，論前後行輩；異者以行輩敍，相遇相别，皆拱手。出學隔日不相見，見必相揖；十日不相見，見必再拜。皆問納福。一，輪班當直。凡灑掃學堂，注硯，盛夏汲水，冬燃火，斂倣進判，俱三日一班，年過十五文行成章者免。惟有過免責，則罰執小學事。一，班隨。有善可旌者卽免。一，尚和睦。同學之人，長幼相敬，情義相關；最戒以大凌小，以幼欺長。甚至毆詈者，重責。一，貴責善。同學善則相勸，過則相警；卽師之言行起居，有失俱許直言，師自虛受。至諸生不互規有成，而交頭接耳、羣聚笑譚者責。甚至戲嘲褻侮者，重責。一，戒曠學。讀書學道，實名教樂地；有等頑童，託故曠學，重責。有事不告假者，同。二日，聞王五修卒，爲位齋戒，哭奠。曰瞽瞍，愚父也；而舜齋栗祗載；定哀，庸君也，而孔子鞠躬踧踖。故孝莫大于嚴父，忠莫大于嚴君。

二月，王契九來訪，觀《存性》《存學》編，是之。契九，名彪，清苑人；少有高才，與呂申習兵學，好雌黄人，爲惡少所侮，晚年絕口不言人過，有以文事質者，輒稱佳。博學工詩。

閏五月，陳見夷來訪。見夷，名振瞻，清苑人，豪狂博覽。託東鹿任最六訪父，以其爲商于關東也。二十八日未，坐不正，覺卽正之；申交股坐，覺而開之。

九月五日，率門人習射村首，中的六，門人各二。因思孔子曰：“回之仁賢於丘，賜之辯賢於丘，田之勇賢於丘。”此聖道之所以光也。漢高祖曰；“運籌吾不及子房，攻戰吾不如韓信，輸糧餉守國吾不及蕭何。”此漢代所以興也。今從吾者更不吾若，吾道其終窮矣乎！思人不親、教不規、事不諧，多以忿累之。屢懲而不免，愧甚。給孫衷淵書，規其惑佛老也。衷淵，名之萍，萬陽人，孫文正公侄孫。隱居力學，以孝母名。訪彭大訓永年，博野庠生，孝繼母，端謹。

丙辰，四十二歲。

正月，保定府閻經略鳴泰之裔，有婦人被妖魅，符籙驅之莫效。其妖自言："一無所畏，惟畏博野顔聖人。"是時先生與王法乾，人皆以聖人稱之，專价來聘；先生謝不往，又力請，力却之，恐虚傳招禍也。有求文者，謝以儀，却之。語門人曰："君子貴可常，不貴矯廉邀譽。昔子路拯溺人，勞之以牛而不受；孔子責之曰：'自此魯無拯溺者矣！'今蠡無醫，自朱振陽施方，醫始也。博人無師，自吾家先三祖施館教食學者始也。小子識之，吾之却此，有請也，不可法也。曰："言而盡人者大，盡于人者小。"二十七日之市，市麻不成，信手拈麻一絲，將作鞭提；思麻未買而用其絲，非義也，還之。謂門人曰："君子于桓文也，賊其心而取其功；于程朱也，取其心而賊其學。"曰："幼增抄天文占法，讀《步天歌》，廢本日迎出告家祠禮；從王法乾之'死而之生之不智'之言也。"

三月，易砥石十餘片，後出者不如前所日。念貧人也，如所言與之。知劉煥章缺糧，餽糧六石。思體人之精則不校，體愚人之情則生憐心，體惡人之情則生懼心。憐則不忍校，懼則不敢校。又思禍莫大於駁人得意之語，惡莫重于發人匿情之私。一僧求人邀入寺，辭曰："儒爲盡人倫之道，寺爲無人倫之地。"不往。思齊明者，正吾身之德也；耳聰目明肢體健利，吾身之用也。寡慾積精，寡言積氣，寡營積神，厚吾身之生也。否則非堯舜之修身也。閑男女之邪心，飭彝倫之等殺，正一家之德也；宫室固，器具備，職事明，利一家之用也；倉箱盈，凶耗豫，厚一家之生也；建學校，同風俗，正一國之德也；百工修，百官治，利一國之用也；倉府實，樂利遠，厚一國之生也。否則非堯舜之齊治也。

六月十一日，牧驢；思事雖至瑣，但當爲卽義，不可有厭心。題日記面曰："學如愚。"思心神在內，天清地甯，豈不善乎？惜未能久也！勉諸！二十日，晚，與人坐，遇可言，乃一二語；卽正言，但見人非傾聽，卽止。

八月，定此後行醫，非价非聘不往。

九月立齋戒牌。

十月，過王家莊，問室人生父家無後矣，但有同曾祖兄弟三人。思得從弟子者，其道行；得畏弟子者，其道先。羽泶規先生未融鋒稜。

丁巳，四十三歲。

正月朔，思氣不洗，神外露，非雄壯也；萎歉不學，而省言斂氣，非沉定也。蕭九苞問曰："復井田則奪富民產，恐難行。"先生曰："近得一策，可行也。如趙甲田十頃，分給二十家，甲止得五十畝，豈不怨咨；法使十九家仍爲甲佃，給公田之半于甲，以半供上；終甲身其子賢而仕仍食之，否則一夫可也。"元宵，懸齋前一燈，羣聚觀。先生歎曰："盌大紙水，何足觀？而羣聚者，通巷無燈也。士君子生於後世，雖羣望集之，必當進而與堯舜周孔相較，則自見其卑，前途無窮；若遽以寸光自多，不幾窮巷之紙燈乎！"王法乾曰："每苦無聊，便思息肩。"先生曰："此大惡，宜急改。莊周佛氏，大約皆不耐境遇之苦而逃者也。"

五月，嫁祖母張氏逝，服弔衰，葬除。

六月，如易州，會田治埏、馮繪升、楊孔軒論學。治挻[1]，名乃

[1] "挻"，當爲"埏"。——編者註

畝，易州人，孫徵君弟子；繪升，名夢禎，安州人，孝繼母，知正學；孔軒，名思茂，山東人，以祖旅遼左，遂入旗，孔軒贖歸民籍，居新城。有文武偉志，親喪，廬三年。

九月，與王法乾交責爲學不實，宜天降殃。共服先君子朴實。

十月，訪宋賡休、楊計公論學。賡休，名會龍，博野人；童年遊京師，一僧講法曰：“說人登天堂，自已陞天堂；說人下地獄，自己下地獄。”賡休笑。僧曰：“童子何笑？”曰：“笑汝不識字耳！說，悦也；一言罪小，悦人福心何其善，福至矣；悦人禍心何其惡，禍至矣。”僧愕然，已而曰：“君必前世如來也。”拉至一水甕照之，見已頭瓔珞環垂如繪佛菩薩狀。賡休遽醒曰：“幻僧而以術愚我入邪教耶？”僧驚謝去。善事繼母，祭神必齋戒，樂施與。邑數十鄉，有紛難難平，賡休到卽釋。某生忿弟毆其子，且將興訟；賡休曰：“君愛子乎？惜令先君不在耳！若在，令弟胸創可使見乎？”生遽已。一少婦縊死，其母必令壻家作佛事；賡休往說之，嫗掩扉拒曰：“翁所言皆聽，惟吾女苦死，必資佛力拔，勿啓齒。”賡休曰：“嫂壽幾何？”曰：“七十四。”求出共商。曰：“吾婦人，孰與男立？”賡休乃大言，曰：“七十老嫗，尚不立男側；况幼女牌位，令羣僧隨舁，不驚魂飛越乎？若女苦死，憐之惟慈母，又可使僧衆諠閧驚散其魂乎？”乃止。其他類此難僕數，而不食人一盂，不受人一錢謝也。計公，安平諸生，知兵能技擊，精西洋數學。

十一月，如甯晉，哭奠張公僕[1]之趙處女墓，弔之。處女名琰，安肅人；甲申後不應童子試，就學於公儀。其卒也，白虹貫日。先生詩云：“孝友清高素慕君，神交未遂范張心；白虹貫日當年

[1] “僕”，當爲“儀”。——編者註

事，遂拜孤墳憑弔深。”過泜水由橋。思橋舟，王霸之分也；橋普濟而無惠名，舟量濟而見顯功。君子其橋乎！曰：“陳同甫謂人才以用而見其能否，安坐而能者不足恃；兵食以用而見其盈虛，安坐而盈者不足恃。吾謂德性以用而見其醇駁，口筆之醇者不足恃；學問以用而見其得失，口筆之得者不足恃。”

十二月，訪安平趙衛公、啓公兄弟，皆有武勇。言何訒言少年，志爲聖賢，亦訪之。訒言，名默，自此時來問學。

戊午，四十四歲。

正月，定每年元旦後，以次謁敬族尊長。思海剛峯曰：“今日之信程朱，猶戰國之信楊墨。”吾謂楊墨道行，無君無父；程朱道行，無臣無子。試觀今日臣子，其有以學術致君父之安、救君父之危者幾人乎？抄《祈州學碑》，刻洪武八年頒學校格式。六藝以律易御禮，律書爲一科，訓導二員教之；樂射算爲一科，訓導二員教之。守令每月考試，三月學不進，訓導罰俸二月；監察御史按察司巡閱考試，府生員十二名，州八名，縣六名。學不進者，守令教授訓導罰俸有差；甚多，則教官卑職守令笞四十。三代後無此學政，亦無此嚴法，誰實壞之？——源按：三代以後，開創帝王可與言三代治道者，明太祖一人而已。惜無王佐之才如先生者以輔之，遂將所創良法如此類不久即變，不變者後人壞之。惜哉！惜哉！

八月一日，親御載糞，失新易鞭。思以年長多疾，定不力作；今復力作；省半工而失一鞭非命乎！徒自貽不安，命之咎耳！

九月，會李天生於清苑，論學。天生，名因篤，陝西富平人，能詩文，時以博學鴻儒舉，至京，考授翰林院檢討而歸。

十月，一門童毆先生弟亨，責之不伏，逐之失言，既而悔之，以犯劉煥章所戒也。煥章嘗規先生曰：“君待人恩義甚切，而人不感，或成讎者，以怒時責人語過甚也。”夜不眼[1]，內子問故，曰：“吾嘗大言不慚，將同天下之良才爲生民造命；乃恩成錯用，不能服里中之童。愧甚！憂甚！”與高生言承歡。生曰：“非無心也，發不出耳。”曰：“發不出，痼蔽深也。愉色婉容，性質本具；但痼蔽後須著力發，發出又須頻頻習熟。故曰：‘被德之行，不取不勉’。”

十一月，入蠡，哭郭敬公，三日不歌不笑；送葬，哭之哀。先生族人爲尉丑[2]，破繫累累，乃訟之縣，事解。曰：爲治去四穢，其清明矣乎？時文也、僧也、道也、娼也。

十二月，以今歲覺衰，書一聯曰：“老當更壯，貧且益堅。”

己未，四十三[3]歲。

正月，塨同李毅武拜先生問學，先生謂塨曰：“尊君先生，老成寡言，僕學之而未能；內方而外和，僕學之而未能。足下歸求之而已。”毅武，名倜，邢臺人。志學聖學，篤孝友，燕居必衣冠如對大賓；見不義事，去之如掩鼻而走惡臭也。如蠡，與塨交。共學琴、學舞、學禮，闢佛老力，故同問學於先生。

二月，謂門人曰：“天廢吾道也，又何慮焉；天而不廢吾道也，人材未集，經術未具，是吾憂也。孔子修《春秋》曰：‘我欲託之空言，不如見諸行事深切著明也。’《會典大政記》，實竊取之，如有志者鮮何！”因吟曰：“肩擔寶劍倚崆峒，翹首昂昂問太空；天挺英豪中用否，將來何計謝蒼生？”或問守禮，人將以爲執；先生曰：“禮須執，聖言也。”安州陳天錫來問學，謂朱程與孔孟隔世同堂，似不可議。曰：“請畫二堂，子觀之。”一堂坐孔子，劍佩觿

[1] “眼”，當爲“眠”。——編者註
[2] “丑”，疑爲“虐”。——編者註
[3] “四十三“，當爲”四十五“。——編者註

決，雜玉革帶深衣，七十子侍，或習禮，或鼓琴瑟，或羽籥舞文、干戚舞武，或問仁孝，或商兵農政事，服佩皆如之。壁間置弓矢鉞戚簫磬算器馬策，各禮衣冠之屬。一堂上坐程子，峨冠博服，垂目坐，如泥塑。如游楊朱陸者待，或返觀打坐，或執書吾伊，或對譚靜敬，或搦筆著述，壁上置書籍字卷翰硯梨棗。“此二堂同否？”天錫默然笑。之田行徐而莊思；此無暴其氣也，而即所以持志。思老將至，而身心未可自信；如作聖初志，何又思致用？恐成馬謖，宜及時自改。賈子一問家變，先生曰：“舜之化家也，其機在不見一家之惡；爲子計，須目盲耳聾心昧，全不見人過失，止盡吾孝友，方可化家而自全。”途遇蠡令，避人門下；令回首諦視久之。因吾人不言不動，猶的然致世別眼；况輕言妄動，焉能晦其明以求免乎？

九月，謂人曰：人宅內供仙佛不祥；如人請僧或道士常住宅中，可乎？弔蠡縣殉夫徐烈婦。客有見先生颺場者，異之，先生曰：“君子之處世也，甘惡衣粗食，甘艱苦勞動，斯可以無失已矣！”語何訒言曰：“佛氏是無觀聽言動，吾儒是‘非禮勿視聽言動’。”

十月，左目上生瘡，後久不愈，左目遂眇。途行遇風，輒作痛，避息。

庚申，四十六歲。

正月朔，丑興，隱然見一烏衣矮人，已祭祖考，父生牌忽跌仆如稽首狀；疑父已逝矣，大慟。自此於父生位前供箸饌，以神人之間事之。看陳龍川答朱子書，至“今之君子欲以安坐而感動之”，浩歎曰：“宋人好言習靜，吾以爲今日正當習動耳。”王法乾父廷獻卒，先生往哭奠，規法乾行喪禮。廷獻翁名蘊奇，定州衛諸生，性仁厚，友于弟，以次女妻塨，已而卒。先君子曰：先共法乾議“壻則猶是也，而君女亡矣”！俗以壻繼娶爲續女，歸甯非禮也。翁然之，其女未于歸時，有糧數石，翁遣車送至。先君子曰："令女在時，未聞有此也；則君家物耳，請載歸。"翁曰："亡女爲李氏之鬼，其遺物豈王氏之物哉？"必不可歸，先君子受之。

四月廿四日，先生叔父愉如卒于京邸，先生聞之，慟哭威服。

五月，塨來謁，先生衰麻出見，見教學小學曲禮。深州國公玉來問學。公玉初名之元，避先生，改名之桓。先生自二月買氏石女爲側室，以身有疾，未納；女癡且顛，爲媒欺也。至四月，讓媒氏返之，得原金。

六月，媒轉鬻之旗下，先生悔之。

七月，塨往諫先生。泣曰："吾過矣！吾父無處所，而年四十餘，先人血嗣未立，住與行罪皆莫逭！前擬有子卽出，後迫于時晚，以爲但見子產卽出；後更不及待，但見有孕卽出。乃天降罰，老妻不育，置一婢，爲人所欺短。又置一側，爲人所欺癡，故眩亂之極，遂欲將此原金再圖一人，而不知其過戾至此也，敢不速更。"盡出原金贖女歸其父，不責償。塨感先生改過之勇，立日譜自考，自此始。

閏八月，思爲學之難也，如行步也；心在則中規矩，心不在則不中規矩，所爭在敬肆，而人見其某時如此某時又如彼，遂指以爲僞矣。敢不力乎？王法乾指其門人某曰："渠能以冷眼窺人。"先生曰："切不可教之如此，昔有言社稷丘墟，凡爲子孫者當戮力王室，且務以名分相責。方今孔子之道塗地，但有志者，卽宜互相鼓舞，以相勉乎聖道之萬一。有八長而二短，姑舍其二；有八短而二長，姑取其二。後生尺進未進，先存心摘人短，此何意也？"或告兄弟惡，先生悽然曰："君有惡，兄弟幸也；若某欲求一惡兄而恭之，一惡弟而友之，得乎？"其人感動。聞先君子事親夙興，拜牀下初不令父母知，獨左右就養，委曲有道，以使昆弟安。嘆曰：吾不如也！塨規先生言躁而長猶未改。先生曰："古人養充而神靈。養充則改過有力，神靈則一點卽化，僕正賴良友夾扶耳。"因出日記，令塨評。劉煥章規先生曰："顏子之明，何至爲佞人欺？兩夫子教之遠者，乃恐賢豪恃聰明，欲駕馭英雄；不覺爲佞人誤耳。"先生服其言。

九月，博野鄉耆謀公舉先生賢能，先生力詛之。語塨曰："春秋惟當以道致霸，戰國必當以道致王。孔子欲爲尊攘事，故仁管仲；孟子無須此矣，故卑之。易地則皆然。"教塨三減曰："減冗瑣以省精力，減讀作以專習行，減學業以却雜亂。如方學兵且勿及農，習冠禮未熟不可更及昏禮。"又語塨曰："猶是事也，自聖人爲之曰時宜；自後世豪傑出之曰權略。其實此權字，卽未可與權之；權度時勢稱輕重而不失其節是也。但聖人純出乎天理而利因之，豪傑深察乎利害而理與焉。世儒等之詭詐之流，而推于聖道；外使漢唐豪傑不得近聖人之光，此陳龍川所爲扼腕也！僕以爲三代聖賢，仁者安仁也；漢唐豪傑，知者利仁也。"塨問："古人子婦事舅如父，今遠避以爲禮，何也？"曰："古人三十而娶，有子婦則已老矣，故可近事；今人皆早昏，父子年多不甚相遠，則別嫌爲禮，今時之宜也。"

十二月，先生叔父柩還自京，竭力佐其子亨葬之。因思父，哭甚慟。曰勇達德也，而宋人不貴專以斷弘克慾。註之則與夫子"不懼"二字，及"勇士不忘喪其元"、"臨陣無勇非孝"等語，俱不合矣。奈之何不胥天下而爲婦人女子乎？

辛酉，四十七藏[1]。

正月携塨與獻縣拜王五公，先生弔高公夢箕墓，并會五公門人

---

[1] "藏"，當爲"歲"。——編者註

吳瑾等；回過深州國公玉家。抵安平，晤彭古愚、彭子諒。二十五日，哭奠叔父主前，告練。

二月，往哭奠朱參兩。坐王法乾齋，相對衎衎勿覺；期服忘哀，即謹。

三月，觀塨日譜，句圈甚多。曰："此非慊也，怠也；怠則不自覺其過，不怠則過多矣。僕記中純白圈終歲衹數個，自勘私慾不生，七情中節，待人處事無不妥當，乃爲慊。故嘗與呂文輔言：'聖門三月不違仁者固難及，即月至日至亦何容易？'僕刻不可言時至，衹刻至耳。"期服雖練，每月必思慕數次。謂夏希舜曰："舜何罪？知父母不悅，即我之罪；舜何慝？須知感父母不能即我之慝。慝字更苦更精，蓋罪猶有事實可指，慝則并無其事；但見父母不允不若，必我心中暗有不可感動者在也。"養同高祖侄爲子，名之曰爾檥。書塨所箴"滕口木鷄"四字于東西壁，莊對致敬，如諍友存旁。思人不能作聖，衹是昏惰；惰則不緝，昏則不熙。參照司馬光十科取士法——源按：唐宋科目甚繁，温公十科差勝；要皆出仕之人而間雜以未仕者，總不外明經進士而已。是取之以章句辭華，而另設科以用之，欲人才之得難矣！不如即以先生所述三物之教，復古制鄉舉里選，各取其長；而分兵農禮樂諸科以用之，終身于一職。以其職之尊卑爲升降，而不雜其途；廣人才可以競出，政事可以畢舉。又何事於唐宋科目哉？先生存治之意如此，今蓋姑取其科之近似者檢較之耳。曰："彭濟寰嘗戒予謂：'大病是心中話，即說在口中。'至今二十年未改也。恥哉！"

四月廿四日哭奠叔父，主告釋服。聞劉宰宇以豪俠老而廿[1]貧，獎之。齊爣燧侯，問學。時塨與張文升共學韜鈐，先生每入蠡

❶"廿"，當爲"甘"。——編者註

城，則商酌徹晝夜。觀王法乾日記曰：“仁者不見非薄之人，情不相召也；存于中者戾而感應甚神，可畏哉！”服其深中膏盲，錄之。思周孔似逆知後世有離事物以爲道、舍事物以爲學者，故德行藝總名曰物。明乎六藝，固事物之功；卽德行亦在事物內。《大學》明親之功何等大？而始事祇曰“在格物”。空寂靜悟書册，講著焉可溷哉！

八月，以患瘡久，氣血虛，乃更弔，日在喪家，不御酒肉，移處則用。偕塨習禮，教之曰：“旋轉貴方圓，唱禮貴高亮；力圓又貴中節，高亮又貴有謹愼意。僕嘗謂：呼弟子及奴僕聲音，亦宜莊重而忌淩傲也。”王法乾摘塨過曰：“剛主交某某又與某通，有無可憂？”先生曰：“果有之乎？然吾以爲剛主不及吾二人在此，其勝吾二人亦在此。吾二人不苟交，一人不輕受一介，其身嚴矣；然爲學幾廿年，而四方未來多友，吾黨未成一材。剛主爲學謹一載，而樂就者有人，欲師者有人；夫子不云乎‘水清無魚，好察無徒’？某將以自改也。”思齊家之難，誠哉！嚬笑不可苟也。行必必習恭[1]，步步規矩，如神臨之。始製懸門齋戒牌，每齋戒懸大門外云：今日交神，不會客，不主醫方；親友賜訪，請暫回，或榻他所，祭畢領教。看《家語》至趙簡子鑄刑鼎，孔子歎曰：“晉！其亡乎！法銘在鼎，何以尊貴，何業之守？”因着說謂法寄之人也，銘在鼎將重鼎而輕人，法亦失道之人也；刻在書，將貴書不賤人，道亦亡。

十月，約塨以月之三、五日會，質學。先生從不入寺，不與僧道言；至是，悔曰：“如此何由化之；此卽褊狹不能載物之一端也。”

十二月，著《明太祖釋迦佛贊解》。

[1] “恭”疑爲衍文。——編者註

壬戌，四十八歲。

正月，先君子設穀日之筵，先生司禮，同劉煥章、張函白、王法乾、張文升、魏秀升諸友彈琴賦詩、習射演數、歌舞藏鉤，極樂。先生作《穀日燕記》。塨從先生入獻縣，與王五公先生議經濟。濟國公王邀衡水魏純嘏來，傳天文學。思古學教法，開而弗達，強而弗抑；又古人獎人，嘗過其量，吾皆反此不能成人材，不能容衆，自今再犯此過，必罰跪。先君子規先生曰："滿腹經濟，再求中節。"先生謝焉。

四月，塨病疫，先生盤桓蠡城，醫之。

七月，著《喚迷途》，後又名曰《存人編》：一喚尋常僧道，二喚參禪悟道僧道，三喚番僧，四喚惑于二氏之儒，五喚鄉愚各色邪教。

九月，與塨訂規約，以對衆不便面規者，可互相祕覺也，云："驚惰須拍坐，箴驕示以睛；重視禁暴戾，多言作嗽聲；吐痰規言失，肅容戒笑輕。"謂張函曰："千古學者，皆被孔子'狂簡'二字說定；狂而不簡，則可進于中行矣。千古狂者，皆被孟子'進取不忘其初'一語說定；取而忘其初，則可幾于聖域矣。吾與法乾剛主皆愧是焉。"如保定府，哭奠呂文輔；唔孫徵君十一子君夔。塨進於先生曰："五穀之生也生而已矣，長也長而已矣；不自知其實而穡也。學者有進而無止也如之。孔子'從心不踰'時，猶思其進也。塨近窺先生迎若，有急急收割意焉。且夫英雄取于摧拆者少，取于消磨者多；故消磨之患甚于摧拆，不知是否？"先生曰："是也。願急改策。"

癸丑，四十九歲。

正月，如易州望荆軻山詩云："峯頂浮圖掛曉晴，當年匕首入強嬴。燕圖未染秦王血，山色于今尚不平。"

四月，博野知縣羅士吉差役來候；以王修五子贄及崔詹事蔚林、楊太僕爾淑言也。蔚林，字夏章，學宗陸王；爾淑，字湛子，孫徵君門人，俱新安人。

六月，河南楊﨟千來訪問學，奉《喚迷途》而去。喬百一書來論學。百一，名已百，臨城人；明廷，給事范士髦嘗薦于朝，已而國變，遂高隱。與塨往迎書有云：“孔子教人不過忠信忠恕等語，不止罕言命，亦罕言性；蓋性命之說，緲茫不如實行之有確據也。實行敦而性命自在其中矣。此孔子維世立教之深意也。”可爲名言。

閏六月，納所買田氏女爲側室。張函白規先生，固執兼輕信人。王五公先生亦謂曰：“流丸止于甌臾，流言止于智者。”先生服之。一族弟無狀，先生責之。其人曰：“大兄惠我一家，厚感不忘；因大兄表功，故反成怨耳。”先生悚然自悔。

九月，先君子病，先生視之；既彌留，先生問教，曰：“嘉哉！尚有始有終！”卒，先生哭奠，挽聯曰：“勁脊柱乾坤，操嚴端介柔；腸和骨肉，德重孝恭。”

批周子《大極圖》之誤，主靜之失。

二

甲子，五十歲。

正月，國公玉來講執贄，先生以其年長於己，辭之。

二月，王五公先生卒，先生聞之，大慟，已而聞其目不瞑，嘆曰：“五公不瞑目矣，吾之目其可瞑耶？初志尋父以事恩祖不遂，及歸宗，值天下多故；又思爲父母立一血嗣，及出，躭延數年。今不及待矣！”遂決計尋親。

三月，爲位哭奠王若谷。若公，字餘厚，五公從兄，同起兵討賊者。嘗過先生，至易州坎下，會葬五公先生，私謚曰莊晉。又之郎仁哭奠楊計公先生。自誓尋父遼東，不得則尋之烏喇船廠諸處；再不得，則尋之蒙古各部落；再不得，则委身四方，不獲不歸。故凡明當哭奠者皆行乃出，不欲留仁者以缺也。

四月八日，隻身起行爲關東尋父，過涿州，晤陳國鎮。國鎮名之鋐，涿州人，鹿忠節公善繼弟子；善繼講學宗王守仁，而躬行切實過之。嘗語人曰："傳吾學者杜越而外，陳氏子而已。"年七十餘，諄諄提引後進不少倦。人問之曰："先生亦寂寞乎？"曰："動靜皆有事，何寂寞之有？"大學士馮銓同城居，謀請見，不得。十七日，入京，刻尋父報帖，貼四城門，及內城各處。對人言則泣，人聚觀則叩首自求代尋，來報重謝之。斧資取給醫卜，親友醜贐，亦受之。

五月十五日，出朝陽門而東；每朔望，必望拜家祠，答室人拜。二十日，抵山海關。海吼，山水暴漲，又無路引，不得出關。見山海之雄，嘆曰："夏殷周之得天下也以仁，失以不仁；漢唐宋之得天下也以智，失以不智；金元之得天下也以勇，失以不勇。"

六月四日，遇豪士曹梅臣者，爲經營路引，乃得出。十三日，過韓英屯南，已至奉天府——卽瀋陽也。——主堂兄在旗者希湯家。時東鹿友人張尚夫之兄張鼎蠡束巖，任奉天府丞，往拜；尚夫因見束巖求散布州縣尋父報帖，逢人則流涕跪懇，與之報帖，求其傳布。

七月，張束巖來，毀錦州念佛堂議，先生爲之作檄作說，入《存人編》。

八月，報者沓至，往驗，則非；先生日夜悲楚。交程玉行。玉行，山東人；有學，具壯志，以事編居瀋陽。滿洲筆帖式闒拉江問性情才，先生曰：“心之理曰性，性之動曰情，情之力曰才。”因言：宋儒不識性，並才情俱誤。拉江驚服，遂拜從學。拉江宿於外，先生問之，曰：“吾妻有親喪，念婦人亦人子也，豈可亂其喪哉？”先生喜曰：“禮所未制之禮也。而合矣！”四出尋覓，日禱父信于神明。

乙丑，五十一歲。

二月朔日，傳孟州南有信，先生如海蓋等處。

三月，宿遼陽城，出陷翻漿泥中。七日，至蓋平。十九日，又陷泥中，失履。出過耀州。二十日，入海城縣。二十五日，入遼陽，具貼報帖遍諮詢不得。三十日，復返遼陽。三月二日，擬東往撫順。四日，瀋陽有銀工金姓者，其婦見先生報帖，類尋其父者，使人延先生至家，問先生尋親緣故；先生泣訴，婦驚泣曰：“此吾父也！”先生乃詳問父名字年貌疤識，皆合；婦又言父至關東，初配王氏死出，繼配劉氏生己，曾以某年逃歸內地。及關被獲，遂絕念。康熙十一年四月十二日卒，葬韓英屯。因相向大哭，認爲兄妹。先生又出，遍訪父故人如一，八日乃定稅服。十一日，宰猪羊祭墓立主慟哭，自此寢苫枕塊，不食甘旨，朝夕奠，午上食，哭無時。識父皆來弔奠，人人嘆息稱道。十二日，行初虞禮。

四月朔，奠告奉主歸，隻身自御車。哭導而行，日朝夕奠。午上食，不怠。凡過大水橋梁城門，必下而再拜祝告。溝渠徒杠莊門車上跪祝，或俯車祕祝乃過。是日，兄及妹夫金定國識交等俱遠送哭別。十二日，達松山堡，行忌日奠。途哭無時，惟至人宅，哭止數聲不揚。十八日，入關，往謝曹梅臣。梅臣來弔奠。嗣後遇前助力餽贐者，皆謝之，弔奠釋接。十九日，行再虞禮。三十日，過京。

五月五日，至博野七里庵，先期達服親皆成服，迎奠哭拜相向哭。已入里至宅安主，行三虞禮。遠地親友皆來弔奠，賻則辭。十三日，葬父生主于祖兆，告蠡庠教諭以丁憂。

六月八日，行卒哭禮。九日，行祔祭禮。自此惟朝夕哭。讀《士喪禮》，嘆古聖書多記事，後儒書多談理，此虛實之別也。從三叔父怡如病，請同寢奉養之。

七月十六日，怡如卒，其子早壯方孩提，貧；先生代葬之。是後朝夕哭考，其間思及從叔則哭叔。

十二月十六日，哭奠三從叔，告除服。高陽齊林玉，有雄才，河南墾荒，先生贐之。

丙寅，五十二歲。

正月，教諭不敢以稅服報先生丁憂，先生必不易服應考，因棄諸生。

二月，思孟子曰："先立乎其大。"今小事皆能動心，小不平皆能動性，正是大不立也。

三月八日，行小辭禮。自此易練服，止朝夕哭，惟朔望哭奠；頗食甘美，但不飲酒，不食魚肉稻。王學詩來贄，先生不許。長跽兩晝夜以請。先生曰："吾惡夫世之徒師弟名而无其實者，汝今居大母喪，能從吾喪禮行，再求受子矣。"乃去。學詩字全四，完縣人，傭身喪父，割股肉療母疾。學使奏聞，并及其父三錫之孝祖母金氏、母邊氏之節；領六十金，建三世節孝坊。嘗從孫鐘元徵君、魏庸齋司寇遊。

四月十一日，思喪禮不言齋戒，以旡時不齋戒也。今予年踰五十，愧不成喪；食疏不免葱韭，則祭前須齋戒。十二日，行忌日奠。博野知縣羅士吉，具牲來弔祭成禮；先生往謝，致胙二方，望署門稽首拜而還。先生偶坐門外，門主幾失笑；乃知喪禮不偶坐，不旅行，有以也。遂入。一日晏起，因思喪中廢業，兼以毀瘠，極易萎惰。故先生制祝詞曰：“夙興夜處，不惰其身。”然期以內，哀慕不遑，不惰猶易；練以後哀思日殺，心身少事，逸斯惰矣，惰愈憊矣！故孔子曰：“喪事不敢不勉。”

五月十三日，聞關東大兄卒，税服三月。先生自外，過中門，側室田氏急掩扉避；先生遙嘉之曰：“可謂能守禮矣！”

八月十三日，爲關東大兄位，奠告服闋。謂門人曰：“禮喪一禮，朝溢米，夕一溢米，食之旡算；宋儒家禮删去‘旡算’句，致當日居喪；過朝夕不敢食，當朝夕遇哀至又不能食，幾乎殺我。今因家禮練後止朝夕哭，惟朔望未出服者會哭，凡哀至皆制不哭；疑聖人過抑人情。昨讀子夏傳曰：‘既練，舍外寢，始食菜果飯素食，哭旡時。’乃歎先生制禮盡人之性。宋人元德旡位不可作也。”

丁卯，五十三歲。

自儆曰：堯舜之聖在精一，吾不惟不精而方粗如糠稗，不惟不一而且雜如市肆。愧哉！懼哉！須極培持，上副天之所以生我者可也。

三月二日，聞嫁母病，亟之隨東侍疾。五日，回里齋戒。八日，行大祥禮，始參用儀禮。先生主初獻，主婦並獻；以邊生作賓，三獻。祭訖，急如隨東，則母卒矣。大哭，服弔衰，賓爲先生來者拜謝，非則否。十一日，奠；十五日，送葬；十六日，哭拜辭主而回。二十五日，行禫祭禮。

四月朔日，奉考主於家祠，行吉祭禮。乃遷曾祖考妣主于祧室，安祖考主于祖室，考主于禰室，以殤子赴考祔。十二日，行忌日祭；十五日，始行望禮于家祠。習齋與家人爲禮，命田氏隨女君拜祠拜君女君皆回，坐受子拜父母畢，揖之。一切復常，惟不樂不華飾，以尚有心喪也。行醫於祁州濟貧；且欲廣成人材也。

六月，刁過之、石藍生約共習禮。羅令縣匾先生門。許酉山致書于先生論學，先生以周孔答之。酉山先生，諱三禮，河南山陽人。順治辛丑進士，選杭州海甯令，邑煩劇，又值三藩變，政務旁午；先生撫民擒寇，皆有方略。且延士講學，行禮樂，考經史，師傳繽紛，先生處之裕如也。署後建告天樓，每晨必焚香，告以所爲。辛酉，入授御史；己巳，還至副憲。特疏劾內閣徐元夔與其兄尚書乾學侍郎高士奇，鐫一級。而徐高亦由是去位。著《河洛源流》、《政學合一》等書。《源流》略云：聖道一中原通天地民物爲一，全體大用，揆文奮武，皆吾心性能事；但自孔子沒而中行絕，狂狷兩途，分任聖道，乃氣數使然，不可偏重。狂者進取，爲張良、韓信、房杜諸人，皆能開闢世界，造福蒼生；然求其言行之盡規規聖道，不能也。狷者不爲，如程顥、朱熹、陸九淵諸人，不義不爲，主持名教；然欲出而定鼎濟變，如古聖之得百里而君之朝諸侯有天下不能也。二者分承協任，廣見聖道。若但視孔子爲一經學儒生，則非矣。庚午，官至兵部督捕右侍郎。辛未卒。塨與張文升推衍《存治》，文升著《存治翼編》，塨著《忘編》，先生訂正之。

七月三日，謂紹洙曰："檥其來，予心告矣。"紹洙問，曰："素不妄動。"已而爾檥果至。紹洙還族叔也，以貧養於習齋，數年如一。

八月，過保定府，入謁魏蓮陸所建吾賢祠，程明道、程伊川、劉靜修、鹿忠節、孫徵君，以其皆郡人也。配饗者爲杜紫峯、張聚五、張石卿、孫君僑、高薦馨、孫衷淵。王法乾謂先生曰："君子口代天言，甯容易乎？"先生是之。

十一月，過安平，何訒言勸先生以時文教人，倡以明道倡學，先生曰：近亦思及此。

十二月，訂塨所着《閱史郄視》。聞劉煥章無病而卒，面色如生，大哭。往弔奠，爲作行狀。

戊辰，五十四歲。

正月，常功增日三復："毋不敬，儼若思，安定辭，安民哉！"朔日，遭還初伯緦喪，哭奠慟。時先生内子復姓李。復移祁州藥鋪于家。思待聖賢以豪傑，待豪傑以聖賢，待庸愚以聖賢豪傑，待奸惡以聖賢豪傑；或處之爲庸愚，則失其心，則致其侮，或害；皆己過也；而乃委命之不淑，人之難交耶？

二月，出棉百升，助還初子文芳治喪，文芳，爾檥父也。王學詩卒，先生如完縣弔之，揖而不拜；以其歸，能行朔望哭奠禮，收之爲門人也。

四月朔日，告還初伯于殯宫，除服。看塨《四書言仁解》。

七月朔日，行禮畢，謂内子曰："吾與子雖病，但能起，勿怠于禮。"塨規先生病中鬱鬱，是中无主也。先生卽書于册面自警。鹿密觀來訪。思宋室臣子所宜急商搉者，正在朝廷利害邊報差除，而范益謙首以爲戒；與門人舍職掌談學，皆失聖道，而予中年曾受其疫染也。

十月，如獻縣，哭奠王曙光。

十一月，如高陽，拜孫文正公祠。如新安，拜謝馬開一，會僧鴞立。是時凡助尋父者，皆往謝之。如郝關，與馮繪升言《存性》、《存學》；繪升初疑，後是之。

十二月，李植秀從學，學禮。

己巳，五十五歲。

正月，訂一歲常儀常功。凡祭神用今儀，通三獻，詣位，讀祝，共十二拜。較會典獻三拜者爲成儀，連獻五拜者爲減儀。春祭祖考，秋祭考，俱大齋；季秋特祀孔子，孟春祀戶，孟夏祀竈；季夏祀中霤，孟秋祀門，孟冬祀水，俱中齋；清明十月朔，從族衆祭祖墓，亦中齋；皆用成儀。凡朔望、節令、親忌日、己生日及祭外親友或同老幼祭分派族人墓，俱小齋，用減儀。朔有薦，望惟酒果。大齋七日戒，三日齋；中齋散齋二日，致齋一日；小齋散齋一日，致齋一夜。大齋必沐浴，中齋沐浴或澡拭，必入齋房；小齋必別寢，戒日懸内齋戒牌。書云："戒不弔喪，不問疾，不怒責人，不入内，不與穢惡，飲酒不至三盞，食肉不茹葷。"齋，沐浴，着明衣，遷坐不會客，不主方，不理外事，致思所祭如在。齋日，懸外齋戒牌，書云："今方交神，不敢會客，不敢主方；賜訪親友暫回，祭畢候教。如遠客煩族親，延榻他所，祭畢恭迎。"凡倉卒與祭外神親友，又有時齋刻齋之例，謂立刻卽屏他念，禁言語，專思所祭也。凡祭令家人辦祭品務潔肅。凡朔望，節令謁祠，出中堂南面，妻北面，四拜。惟冬至元旦八，皆答再；妾拜同，不答；子拜同，不答；妾非妻儀，同拜君子孫。惟元旦拜妾再，妾答拜。凡出告反面，於家祠前，俱如生人禮。今因禮言無事不避廟門，定卽曰反者，揖告祠外；經宿以上，再拜告簾外；旬日以上，乃啓簾焚香設薦告之。教妻行禮，同是謂家禮。朔望出，至習齋焚香，率子及徒學弟子拜聖龕四，畢，坐；受弟子拜四，是謂學儀。凡出過祠必下，淫祠不下，不知者式之。行樹壁外式，文廟壁外亦下，過墓必式，惡墓不式；著名賢宗族及至親厚友之父母，准下祠例；有所惻必式，如是瞽者殘疾喪衰、城倉倒河決殺場之類；有可敬必式，如遇耄耋望祠廟、望祖塋，過忠臣孝子節烈遺跡、賢人里之類。凡過祖塋，日一至揖，再至趨，旬以上再拜，月以上四拜，恩祖父母師墓同；凡賓王相見，見師日見揖，旬以上再拜，月以上四拜，交友皆再拜。會常客如常儀，凡吉禮遭喪，皆廢，雖緦亦然。此一歲常儀也。習禮樂射御書数，讀書隨時書于日記；有他功，隨時書，每日習恭，時思對越上帝，謹言語，肅威儀。每時心自慊則○，否則●，以黑白多少別欺慊分數；多一言♂，過五則⊗，忿一分♂，過五則⊛，中有×，邪妄也。如妄念起，不爲子嗣比內，皆是。每晨爲弟子試書講書，午判做教字，此一歲常功也。有缺必書。新爲却疾求嗣計，增中夜坐功。謂張文升曰：“如天不廢予，将以七字富天下：懇荒、均田、興水利；以六字強天下：人皆兵、官皆將；以九字安天下：舉人材、正大經、興禮樂。”

二月，塨執贄，正師弟禮。先學歡曰：“‘素隱行怪’者，有其人；‘半塗而廢’者，有其人。依乎節中庸遯世不悔者，吾非其人也。竊有志焉。思心時時嚴正，身時時整肅，足步步規矩，卽時習禮；念時時平安，聲氣時時和靄，喜怒時時中節，卽時習樂也。玉帛周旋，禮也，不爾亦禮；琴瑟鐘鼓，樂也，不爾亦樂。故曰：‘禮樂不可斯去身。’”王法乾論友主擇交，先生主節取。

三月，習琴。十一日，誕日也，家人請拜。先生泣下，曰：‘予兩間罪人！不及事父母，敢當家人祝乎？”乃例不祝壽。是日，與人送葬，遂泣不已，自傷也。知養子有隱疾，不能嬗嗣，且有室變，大憂；旋以命自解，乃謀養孫爲後。李植秀來問禮，曰：“子有祖父在，禮不得專行。吾聞人子善言常悦于親耳，善行常悦于親目，須潛孚祖父，若自其子出而我善行之者乃善。此吾在朱氏時所自勉也。”習騎刀式，始及雙刀。

四月，學使李公應薦，知蠡縣事，趙公旭俱遣人懸匾旌閭，趙兼有餽儀；先生受而不報。時蠡人士公舉先生于懸將達道院上奏，國公玉亦謀遍揚當道，先生力止之。謂塨弟培曰；“僕抱禹稷之心，而爲沮溺之行，如函劍而欲露寸光者。法乾謂：‘不如全函。’剛主謂：‘不如多露。’皆非僕志也。”如蠡哭尊琳世父保初。世父，諱成性，康熙初以恩貢截留提選通判，辭老不就。先生私謚之曰節白。

五月，琳問曰“近日此心提起時，萬慮皆忘；衹是一團生理，是存養否？”先生曰：“觀子九容之功不肅，此禪也；數百年理學之所以自欺也，非存養也。予素用力，静則提醒操持，動則明辨剛斷，而總以不自恕。蓋必身心一齊提起，方是存養；不然則以釋氏之照徹萬象，混吾儒之萬物一體矣。”

七月，教李植秀及幼弟利學士相見獻酬禮，令肄之。王法乾曰：“程朱可操戈，試看今日氣運是誰主持？家讀其書，取士立教致君臨民。皆是也。”先生曰：“元亦謂今日是程朱氣運，正如周季，自是五霸持世；然必以爲五霸持世不爲堯舜，程朱持世不爲孔孟。”已而曰：“程朱持世，尚過其分。十分世道，佛氏持三分，豪俠持三分，程朱持三分，仙氏持一分。聖道焉得不皇皇表章也！”刁文孝之子静之來言，靈壽知縣陸隴其求先生所著書，清苑知縣邵嗣堯欲相見，先生謝曰：“拙陋不交時貴，吾子勿游揚也。”隴其，字稼書，浙江平湖人。爲程朱學，居官清介。嗣堯，字子昆，山西猗氏人，學陸王，清威有吏才。以祭門神，齋戒有雜息，思祭神猶難于齋，况平常而能齋明也，即專思神。二十九日，出也行中規矩，入則否。嘆曰：“甚矣，周旋中禮之難也！”李植秀問曰：“秀尋師問道，人多毁忌，如何？”曰：“天下方以八股爲正業，別有講作，皆曰閒雜，皆屬怪異；汝初立志，當闇然自進，不驚人不令人知方可也。然亦須堅定骨力，流言不懼，笑毁不挫，方能有成。”

八月，撫院于公成龍使來，懸匾旌閭，先生受而不報。

九月，定塨所編《訟過則例》。吹籥。自勘出門如見大賓，近多如此。國之桓介塨執贄，先生辭；固請，乃受之。思戒慎不覩，恐懼不聞；必于湛然虚静之中，懔上帝臨汝之意，則静在正功也。若宋人觀喜怒哀樂未發氣象，非丹家所謂内視乎？塨問：自整飭矣，已又忽忘昏惰，何以免此？生生曰：《湯銘》——“苟日新”矣，何必複曰“日日新”？日日則無間矣，何必贅曰“又日新”？可見忽忘昏惰，古今學者通患；除時常振刷，无他法矣。李植秀問：“閒念朋從，屏之不退，如何？”先生曰：“但將精神竦起，使天君作主，諸念自然退聽；然非用力有素而驟言竦起退聽，亦殊不易。先儒所謂功夫，即是效驗也。”族弟借乘家人對碓矣，先生思此人魯鈍无所借，命家人改日碓。

十二月，往哭奠閻大來。大來，名際泰，蠡人；豪俠好義，所施散萬餘金，交遊幾遍天下。而待人寬讓，遇橫逆，坐受之不報。三從叔子早壯，以孩提從母嫁；至是取歸養之，率之招神于墓，立主習齋旁室，行虞禮。書一聯云：“虛我觀物，畏天恕人。”

庚午，五十六歲。

正月三日，養族孫保成爲孫。國之桓至，先生曰：“學人未有眞誠如子者，惜老矣。”之桓曰：“竭力向前，死而後已，敢以老阻乎？”先生與王法乾同榻，問曰：“元有寸進否？”曰：“有遇，人爭辯，能不言矣！”二十二日，行中矩，望見壁上書：“毋不敬，快然思；敬時見箴而安，怠時見箴而惕。不啻嚴師諍友矣。湯武逐物有名，有以哉！”博野令羅公致仕，先生往謝；羅公尋來拜謁，深以先生之學問是。作《喚迷塗序》。

二月，張東嚴通政來訪。二十二日，遭從世母緦服。

三月，訂塨族約。思事可以動我心，皆由物重我輕；故兵法曰，敗兵若以銖稱鎰。曰：後世詩文字書，乾坤四蠹也。習射。門左演蠱，家衆寂然，室中各理女工如無聞。先生喜曰：“誰謂婦人不可入德也？”五月九日，弟子俱往田；思吾庭除日新，有乏人无廢事，今不潔，衰惰甚矣！乃各處親掃帷揚，三息乃畢。思内篤敬而外肅容，人之本體也，静時踐其形也；六藝習而百事當，性之良能也，動時踐其形也。絜矩行而上下通，心之萬物皆備也，同天踐其形也。禪宗焉能亂我哉？二十二日，哭奠從世母墓，告除服。

六月，書謹言八戒：一戒閒言，二戒俗言，三戒類引，四戒表暴，五戒淩人，六戒幽幻，七戒傳流言，八戒輕與人深言。思文墨之禍，中於心則害心，中於身則害身，中於家國則害家國。陳文達曰："本朝自是文墨世界！"當日讀之，亦不覺其詞之慘而意之悲也。思高明覆物，萬物歸我，洞照萬象，一象不沾。儒釋相去天淵也！思定其心而復言，自兂失言，定其心而後怒，自無妄怒。失言妄怒，皆由逐物，未嘗以我作主。

八月朔日，以祭門神齋。思人心不如聖人之純一也。齋日之心，必如聖人，而神乃可格；人身不如聖人之九容也，齋日之身，必如聖人，兩神斯可交。一日，行容恭，因思劉煥翁。謂門人曰："予當恭莊時，輒思劉煥章；矜莊時，思吕文輔；坦率時，思王五修；懇摯時，思陳國鎮；謙抑時，思張石卿；和氣包括、英氣憤發時，思王五公。嗟乎！使諸友皆在，其修我豈淺鮮哉！"

九月，思人大則事小。伊尹五就湯，五就桀，人未聞譏其反覆背逆也。二日，行中規矩，思昨日中度，今日惟此時，純敬之難也！思人才無用矣，厭其無用，即己才无用；世路不平矣，怨其不平，即己情不平。以祭考齋戒，思齋戒曰，有不悦，宜寬之；曰先考之量容之也。有交財，宜讓之，曰先考之惠及之也。

十月，爲蠡人士作《祭劉潤九文》。潤九，名檐旺，蠡人。恭兄，富而行仁；環居十餘村，有訟爭，皆往質之。

十一月，漆水曹敦化來問學，求列門人，先生辭。王法乾曰："自知周孔三物之學，却靜功不及前日。"先生曰："'洗心中庸'，曰'齋明'。非齋不明，非明不齋；非洗心不能齋明，非齋明不能洗心。何事閉目静坐，拾釋子殘瀋也？"

十二月，教之桓、敦化學禮。敦化介堺執贄，先生許之。先生語堺曰："伯夷，仁也；柳下惠，義也。"堺曰："堺亦謂伯夷非佛老可托，以其不念舊惡也；柳下惠非鄉愿可托，以其必以道也；伊尹非雜霸可托，以其樂堯舜之道而一介取與必嚴也；孔子非經生可托，以其志爲東周而教人以兵農禮樂也。”先生曰：“然。”先生曰：“唐楊瑄疏言選士專事文辭。自隋煬帝置進士科，始加以帖括；自唐高宗聽劉思立之奏，始乃爲世害至今乎！”

辛未，五十七歲。

正月，思凡罪皆本於自欺。言聖人之道而行小人之行，全欺也；即言聖人之言而行苟自好者之行，亦半欺也。法乾規先生曰：“身不及口，口不及筆。”先生曰：“心更不及身，願共勉之。”思有一夫不能下，亦傲惡；有一事不耐理，亦怠惡；有一行不平實，亦僞惡；有一錢不義得，亦貪惡；又思不怨不尤，下學而上達，眞無聲無臭於穆不已上通於天矣！故曰：“知我者其天乎！”内返歉然自愧！看《韓非子》至《說難》，“強以其所不能爲，止以其所不能已；如此者身危。”憮然。恨予交人每蹈此，危哉！名保成曰重光。思予以洩露爲直、暴躁爲剛、執滯爲堅定；屢過不改，廢才也！

三月，先生將出游。曰：“蒼生休戚，聖道明晦，敢以天生之身偷安自私乎？”于是別親友，告家祠；十六日，南遊中州。至安平縣閻暉光齋。閻教其門人揖立應對朔望拜父母儀，奬之。至深州，國之桓請從。以其年老家貧子幼，辭之。對曰：“吾敢遜子路乎？”固請，徒步從。先生教之曰：“正心修身之功，不可因途行懈；吾嘗内自提撕也。”又教以齊家先嚴内外。野莊頭遇鄭光裕克昌，示以《喚迷途》大悅。至順德府馮莊訪楊雨蒼，及其弟濟川，示以《喚迷途》；楊錄之。晤邢臺教諭賈聿修——故人也——曰：“人言教職爲閒署；不知人才爲政事之本，而學校尤人才之本也。”勉以修身布教之道。

四月朔日，行望拜家祠，答拜家人門生禮。至安陽，哭奠許酉山先生。訪徐孝子适，适聞《存學》在治，曰：“适每夜祝天生聖賢以衛聖道，其在先生矣！”抵回龍，與陳子彝、耿子達、甯天木、熊伯玉、耿敬仲、孫實則、柴聚魁、丁士傑論學，爲甯季和、閻慎行言經濟，王濬縣教諭國之蒲男玉——之桓弟也——來迎遊大伾山，論道士歸倫。考忌日，齋宿，遙奠；終日素衣冠御，不御酒肉。與男玉論井田，固留之桓而行。宿斑勝固，見民以歲凶流亡，惻然出錢及衣周之。草《遊客書》寄縣令，諷以四急：一急停徵；一急賑濟；一急捕蝻；一急請上官行文各處，安集流民。至夏峯，晤孫徵君子：五君協，七君學，十一君夔。具雞酒祭徵君，哭之拜。耿保汝因同孫平子、孫箕岸登嘯臺，遊安樂窩，弔彭餓夫墓，酹以酒。盥嗽百泉。時保汝率子爾良及楊廕千、楊誠甫、李天祐、孔益仲陸續至，乃以《存學》質保汝曰：“請問孔孟在天之神，以爲是否？程朱罪我否？”保汝曰：“孔孟必以爲是也；程朱亦不之罪也。但目前習見不脫者起紛紜耳。”先生曰：“苟无獲戾先儒，而幸聖道粗明，生死元不計也。”保汝曰：“如此無慮矣！”乃爲暢言六藝之學。保汝出其《王制管窺》，論井田封建，與先生《存治》合，深相得；流連幾十日，乃別。廕千以車馬送。保汝，名極，定興人。從孫徵君移家夏峯，高隱力學。至延津，訪周礎公，論學。渡黄河。

五月，至河南開封府，張醫卜肆以閲人。思今出遊卽用九也，必見无首乃爲善用。十日夜，店人喊盜；先生堅臥，亦不言。訪張子朗、劉念庵、郭十同、李瑤之。杜聿修、周炎、趙龍文來訪。時時習恭，心神清坦，四體精健；時疫氣流行，兼之斧資不濟。而先生浩歌自得，絕不動心。一日，見一翁過，骨甚健；異之，挽入座，則孫徵君門人，原武張燦然天章也。先生以常功及

《存學》質之，天章喟然曰：“體樂亡矣，《存學》誠不能不作。”問水政，先生略言之。天章曰：“先生何不著《禮儀水政書》？”先生曰：“元之著《存學》也，病後儒之著書也。尤而效之乎？且紙墨功多，恐習行之精力少也。”自此來問學者日衆。二十七日，始食杏；恐食早，家人未薦也。張天章來曰：“學者須静中養出端倪，書亦須多讀，著書亦不容已。”先生曰：“孔子強壯時，學成教就，陶鑄人材，可以見一代之治平矣。不得用，乃周流；又不得用乃删述。皆大不得而爲之者也。如倣富翁者，不學其經營室家之實，而徒效其凶歲轉移遺亂記產籍以遺孫子者乎。且孔子自居於述，乃武周述事之述；家居習禮樂，執射御，爲司寇，辦五土之性，乃述六府三物之事也，非註記其文字也。後儒以講書註解托聖人之述可乎？况静中了悟，乃釋氏镜花水月幻學，毫无與于性分之眞體、位育之實功也。聖門‘下學上達’，原有正途。不然，孔子日與七十子習行粗迹而性命不得聞，孔子不幾爲千古之拙師，七十子竟成愚徒乎？”天章曰：“顏子仰鑽瞻前，如立卓爾，是何物？豈顏子枯禪乎？”先生曰：“否。顏子明言‘博我以文，約我以禮’；豈空中玩弄光景者比耶？後儒以文墨爲文，以虛理爲禮；將博學改爲博讀、博講、博著，不又天淵之分耶？”天章拜手曰：“聞命矣！”時主客坐久，體愈莊，容愈恭。先生因指曰：“非夙用戒愼功，此容不得於人前矯強粧飾也，故一望識君。”天章悦服，抵夜乃去。偶見筆有亂者，因思杏壇之琴書不整，孔子不得謂之恭而安，俱正之。

六月，遊于衢，遇一少年；頗異，問之，朱超越千也。約來寓，已而果至；問其志，願學經濟。乃沽酒對酌與之言；已，提劍而舞。歌曰：“八月秋風彫白楊，蘆荻蕭蕭天雨霜，有客有酒夜徬徨；徬徨良久鸜鵒舞，雙眸炯炯空千古，紛紛諸儒何足數？直呼小兒楊德祖！尊中有酒盤有餐，倚劍還歌行路難。美人家在青雲端，何以贈之雙琅玕。”翌日，報一刺，曰“吳名士拜”。遂行。抵把縣，訪田椒柏、鄭吉人，皆以《存學》爲是。至鄢陵，訪梁廷，援以道；于伏村，晤劉子厚。訪王延祐次亭，次亭述其師張仲誠所傳將好貨好色作成色相制絕。先生曰：“是主人不務守家而无事喊盜也。予謂白晝乾健習行，夜中省察操存，私慾自不作；卽或閒作，衹一整起，亦必退聽。孔門焉仁與克伐怨欲不行之分，卽在此。”次亭請執贄，辭之。晤常貞一、蘇子文。

七月，訪劉從先，言禮當習。從先奮起曰：“此時卽習，何待乎？”習祭禮二度。日久，從先曰：“燈可讀書，燈不可習禮乎？”秉燭終三教。從先三郎喪禮，從先問喪服制，言之。訪韓旋元。旋元閱《存性》，曰：“仁者，人也；合言之，道也。豈心之理善而身乃雜惡乎？”閱《存學》，曰：“是吾儒喚迷塗也！”訪韓智度，指《易》修業居業。曰：“學者須知田產籍非祖業，講讀籍上田產非修業乃得；求其業而修之，修乃得居之，居儕急事也。”知度曰：“然。”觀鄧汝極傳，以當時心學盛行，蒙證覺以九容九思四教六藝爲多。汝極駁之曰：“九容之不修，是无身也；九思之不謹，是无心也。”先生續曰：“四教之不立，是无道也；六藝之不修，是无學也。”

閏七月，思化人者，不自異于人。抵上蔡，訪張仲誠。仲誠曰：“修道卽在性上修，故爲學必先操存方爲有主。”先生曰：“是修性，非修道矣！周公以藝教人，正就人倫日用爲教，故曰‘修道謂教’。蓋三物之六德，其發現爲六行，而實事爲六藝；孔門‘學而時習之’，卽此也，所謂格物也。格物而後可言操存誠正，先生教法，毋乃于《大學》先後之序有紊乎？”論取士，仲誠曰：“如無私八股可也。”先生曰：“不然。不復鄉舉里選，無人才無治道。”仲誠，名休，以進士知内黄縣事，有惠政。論學大旨宗陸王而變其面貌，以一念常在爲主。弟子從者甚夥。觀上蔡知縣楊廷望所開杜渠。又聞其毁佛寺，重建蓍臺伏羲廟，清丈地畝，躬率人習文廟禮樂，蓋有用才也。先生謂李子楷曰："朱子論延平觀喜怒哀樂未發時氣象，曰以不觀觀之，此是禪宗否？"子楷曰："此誠近禪。愚等操存不如此，乃將學問思辨俱在'戒慎不覩恐惧不聞'内用功。"先生曰："如此則孔子學于識大識小問禮問官，終日以思辨聞與達，皆其兀然静存不覩不聞時也。而可通乎？"

八月，先生與仲誠及其門人明辨婉引，幾一月。將行，申曰："學原精粗内外一致加功，近世聖道之亡多，因心内惺覺、口中講説、紙上議論三者之間見道，而身世乃不見道；學堂輒稱書院，或曰講堂，皆倚'學之不講'一句爲遂非之柄。殊不思置'學之'二字于何地？孔門是爲學而講，後人便以講爲學。千里矣！"仲誠笑曰："向以爲出脱先儒籓籬，不知仍在其窠中也！"及行，仲誠率門人遠送，先生拜手曰："承教不敢自棄，勉加操行。先生操存有年，願進習行以惠蒼生。"仲誠拜手許諾。訪侯子賓諸人，勉以習行有用之學。至商水，傅惕若論學，惕若服焉。以吳名士剌拜李子青木天，與言經濟，木天是之。先生佩一短刀，木天問曰："君善此耶？"先生謝不敏。木天曰："君願學之，當先拳法。拳法，武藝之本也。"時洒酣，日下解衣，爲先生演諸家拳法，良久。先生笑曰："如此可與君一試。"乃折竹爲刀，對舞，不數合，擊中其腕。木天大驚曰："技至此乎！"又與深言經濟，木天顛倒下拜。次日，令其長子珧、次子順、季子貞執贄，從遊。渡小黄河，訪王子謙，及寇楣等；隨問，引以正學。抵奉天峙，訪王焉倚、李象乾。焉倚初執習見，已而服。返鄢陵，訪李乾行等，論學。乾行曰："何須學習？但操存功至，卽可將百萬兵無不如意。"先生悚然，懼後儒虚學誣罔至此。乃舉古人兵間二事，叩其策，次日問之。乾行曰：“未之思，亦不必思。小才小智耳！”先生曰：“小才智尚未能思，大才智又何在？豈君操存尚未至耶？”乾行言塞。

九月朔日，偕王次亭昆仲習冠燕諸禮。次亭問“明德親民”，先生曰：“修六德，行六行，習六藝，所以明也；布六德六行六藝于天下，所以親也。今君等在仲誠先生之門，從未以此爲學教，然則何者爲若所以明之親之者乎？閉門静坐，返念收心，乃二氏之學，非吾儒之操行也。”次亭感佩。先生渡河北歸，過淇縣，訪王餘嚴柔之——五公先生第也，——老病，留金于其孫世臣，爲養資。至湯陰，訪朱敬主一，他出，其父甯居出會；夙儒也，語之學，抵掌稱善。主一歸，先生與主一及其子侄習禮。甯居曰：“予可任老乎？”即主位伏興，彬彬如也。夜與主一論學、論治，主一曰：“不見生生，幾枉度一世！”行，徐适仲容已來迎，出臼，省記求教。問禮樂，答之。已而主一復來，追送至磁州别。主一請先生習恭觀之。因並位習恭。先生曰：“吾儒無一處不與異端反：即如我二人並坐習恭，儼然兩儒；倘并静坐，則儼然兩禪和子矣！”

十月，至臨城，拜喬百一；耄耋清苦，布衣單敝。饋以金，力却；出酒食，寒舍論學。五日，抵里；族侄修已、爾儼從游。聞家人前以家書至，相謂曰：“不聞朝廷詔至，人臣必拜受乎？夫子一家之君也，甯以妻子異人臣。”相率拜受。先生惕然曰：“吾無以當之，尚容少自菲薄乎！”因以非禮勿視聽言動，與家人相勉。思言終未能謹，復擬五字用力，曰：少、徐、文、禮、遜，或少寡乎？王法乾論道在於書。先生曰：“書之文字固載道，然文字不是道；如車載人，車豈是人？”法乾曰：“如坐如尸非道乎？”曰：“是人坐乎？書坐乎？抑讀之即當坐乎？”法乾無以應。給李介石書，返其幣；以南游後，介石具幣儀，來問學也。介石，名柱，深澤人，黄門人龍子也。辛酉，舉于鄉，能技擊，好樂；教子甥及門人各習一昔[1]，每日讀書畢，即登歌合樂，颯颯如也。樂易好施，人多德之。

壬申，五十八歲。

二月，觀塨所輯《諸儒論學》。關中李中孚曰："吾儒之學，以經世爲宗；自傳久而謬，一變訓詁，再變詞藝，而儒名存實亡矣！"批曰："見確如此。乃膺撫臺尊禮，集多士景從，亦只講書說話而已。何不舉古人三事三物之經世者與人習行哉？後儒之口筆，見之非無用，見之是亦無用，此所以吾心益傷也！"觀《古月令》，每月教民事。至樂正習舞，命宗正入學習樂之類；嘆今歷授時布政之法亡，添入建除宜忌諸術，亦周孔學失所致也。謂塨曰："子纂《諸儒論學》，名曰《未墜集》。蓋憂于在性存學，大翻宋明之案，逆而難入；錄其合道之言，欲使人信吾說之不謬于先儒，而教易行，意甚盛也。然予未南遊時，尚有將就程朱附之聖門支派之意，自一南遊，見人人禪子，家家虛文，直與孔門敵對；必破一分程朱，始入一分孔孟，乃定以爲孔孟、程朱判然兩途，不願作道統中鄉愿矣！且所謂'未墜'者，非也；未墜者，在身世也。今諸儒之論在身乎？世乎？在口筆耳！則論之悖于孔孟墜也，即合乎孔孟亦墜也。吾與子今日苟言而不行，更憂其墜矣！而暇爲先儒文飾曰未墜哉？"

六月，教儼曰："人之不爲聖人也，其患二：一在視聖人之大德爲不敢望，一在視聖人之小節爲聖不在此。吾黨須先于小節用功。"

七月，錄《四書正誤偶筆》，皆平日偶辨《朱子集註》之誤者；至是，命門人錄爲卷。

八月，側室田氏卒，葬之祖塋傍，行三虞禮于別室；以無所出，准無服殤例。令子弟十二日除服。田名種宜，有女德，柔順而

[1] "昔"，當爲"音"。——編者註

正，事先生十八年，未嘗一昵；近未嘗仰首一視先生面也。事女君如慈母，死後數年，女君時時哭焉。

十一月，王次亭北來問學，先生詳示之。王法乾規先生雜霸。先生曰："子以僕爲雜霸，或即子染于老莊之見乎？僕以子爲老莊，或即僕流于雜霸之見乎？各宜自勘。"

癸酉，五十九歲。

正月，書堘規先生"道大而器小，宜去褊去矜去躁去隘"語于記首。

二月，王法乾曰："吾二人原從程朱入。"先生曰："從程朱入之功不可沒也，然受其害亦甚；使我二人不見程朱之學，自幼專力孔孟，所成豈如今日而已哉？即以賢弟聰穎，屢悟屢蔽，受害豈淺？故吾嘗言仙佛之害，上蔽庸人；程朱之害，偏迷賢知。"置側室姜氏。亡岐劉懿叔延往，先生曰："後儒失孔子之道，致我輩不能見君子'以文會友'之樂矣。即如今日如聖學未忘，與公郎等吹笙鼓琴，演禮習射，其快何如！乃衹閒論古今，差勝俗人酣賭而已。可勝嘆哉！"

四月，以三物一一自勘。思一日不習六藝，何以不愧"習齋"二字乎？閱宋人覺其君用曉事人，勿用辦事人。歎曰："官乃不許辦事耶？曉事者皆不辦事耶？愚謬至此，不亡得乎！"

六月，王越千來，問學。觀《明臣傳》，每以著書成加官進秩，夫爵位所以待有功者也，而以賞著書之人，朝野胥迷乃爾！觀周密《癸辛雜識》，載周平原云："程伊川言：'有眞知，所行自然無失。'以致學者但理議論，不力實行。沈仲固云：'道學之名，起于元祐，盛于淳熙。居官不理政事，以爲俗吏所爲；惟建書院、刊書注、輯語錄，爲賢者或稍議之。其黨必擠之爲小人，異時必爲國家莫大之禍。不在典午清談下也！'當時儒者，猶覺其害如此；今則舉世罔覺矣！吾敢不懼哉！”李植秀問曰：“張仲誠學術錯，先生亦時稱之何也？”曰：“辯學不容假借；若其居官廉幹，自是可取。吾嘗謂今日若遇程朱，亦在父事之列，正此意也。”思與常人較短長者，常人也；與小人爭是非者，小人也。如天之無不覆幬，斯大人矣！

十月，觀《春秋》，思孔子衹記某事某事，其經濟裁處之道，皆在胸中未錄也，故游、夏不能贊一辭。讀《皇明大政記》衹錄條件，不參一議，以待用之則行；似孔子當日亦此心事。後人專以文字觀經，至年月日皆尋義意，遇不相合，又曰美惡不嫌同辭，恐皆寱語耳！如涿州，哭奠陳國鎮。

十二月，與爾儼言致用以稅本色均田爲第一政。

甲戌，六十歲。

正月，朔日，祭祖考；側室田氏，亦祔食。

二月，肥鄉郝文燦公函來問學，請先生主漳南書院設教，先生辭。王法乾爲定州過割地畝于已名下，書狀不如式，氣象鬱鬱然。先生曰：“爲愛靜坐談之學，久必至厭事；厭事必至廢事，遇事即茫然。賢豪不免，況常人乎？予嘗言誤人才敗天下事者，宋人之學。不其信夫！”

六月，以祭中霤齋，自勘行坐皆如禮，使他日盡如齊日也，無愧矣；而不如也，非忘乎？故“助忘”二字，非孟子實加作聖功不能道也。語塨曰：“吾與文升不言操存，與法乾不議經濟，兼語者惟子；子其勉之！勿以虛文畢事也。”謂魏帝臣曰：“近世林院侍讀講修撰等官，爲朝廷第一清貴之臣；奈何唐虞命官詔牧乃忘此要職乎？學術誤及政事，可嘆也！”

十月，思夫子之温良恭儉讓，石卿先生有三焉，温恭讓也；賈祺先生有二焉，温恭也；晦夫先生有二焉，良與儉也；予曾未有一焉，愧哉！

十一月，郝公函具幣帛與僕，遣苗生尚儉來聘主漳南書院，先生又辭。

乙亥，六十一歲。

三月，修己曰：“近日取士，書藝攢砌，策表互摸，祇爲欺局。”先生嘆曰：“豈惟是哉！孟子後之道之學，千千年總成一大謊！”

四月，曰：“施惠于人，乃其人命中所有，第自吾手一轉移耳，何德之有！故世間原無可伐之善、可施之勞。”

七月，之小店。途誦程子四箴，覺神清氣聳。因思心靜氣舒一時，乃爲生一時，故君子壽長；神昏氣亂一日，卽是死一日，故小人年短。謂敦化曰：“三重之道，王者之迹也；三物之學，聖人之迹也。亡者，亡其迹也。故孟子曰：‘王者之迹熄。’孔子曰：‘不踐迹。’吾人須踐迹，又曰多看詩書，最損精力，更傷目。”教修己爾儼曰：“學者但不見今日有過可改有善可遷，便是昏惰一日。”

十一月，謂修己曰：“子讀律而時文乃進。可知經書皆益于文，不在讀入比矣。然尚未嘗實學之味也。苟時時正吾心，修吾身，則養成浩氣，天下事無不可爲也。況區區文藝乎？仁義之人，其言靄如也；韓退之，文人之雄，亦云。”

十二月，初三日，爲孫重光行冠禮，延杜益齋爲賓。思以厚病人之薄，卽己薄也；以寬形人之刻，卽己刻也。

丙子，六十二歲。

二月，朔日，行朔禮；已旦矣，出行學議，久之，入，家人仍植欄候清拜。先生曰：“吾德衰，不能振一家之氣，不足拜也。”室人懼，拜內戶外立而不答，側拜坐而不立。謂曹敦化曰：“天下無治亂，視禮爲治亂；國家無興衰，視禮爲興衰。”

四月，郝公函三聘請主教肥鄉漳南書院，乃往。重光及門人鍾錂。

五月朔日，在塗，率重光行望拜禮，使錂望拜其父母。四日抵屯子堡，漳水泛，公函率鄉人以舟迎入。公函學土相見禮，因告家事。先生曰："爲兄之道，只不見子弟之過，則善矣。"[1]議書院規模：建正廳三間，曰"習講堂"；東第一齋東向牓曰"文事"，課禮樂書數天文地理等科；西第一齋東向牓曰"武備"，課黄帝、太公及孫、吴諸子兵法、攻守營陣陸水諸戰法，并射御技擊等科；東第二齋西向曰"經史"，課十三經歷代史誥制章奏詩文等科；西第二齋東向曰"藝能"，課水學火學工學象数等科。門仍懸"許公三禮漳南書院"扁，不沒奮也。門内直東曰"理學齋"，課静坐，編著程朱陸王之學；直西曰"帖括齋"，課八比舉業，皆北向以應時制，且漸引之也。北空二齋，左處儐价，右宿來學；門外左房六間，榻賓，右廈六間，容車騎。東爲更衣亭，西爲步馬射圃堂，東北隅爲倉庫廚竈，西北隅積柴炭。思孔子討陳桓而料其民不予會夾谷，而却萊兵，反汶田，聖人之智勇也。乃宋儒出而達德沒，僅以明理解智；去私解勇，其氣運之阨哉！又思君巨父子夫婦昆弟朋友，天下之達道也。自佛氏出而天下有[2]達之道，知、仁、勇，天下之達德也。自宋儒起而天下有不達之德。郝也魯、苗尚信、白宗伊、李宏業、韓習数、郝也廉、郝也愚拜從學。

六月，書習講堂聯云："聊存孔緒勵習行，脱去鄉愿禪宗訓詁帖括之套；恭體大心學經濟，斡旋人才政事道統氣数之機。"思多言由于歷世事不熟，看人情不透。閲《家語》至遊農山，歎曰："觀于子路、子貢，則趙奢、李靖、仲連、陸賈，皆吾道所不擯矣。乃自宋

❶ "土"，當爲"士"。——編者註

❷ 疑"有"字後缺一"不"字。——編者註

儒分派，而諸色英俊胥不得與于吾道。異哉！”思有所事，則心思日上；無所事，則心思日下。《尚書》曰：“所其無逸。”有以也。命諸生習恭習數習禮，與公函顧而樂之。

七月朔，行學儀畢，曰：“朔望行禮，匪直儀文，蓋欲每月振刷自新也。汝等知之。”又教弟子舞舉石習力，先生浩歌。

八月，如回龍，晤諸故友。程潛伯請筵。語之曰：“程朱與孔門體用皆殊。居敬孔子之體也；静坐惺惺，朱之體也。兵農禮樂，爲東周孔子之用也；經筵進講、正心誠意，程朱之用也。”潛伯曰：“解矣！”訪路趨光驤皇論治，主封建井田相合。謂之曰：“聖人不能借才，異代須寬以收天下之材，和以大天下之交。”十六日，以漳水愈漲，書齋皆沒，嘆曰：“天也！”乃旋。門人皆哭別，也魯送至家，九月始返。思“非禮勿視”四句，嚮二字一讀，謂不視邪色云云，非孔子復禮意也，嘗四字一氣讀，重在一“禮”字。謂視聽言動，必于禮也。天下歸仁，即王天下，有三重民；其寡過也，皆復于禮也。思威不足以鎮人，而妄夷之；惠不足以感人，而妄居之。不智也，禍于是伏焉。

十二月[1]十五日，爲爽然行冠禮，延劉滌翁爲賓，爽然卽早壯也。二十七日，遭叔母喪，寢于外，不入内；飲食行處，非哭時皆如平居，不致毀矣。十二月，着《宋史評》，爲王安石、韓侂[2]胄辯也。其辯安石略曰：“荆公晝夜誦讀，著書作文。立法以經義取士，亦宋一書生耳；然較之常時，则無其倫比。廉孝高尚，浩然有古人正己以正天下之想。及既出也，慨然欲堯舜三代其君，所行法如農田、保甲、保馬、雇役、方田、水利、更戍、置弓劍手於兩河，皆屬良法，後多踵行。卽當時至元祐間，范純仁、李清臣、彭

❶ “十二月”，當爲“十一月”。——編者註

❷ “侂”，當爲“侘”，以下徑改，不另註。——編者註

汝礪等亦誦其法，以爲不可盡變。惟青苗、均輸、市易行之不善，易滋弊竇。然人亦曾考當日之時勢乎？太宗北征，中流矢；二歲，瘡發而卒。神宗言之，惓焉流涕。夏本宋臣，類而稱帝，此皆臣子所不可與共戴天者也。宋歲輸遼夏銀百二十五萬五千兩，其他慶弔聘問賂遺近幸又倍是，宋何以爲國？買以金錢，求其容我爲君，宋何以爲名？又臣子所不可一日安者也。而宋欲舉兵則兵不足，欲足兵餉又不足；荆公爲此，其得已哉？辟之仇讎，戕若父兄；吾急與之訟，遂至數責家貲，而豈得已哉？宋人苟安日久，聞北風而戰慄，于是牆堵而進，與荆公爲難。大哄極詬，指之曰奸曰邪；并每一人與之商榷曰某法可某法不可，或更有大計焉。惟務使其一事不行，立見驅除而後已。而乃獨責公以執拗[1]可乎？且公之施爲，亦彰彰有効矣。用薛向、張商英等辦國用，用王韶、熊本等治兵，西滅吐番，南平洞蠻，奪夏人五十二砦，高麗來朝；宋幾振矣，而韓琦、富弼等必欲沮壞之，毋乃荆公當念君父之讎而韓、富、司馬光等皆當恝置也乎？矧琦之劾荆公也，其言更可怪笑，曰致敵疑者近有七：一，招高麗朝貢；一，取吐番之地建熙河；一，植榆柳樹于西山制其蕃騎；一，創團保甲；一，築河北城池；一，置都作院頒弓矢新式大作戰車；一，置河北三十七將皆宜罷之以釋其疑。嗟乎！敵惡吾備則去備，若敵惡吾有首，將去首乎？此韓節夫所以不保其元也。噫！腐儒之見亦可畏哉！且此七事，皆荆公大計，而史半削之；幸琦誤以爲罪狀，遂傳耳。則其他削者何限？范祖禹、黄庭堅修《神宗實錄》，務詆荆公、陸佃曰：'此謗書矣！'既而蔡卜重行刊定；元祐黨起，又行盡改，然則《宋史》尚可信耶？其指斥荆公者是耶非耶？雖然，一人是非何足

[1] "拗"，當爲"拗"。——編者註

辯？而恨誣此一人而遂並忘君父之讎也，而天下後世遂羣以苟安頹靡爲君子，而建功立業欲搘拄乾坤者爲小人也，豈獨荆公之不幸、宋之不幸也哉？辯侂胄略曰：“南宋之金，與北宋之遼，又不可同年而語也。乃累世知岳飛之忠，累世皆秦檜之智；獨韓平原毅然下詔代金，可謂爲祖宗雪恥地下者矣。仗義復讎，雖猶敗榮者矣。乃宋人必欲誅之以畀金也，尚有人心哉？然兵臨城平，宗社立墟，敵問戎首無何如也。乃夷考當時葉適丘、宗山、辛棄疾等支吾于北敵無勝計，而宋相之首已不保矣。異哉！有題朝門者曰：‘鼂錯既誅終叛漢，於期一入竟亡燕。’可見當時人卽惜之，非誅平原而宋存、留平原而宋亡也。及金主見平原，首率羣臣哭祭禮葬，曰：‘此人忠于謀國，謬于謀身。’謚曰忠繆。則金非惡平原而深笑宋室也可知矣。《宋史》乃入之奸臣傳，徒以貶道學曰僞學，犯文人之深惡耳。宋儒之學，平心論之，支離章句，染痼釋老，而自居於直接孔孟，不近于僞乎？其時儒者如沈仲固、周密等，皆曰：‘今道學輩言行了不相顧，其徒不已有僞乎？’而遂深疾之也。至于指数其奸除貶僞學外，實無左驗。徒曰姬媵盛左右獻媚而已。郭汾陽猶窮奢極欲，張曲江猶喜軟美，而欲責平原以聖賢乎？且此等又未必非珥筆文人媒孽之也，而七百年來直視爲奸宵，無一察焉，不其寃哉！”郭子固寓書問學。子固，名全城，北京人，少能詩文；聞塨言顔先生之道輙棄去，爲天文地理禮樂書數河渠諸學，仕刑部員外郎，精練刑名十四司稿皆倚定。每奏讞，再四欷歔，全活甚夥。陞御史，上疏謂官冗殘民，請汰之。性孝友，謙默有容；非其義強之，则弗受也。年四十一卒。博野知縣徐公國綬，造廬拜見。

丁丑，六十三歲。

正月，偶觀宋孫甦、吳時二傳，嘆宋家每論人先取不喜兵能作文讀書，不可療之痼癖也！殃其一代君臣，毒流奕世。傷哉！思人至衰老，容氣氣度，宜倍寬和以樂人羣；骨力志情，宜更剛毅以保天命。吾未有一焉，豈不可懼！

二月，思宋人但見料理邊疆，便指爲多事；見理財，便指爲斂聚；見心計材武，便憎惡斥爲小人。此風不變，乾坤無甯日也。閲《韓詩外傳》，仁道有四：聖仁、智仁、德仁，而磏仁爲下。嘆曰："予求仁而好其下，殆哉！"觀古書言二淫，有"淫中破禮，淫文破典"，曰："其宋儒之謂乎？"

三月，廣平陳宗文來訪。

四月，王法乾與先生言學，忽嘆曰："宋儒竟是惑世誣民。"先生笑曰："子乃今始知乎？"答塨書曰："吾所望與于此道者，惟足下一人；故懼其放，畏其雜，相見責善邁切。如日暮途遠，擔重力罷，將伯之呼，不覺其聲高而氣躁也。"

六月，思天之所祚報者，人不感稱，己不表見，所謂陰德也。又思對越上帝不爲，世味糾纏不爲，喜怒勞擾不爲，疾病苦縛乃爲。晚年進益。

七月，定興劉棻旃甫刊先生訂改"王應麟"三字書。

九月，思古人靜中之功，如洗心退藏于密，乃洗去心之污染，退然自藏；極其嚴密，一無粗疏，卽不動而敬也。可惜宋人借禪宗空靜而文之以主一，又贅之以無適，以似是而非者亂吾學哉！

十一月二十七日，哭奠叔母墓，告服闋。

戊寅，六十四歲。

正月，登廁，皆粱之糖粃也。出謂人曰："昔年歲儉，入剛主家廁，矢積蓟糠，此處正堪自對焉。知貧之苦乎？"

三月八日，忽長吁自愧，必有隱憂不自覺者。思千古無暴戾之君子。

四月，思諸子不及門，吾卽無學習，亦是無志；遂獨習士相見禮，如對大賓。鄢陸裴文芳子馨來問學。

五月，觀《朱子語類》，秦檜愛與理學交，自謂敬以直内，終日受用；則當日理學之爲小人假者爲多矣！

六月，保定詹遠定侯來問學。觀《語類》曰："本朝全盛時，如慶歷、元裕間，只是相共扶持，不敢做事，不敢動；被外人侮，亦祇忍受不敢與較，方得天下稍甯積。而至于靖康，一旦所爲如此，安得天下不亂！不知此言是怨慶歷元祐諸人乎？抑怨康靖諸人乎？宋家可笑可憐！積成禍亂之狀如此，而乃歸獄荆公，何也？"思宋儒如得一路程本，觀一處又觀一處，自喜爲通天下路程，人人亦以曉路稱之；其實一步未行，一處未到，周行榛蕪矣！遽返，已正墮此。處事非惰卽略，待人非褊卽隘，仍一不能走路之宋儒也。可愧！可懼！塨謂走路者，兵農禮樂也；路程者，本載兵農禮樂之籍也，宋儒亦不甚喜觀此籍，蓋其所喜者尚在安樂窩居，不在通曉路程也。如《論語》"敬事而信"等書，必曰是心不是政，可見。思吾身原合天下爲一體，行夏時，棄殷輅，服周冕，舞韶樂，放鄭聲，遠佞人；合天下之視聽言動俱歸于禮也。故曰："天下歸仁。"

七月，曰："天下甯有異學，不可有假學；異學能亂正學而不能滅正學，正學有似是而非之學，乃滅之矣！"徐公解任，來拜别，先生往答之。

八月，覺胸中恬静，與天地相似。

十月，王法乾曰："自居功者，人必共怨之；自居長者，人必共短之；自居是者，人必共非之。"先生曰："然。"

十二月，李植秀請專志于禮，先生曰："善。剛主在浙學樂，俊射粗可，修己學律，希濂學書，賞白及儼數俱可用。近法乾大奮于禮，汝又佐之，六藝備于吾黨矣！予何憾？勉之。"習祭禮，爲身近衰惰，乃主獻升降跪拜以自振。國之桓卒，先生聞之，大哭；易素冠服，爲位哭奠，受弔，持心喪三月。之桓，字公玉，深州生員；性樂善，慤誠敢爲。邑人王之俊廬墓苦孝，桓遍走當道及諸王，舉揚田逢年行傭，得直以佐斧資。桓辭之，逢年恚曰："善不分人乎？凡吾載卒上達，建石坊于之俊墓。"長顔先生八歲，束修長跽求教，先生辭。桓曰："昔董蘿石執贄王陽明，不論年，桓乃遜蘿石耶？"卒成禮。先生南遊，桓步從，時年幾七十矣。嘗擬草民疏，言天下疾苦，人笑其愚，不恤也。老以無子，置側，凡求嗣，必偕齋戒沐浴，聯生三子。爲重光娶婦，行醮命親迎饋食饗婦禮。

己卯，六十五歲。

二月，規王法乾不繫念民物。法乾引《易》："何思何慮？"先生曰："子自返已至聖人乎？元則自愧衰昏，不能晝有爲，宵有得矣！"觀《朱子語錄》，見其于岳忠武也，雖從天下之公好稱之，有隱忌焉，曰"岳飛誅"，曰"岳飛亦横"，曰"岳飛只是亂殺"。于秦檜也，雖從天下之公惡而貶之，有隱予焉，曰"秦老"，曰"士夫之小人"。何也？爲植秀、鋑言，用人自鄉約保長，與州縣吏胥同祿；更代任用三年。鄉里公課其功德而上之邑宰，邑升府，府升監司，監可登之朝以至公卿。思每晝夜自檢，務澄澈方寸，無厭世心，無忘世心，無怨尤心，無欺假心，方與天地相似；不然，昏昏如無事人，老而衰矣！吟詩云："本來一點無虧缺，遭際窮阨奈我何？自從知得吾儒事，不大行也亦婆娑。"

三月，思言行不相顧，即欺世也；使路人指爲聖人，而一德未立，一行未成，即盗名也。見禍于天，受侮于人，不亦宜乎！

四月，之桓心喪已闋，以未得往哭，猶未忍歌笑爲樂。十八日，王法乾卒，先生慟哭，爲之持緦服，朔望祭禮俱廢。

五月，送法乾葬，爲謀家事，託其門人王懷萬教遺孤溥。一僧從先生言歸倫，姓姚，名之曰宏緒，字曰昌裔。思畏友云亡，須時時畏天，不則墮。

六月，思三事六藝，若盡亡，三才亦不立矣；所亡者，士不以爲學術耳。語修己，勿觀性理語錄。抵某家，寅起，賓主皆未寤，思吾方自愧衰惰，而人猶稱勵精。世運乃至此哉！省過近多，自老大過也。

七月，以前不時哭慟，至十九日之北泗，哭奠釋麻；既而考禮，乃悔，誤廢吉禮。蓋朋友麻，乃弔服加麻，非緦麻服也。謝過于家祠五祀。

閏七月，塨自浙來，見先生，命吹篴笙聽。塨謂先生曰："先生昌明聖學，功在萬世；但竊思向者束身以斂心功多，養心以範身功少，恐高年于內地更宜力也。乃以無念有念，無事有事，總持一敬之功質。"先生曰：❶"然。吾無以進子，子乃于外出得之，可愧也！敢不共力。"乃書"小心翼翼，昭事上帝"二語于日記首，日服膺之。觀毛大可《樂書》、王草堂《書解正誤》。大可先生名奇齡，浙之蕭山人；多學善文，少爲讎家搆，避之四方，康熙戊午舉博學鴻儒，授翰林院檢討；已告歸，益邃經學《禮》、《樂》、《易》、《詩》、《書》、《春秋》，各有論著，一洗舊儒痼說。草堂，名復禮；淑行好學，初年調和朱陸，晚見益邃。著《四書集註補書正誤》，駁朱註訛謬，内入顏先生說。曹敦化以新鄉尚重威如及朱主一咏先生辭來。威如辭曰："卓識絕膽，踢籬折藩；存性學恨不親孔孟傳講治法，眞如見三王面。不得已跳過漢唐，舉首堯天，眼睜睛，總不教塵沙眩。"主一辭曰："喚回迷塗億兆，添多三存如

❶"曰"，爲編者所補。——編者註

願；萬邦協和，先生壽考。作人聞風起，焉肯蹉跎。”威如、主一寄辭，俱四拜。塨質所著《大學辨業》于先生，大略言：格物致知者，博學于文也，學問思辨也；誠正修齊治平者，約之以禮也，篤行也。物卽三物之物，格至也，卽學而時習之；誠意愼獨也，内省也；正心心在也，洗心退藏于密也，不動而敬也。總之，不分已發未發，皆持一敬。孔子所謂“修己以敬也”。謂心無静時，衹一愼獨盡之而已。朱子分静存動察者非也，分静于動而以主静爲功者，亦非也。何者？心之静而爲其所不覩不聞者，衹屬須臾不可主之也。主之，必入二氏矣。先生善曰：“吾道賴子明矣！”後爲之作序。

八月，語曹敦[1]曰：“《論語》，孔子之經濟譜也。漢高衹得“惠則足以使人”一句，卽興；項王衹[2]犯“有司出納”一條，卽亡。自以衰病，敬身功疎，省過自振。

九月，安州馮繪升來；以法乾亡，與繪升約一年兩會，責善辨學。以衰病不能理他功，惟常習恭；覺萎怠，習恭莊；覺放肆，習恭謹；覺暴戾，習温恭；覺矜張，習謙恭；覺多言，習恭默；覺矯揉，習恭安。先生以屯子堡水患益甚，屢請不往。至是，郝公函書至候安，附一契云：“顔習齋先生，生爲漳南書院師，沒爲書院先師。文燦所贈莊一所，田五十畝；生爲習齋產，沒爲習齋遺產。”十一日，省過，恐振厲時是助，平穩時是忘。

十一月，博野知縣杜公開銓造廬拜見。閲陸桴亭《思辨録》。

庚辰，六十六歲。

二月，把總趙玘光玉光拜去，謂儼曰：“汝今日見吾會武夫辭氣乎？”對曰：“異平日矣。”先生曰：“因事致禮，因人致對，竊有慕

[1] “曹敦”，當爲“曹敦化”。——編者註

[2] “衹“，當爲”衹“。——編者註

焉。友人不知吾者多矣!"

三月，朱主一來，考習六藝；復具贄，令其少子本良從學。一日，習恭，忽閉目自警曰："此昏惰之乘也！不恭孰甚？"已而喟然嘆曰："天置我於散地二十有八年，曾不切劘我矣!"植秀問曰："何也？"曰："困抑不若在蠡之甚，左右共事不若在蠡之才。忽忽老矣，是以嘆也。"

五月，因思法乾不已，因曰："行敬一步，卽若法乾之監我一步也。何必戚戚爲無益之悲乎？"作先君子傳曰："年歲七十，受兄掌面，不怒益恭；此一節也。幾堯舜矣!"

六月二日，覺天清地寧，風和氣爽，身舒心泰；誠如象山所云"欲與天地不相似不得"者。倘如是以死，子張所稱"君子曰終"，其庶乎！思昔年工程，静敬中檢昏惰；近日昏惰中檢静敬。

七月，徐仲容來問學。思釋氏宋儒静中之明，不足恃也；動則不明矣。故堯舜之正德利用厚生謂之三事；不見之事，非德非用非生也。周公之六德六行六藝謂之三物，不徵諸物，非德非行非藝也。許恭玉憂學人弱如婦人女子。先生曰："非去帖括制藝與讀著主靜之道，禍終此乾坤矣!"

八月，高陽李霖沛公寓書問學，稱弟子。謂李命侯曰："法乾卒，良友中再無以聖人相責者!"遂泣下不已。

十月，思家人有不化者，須諄諄論之，以法齊之。乃書言教法束人治之要，于日記額。悔過，自訟"驕"、"浮"二事。

十一月，思文王緝熙敬止，若宋人釋之，必寫一派禪宗：《大學》"爲人君"五句，乃眞熙眞敬。十八日夜，就榻矣；聞子弟樵還，復出圍坐，成一聯云："父子祖孫，幸一筵共樂；漁樵耕牧，喜四景長春。"

十二月課重光曰："三達德之定天下也，有互用之時，有獨勝之時；光武戰昆陽，此勇德獨勝之時也。”評塨曰：“謹戒以用實功惜精力，勿爲文字耗損。”口占云：“宇宙無知己，惟有天地通；須臾隔亦愧，自矢日兢兢。”思人使之才易，使人之才難。

辛巳，六十七歲。

正月十五日，祭戶神，祝成教重光安五禮龠奉，上額正行；家衆當者令辟，坐者令起。淨掃神位，拂拭神主，置祝罏前，恭揖稟明日寅時恭祭，垂簾而退。此儀幾四十年，皆先生自行，今始命孫。塨弟培從學。

二月，培請先生之李家莊，門人管廷耀、李廷獻、管紹昌皆來習禮。

三月，修己侍，告之曰：“浮躁人無德，亦鮮福壽。吾年少自斷，不過三十；今幸苟延也，子戒之。”閻公度半日默對，黨闔座稱羡。

四月，李塨問《孟子》“盡其心”節。先生曰：“盡其惻隱羞惡辭讓是非之心者，知其仁義禮智之性也；知其仁義禮智之性，則知元亨利貞之天矣！”

五月，曹乾齋刻《存學編》。

六月，思“小心翼翼”；翼翼者，如翼之飛，進進不已也。

八月，塨將入京。先生曰：“道寄于紙千卷，不如寄于人一二分；北遊須以鼓舞學人爲第一義。”自傷云：老有不下之族墓，一也；田有荒曠，二也；歌興不長多忘句，三也。

九月，語杜生曰：“道莫切于禮，作聖之事也；今人視禮之精鉅者曰不能，粗細者曰不必，是使聖人無從學也。有志者先其粗、慎其細，學得一端，亦可。卽如出告反面，苟行之，家道不亦秩，孝弟不亦興乎？”教塨曰：“今卽著述盡是，不過宋儒爲誤解之書生，我爲不誤解之書生耳！何與于儒者本業哉？願省養精神，苟得行此道之分寸，吾即死無憾矣！”

十二月，有惑者，盛氣解之；思此即已惑也。曹乾齋寄所刻《存學編》，至或言盍走，書謝之。先生不可，曰：‘吾二人不識面，渠以明道也，非以爲我也，何謝？後有問學至，乃答之。

壬午，六十八歲。

正月朔日，始祖禰同祀。初，先生遵程伊川説，春祭祖，秋祭禰。——塨按：古禮皆祖禰同日祀，程説非也。質之先生，先生考而然之。至是改，從古禮。聞人稱邊之藩孝恤二行，曰：“吾門有人矣！”雪夜重光，取薪烘火；他人者，近欲把之，思不可，而遠取已薪。先生聞而獎之曰：“充此意可爲聖矣！昏夜不欺，一也；義利分明，二也；舉念能斷，三也。”

二月四日，哭從姑喪。思禮七十衰麻在身而已，而況功緦，乃定葬日。朔聖禮哭勿傷，其餘但追慕，不哭。服膺小心昭事，思任人情之顛倒，事變之反覆，君子之心，總不失其對越上帝之常，其幾矣！

三月八日，忽思少年最卑污事，因思張仲誠言：“鳶飛戾天，一斂翅即落地”，豈不信乎？自今不可任此身頹衰，須日日有工程，但擇老力可爲者爲之耳。劉懿叔稱其長郎近勤子職，先生因獎之。語懿叔曰：“數子十過，不如獎子一長。數過不改也，徒傷情；獎長益勸也，且全恩。”

五月四日，哭奠從姑，告除緦。自勘期人過高，望人過厚，百苦百咎所從來也。或饋肉，家人德之。先生曰：“此施百而報一也。”家人言報一亦佳，先生因自愧一言三失，伐善、校物、哭小。思老來懈惰之態不施于身，昏慢之慝不作于心，無所鬱異，無所貪繫，斯學力之驗也已！

六月，自勘曰：“李晦夫氣象朴穆，全不入世局；王法乾專一畏避，故皆不受侮。予既甘心沮溺，而又不能認確‘窮则獨善’一句，且至誠不足動人，恭也皆取恥辱，愛也皆招玩侮，是誰之過與？”思宋儒之學，南誤張仲誠，西誤李中學，北誤王法乾，皆天生秀傑，可爲欺人立命者；誤常人之患小，誤秀賢之禍大。又思呂新吾、陸道威材識又高矣，亦沾泥帶水，更可惜也！族孫保邦，初不識字，先生愛其勇，力教之武。爲講《鑑史》，遂漸通文。

閏六月，乃入班行學儀。習恭，覺足容微開，斂之。十四日，小便祕，幾殆。書命塨勉力，益光聖道；已少静，談笑如常。夜乃通越數日。鋑侍請曰：“剛主曾請于師，以習齋作千秋公所，門人恭祀師主；集则講學其中，先生可手書一紙。”先生許之。

七月，先生聞某不分父勞。嘆曰：“古者，弟子爲學，即教之事父事兄，服勞奉養；今學讀書作文，必袖手静坐；安其身而奴隸其父兄。此時文取士之害，讀作爲學之弊也！”

八月，思大人自恃其聰明，则不能用人；小人自恃其聰明，则不能爲人用。聞師賈金玉卒，奔哭持心喪；五月罷，無時哭，猶朝夕哭。葬時，率門人往哭送。

九月，河南周璕价塨執贄從學，先生率行釋菜禮于先聖傳之經濟，囑以勿爲書生所誤。培始編日記，求教誨之。曰：“務有恆。”

祭[1]未，六十九歲。

正月，或求教授書文。先生曰：“衰疲自知天廢，姑舌耕以濟絕糧亦可也。”于是曹可成、田得豐、郝品、郝夢祥、郝夢麒來從遊。清苑馮辰拱北書來問學，答之。

六月，大興王源价塨執贄從學，先生辭不受；固請，乃受之，曰：“文升剛道主吾友英雄之氣，與夫文章識力，想望久矣；近

❶ “祭”，當爲“癸”。——編者註

又聞因剛主言，爲《省身錄》，從事身心，尤使僕喜而不寐。過謙不敢當。然相期于周孔之道者，甯有既乎？願斷自今，一洗詩文之習，實行聖學，斯道斯民之幸也。”因問曰：“聞子知兵，其要云何？”對曰：“源何足知兵要，但以爲不過奇正而已。”又曰：“假以烏合數千，使子治之，何法爲先？”對曰：“莫先束伍。”先生躍然曰：“子眞其人矣！”次日，率源祭知孔子，行釋菜禮，祝聖陰佑，使之成德興行，有功乾坤。評《省身錄》，勉以遷善改過。源問刀法，告之。源紀二詩曰：“離迷禾黍問南村，慚愧擔簦五柳門；十載低顔隨燕雀，半生孤眼横乾坤。先生有道青雲上，今日從遊皂帽尊；虞夏高歌人未老，無邊風雨正黄昏。藜羹麥飯話情親，今古興亡賴有人；破屋寒飛宵練影，荒籬遠隔夕陽塵。直將文武傳洙泗，未許安危併洛閩；山勢東蟠滄海盡，應知燕趙自生申。”

七月，塨使弟培、門人陳北輿，爲共學會，以日記質之先生。塨質所撰《小學勺舞儀節》，盡舞位執干戚羽籥以舞，先生觀譜，監之。

八月，評培日記曰：“既脱俗局，而高視遠望；再斂空虚而自卑自邇，則可與適道矣。”儼侍言有心疾。曰：“習行于身者多勞，枯于心者少自壯。”一日，遭[1]可成觀天象，言寅時東方見黑雲，以雨兆，然不大；次晨，果微雨。先生曰：“若可成者，可與傳瞻天之學矣！”

九月，祭孔子。祝曰：“李培從元及其兄塨學日記，逐時自省，改過遷善；因之元門下侄修已、爾儼及門人李植秀、鍾錂各集册，互相糾繩，元亦用自振拂，庶末路無躓，惟神相之。”訂塨所譜《小學》。

---

❶ “遭”，當爲“曹”。——編者註

十月，夜坐久，無惰容；爲修述故友劉肇南，以六十鄉宦夫，一出告受跪責于其母事。

十一月，與可成曰：“孔子稱仲弓可使南面，稱子賤霸王之佐，論由求等從政，及子貢、孟子之稱邦家得百里，而君聖賢之學之德可想矣。宋人相推，有是乎？”先生有學堂禮器位，乃知諸子自習禮也，鋑蓋倡之，私喜。培來，與鋑習勺文舞式。教培痛除假冒將就。

十二月，齋，憑案者再；因思古人之老也，行有杖，憑有几，是古人固不諱老。齋之日，不拘行立坐臥，以一心思神而不忘爲主，不必盡莊也。

甲申，七十歲。九月二日酉時，先生卒。

正月朔日，祀祖禰，祝文末曰：“尚其冥佑未路乾乾，寡增罪戾，庶保降衷以歸元。”率門人習禮，先生作通贊；新歲習勤也，必終肄三。漢軍崔璠奐若來問學，先生謂之曰：“學之亡也，亡其粗也，願由粗以會其精；政之亡也，亡其迹也，願崇迹以行其義。”十五日，行學儀，有後至者，乃命凡遇行禮日，專任一人，或輪班傳呼齊集，務于先生未出前，嚴辨聽候勿誤。自勘一生勉于明虞周之政，學孔孟之學，尊祖敬宗，老老恤孤，隆師重友，闢邪衞正，改過修慝，日新時惕，凜乎帝監，勿負蒼生；乃年及七十而反身自證，無一端可對堯舜周孔而無慚者，且有敗壞不可收拾，如化族一事，良可傷也！戒子侄後日斂用布，勿以絲帛。

二月朔日，習禮，先生主獻，問諸生有失儀否？儼曰：“無失。且始終恭敬。”謂門人曰：“孟子‘必有事焉’句，是聖學直傳；心有事則心存，身有事則身修。至于家之齊國之治，皆有事也；無事則道統治統俱壞。故乾坤之禍莫甚于釋氏之空，無宋人之主靜。”與門人言博蠡修河法，曰：“北人祇思除水患，不思興水利；不知興利卽除害也。”二十日，看書。儼曰：“伯父言誦書爲病而又犯之，况年邁宜養。”先生笑置之，曰：“予弟不當如是乎？”族祭餕，三盞及限，若有醉意，乃久坐，止一盞，較指輪一盞，卽止。曰：“吾事水學，不外‘分’、‘濬’、‘疏’三字；聖王治天下，亦祇此三字。”

二月[1]，將以銀易新冠。思此門人周琈所寄遺者，當爲天下公用之，不可以私華其身，乃易紙抵《喚迷塗》。思生存一日，當爲生民辦事一日，因自抄《存人編》。遊西圃，可成從。因言王五公之教于陑陽也，謂主人曰：“吾登山卽偕弟子登山，玩水卽偕玩水，吾吟酌吾看花吾步騎射，無不弟子偕，諸公勿問也。祇取弟子學問科名勝人耳，學且勿論。”其門人甲，遂中進士；卽帖括也，豈僅在誦讀哉？書立心高明，俯視一切于記首。

四月，謂門人曰：“齊宣王欲授孟子室養，弟子使大夫國人矜式；是以宋儒待孟子也，孟子志作名世，烏肯居哉？倘以留宋儒必悅，使緇朱註程子，果曰齊王處孟子未爲不可。”慨然嘆曰：‘程朱之學，焉得冒孔孟之學哉！十二日，素服行忌禮。其祝末曰：“嗚呼！顯考饗哉。知兒之將獻，尚得幾時哉！悲咽哀愴，何有極哉！”塨來叩稟，應鄖城知縣温公益修聘，因議南遷。先生曰：“吾夙志也。然屢謀不遂，而竟昏者，天殆使我葬斯土也已矣！”

五月，坐場中，覺脊骨俯屈，振起習恭。二十五日，塨以往鄖城拜辭求教。先生曰：“持身莊竦，力斷文墨，爱惜精神，留心人才佐政仁廉，足民食用特簡武壯，不問小過，出入必愼，交遊勿濫。”塨拜受。行後，先生悽然。許恭玉來，言《一統志廣輿記》等

[1] “二月”，當爲“三月”。——編者註

書，皆書生文字，于建國規模山河險要未詳也。先生曰："豈惟是哉。自帖括文墨遺禍斯世，即間有考纂經濟者，總不出紙墨見解矣！"

六月，沐後，見指肉紅潤，甲色隱秀。嘆曰：'天何不使我櫛風沐雨胼手胝足也！"以祭中霤齊，成臥。以致思覺不專一，則坐；坐覺不專一，則立；期不以暑困勝吾心之齊。思修其天爵以要人爵，雖文武盛時，不能保無其人也；惟修之久，則習與性成，功名之事皆性命之事矣。即或虛假，而有此一修，其存天理成人材者亦不淺。故戰國才俊猶盛後世，此周公立法之善也；今時文取士，求一修天爵以要者，亦安可得哉！

七月，謂門人曰心性，天所與存養，所以事天；道義師所授習行，所以事師。曹可成死，先生哭之慟，爲素服十二日。

八月二日，夜夢中大哭父，闔巷皆聞。十一日，行中矩習恭。十二日，行中矩，已而習恭，坐如泥塑。夜半，左肋下病發，兒時積也。十三日，習恭者二。十五日，行中秋禮，獻先祠瓜果酒肉，夜與修已、爾儼、爾儀、重光飲月下，不歌，不能忘可成也。二十五日，寢疾，李植秀、鍾錂俱來侍；二十七日，張振旅、張智吾來視，起冠。智吾曰："病何必冠？"先生曰："臥則脫，起則冠，固也。"三十日，王巽發、王濬、王澤、王懷萬、王溥、王繩其來候，命人扶揖。

九月，朔日，張文升來視疾。二日，辰，令燂湯沐浴。培及賈子一來視疾，先生謂門人曰："天下事尚可爲，汝等當積學待用。"申，命自學舍遷于正寢，酉卒。面貌如生。安陽徐适，聞訃，北面拜哭，正弟禮。塨聞訃，自鄖城奔回，哭奠，與及門培邊之藩顔、修已、李植秀、顔爾儼、鍾錂、賈易田、得豐、郝品、郝夢麒執喪，衰服加絰；紳士許璠、彭大訓等百餘人，恭奠，囑塨爲祝。曰："嗚呼！秦火焰而大道隱，講壇盛而學術歧；悠忽者千餘年，味痼者數百載。乃今始得一先生，而先生又忽逝也，悲哉！天之于人，其有意耶，其無意耶？先生崛起側陋，直以聖道爲已任；以爲聖人必可學。而至希賢則已卑方，總丱即能幹師門内難；及長，躬灌園事。恩祖甘毳，隨欲敬進，雖勞不怨。日五漏起，坐必直手，端身，兩足分踏地，不踰五寸；立不跛，股不搖移；行折必中矩，周旋必中規。盛暑終身未嘗去衣冠。尊長恤族里。與王法乾十日一會，糾日記，記詳十二時言行時，下圈黑白，别欺慊。好言論，行嘗忤俗。然生平無一言非道，無一事不以堯舜周孔相較勘。朔望謁家祠二時祭，以及冠昏，力行古禮；居喪倚廬堊室，衰麻無時哭，三年不懈。雖功緦皆如禮，無少假。待妻如君，撫子如師；屋漏獨居，身未嘗傾欹。是爲先生之躬行。非其有，一介不取；一錢贈，必報。邑令約車騎造齋下拜，惟遣子弟答；士民公舉德學苦孝，學使者李公，巡撫于公，將交章上薦，先生力沮，若傷之，乃止。是爲先生之守。慨然謂周孔之道在六德六行六藝，後儒以静坐致良知參雜異端，篡吾心之德且鄉黨自好，遂負高誼罕見一一考行古道，絲髪不苟者。至攻詩文纂章句，羣超無用；而先生兵農禮樂之藝，嗒然喪失。以致天地不得位，萬物不得育。乃定課外整九容，内顧明命，一致加功，自終日迄夕，乾乾惕若；家禮學規，酌古準今務曲當。帥弟子分日習禮習射習樂習教習書，考究兵農水火諸學。學堂中洒掃潔甚。琴竽決拾籌管森列；衆生揖讓進退其間。已而歌謳舞蹈，唐宋後儒室，久不見此三代威儀矣！于是着《存性》、《存學》、《存治》、《存人》以立教，是爲先生之學術。而謂先生之生徒非耶？天無意耶？故嘗謂先生之力行，爲今世第一人；倡而明聖學，則秦後第一人。海内文士無論，卽稱篤儒行者，與先生疏密固大有間；而至秦火之餘，如董仲舒、鄭康成、文中子、韓昌黎、程明道、張横渠、朱晦庵、王陽明，其于學術，皆襭此躧彼，甚至捉影捕風，浸淫虛浮以亂聖道。嗚呼！千餘年於茲矣！先生生亦晚，近居蓬蓽。孰傅之？孰啓之？一旦爬日抉月，堯舜周孔之道，拾之墜地而舉之中天。奚其然耶？豈天道運會，一盛一衰，堯舜盛以至於周秦衰，而迤邐至明。自此以後，乾旋坤轉，聖道重明，斯民蒙福，故特生其人耶？乃少困以患難，中阨貧賤，内苦於家庭，外之聞者或疑或信或謗或滋，而且奄忽以去；抑天地之氣，如燭炧火爐，已成灰滯，後轉螢點紅豔炯然自照而竟熸耶？嗚呼！吾無以知天矣！嗚呼痛哉！凡我同人，皆有後死者之責，其何以不負先生，其何以終邀福于天？先生之神，萬世不磨，矧茲旦夕而不予臨。嗚呼哀哉！尚饗。"李植秀挽聯云："持身矻矻，備歷錯節盤根，大德行二千年後無雙士；樹議巖巖，直排迷途歧路，眞學述十八代來第一人。"鍾錂聯云："手著《四存》，繼絕學于三古；躬習六藝，開太平以千秋。"顏儼云："關外尋親，遼水東西欽大節；洛中辯道，嵩山南北識眞儒。"張文升上私謚曰：文孝先生。

十二月六日，葬于北楊村西祖兆。塨與及門諸子送葬，哭慟失聲。葬返，從孝子爾儀、孝孫重光行虞祭，相向哭盡哀，持心喪三年。先生卒前，遺囑子孫，以習齋爲門人公聚學習之所。塨等共議懸扁門額曰："習齋學舍"。敬書神牌曰："顏習齋先生神位"。供于習齋。晨興設祭告，以後每年六月上辛公集致祭，講習先生學術。

乙酉四月，鄽城知縣温德裕，刊先生《存性》、《存人》、《存治》三編于鄽城。

六月，恭修先生年譜。丙戌八月，王源哭奠先生于習齋學含[1]。

十月，訂先生年譜。

跋

閱習齋先生年譜，見其自幼英毅，慨然有志于聖道；切已束修，壯而明周孔不傳之學。禮、樂、兵、農，實履其事。晚年上達，所見益精；其德彌上，心彌歉，倍加淬勵，造世之志無頃刻忘。行已教人，乾惕如一日。嗚呼！此真周孔之道之學也！璋自甲申秋閱《國語》，感古人父子君臣之際，民社世故政事之端；莫不實有規畫；自反無似，因發憤與鄭君知芳共學。乙酉立日記，記得失過惡以自考。抵上谷，始聞先生；而先生已沒不可見矣！嗚呼！何璋之不幸哉？雖然，其言與行俱在，穆思然之，如見先生。璋苟能孜孜不懈，學先生之學，是卽親受教于先生也。況有剛主李先生，身得其傳，諄諄以此道提誨；就而正之，猶見先生也。又何憾焉？是在自勉而已。

康熙丁亥三月，棘津後學張琡璋謹識。

楊子云：“務學不如務求師；師者，人之模範也。”嗟乎！模範詎易得哉？今觀顏先生年譜，誠爲模範矣！平居每歎大儒自命，而誤以面壁爲存養、章句爲學問，如焚鼎冰至於言行相違，借名行私者，又不足道也。今得先生模範，竊有志焉。但自顧譾陋，不知果能私淑以善其身否也？行滋懼矣！

丁亥菊月，後學鄭知芳拜識

[1] “學含”，當爲“學舍”。——編者註

卷二　言行錄

受業門人鍾鋑纂

凡例

一、先生嘉言卓行，不可更僕；錄未百葉，遺佚尚多。然可想見其他。觀者惟期則效，不必以覩一班爲憾。

二、年譜已載者，不復更錄；然於振勵後學扶樹道教懇惻動人者，亦間或重出。

三、錄中惟各章首段書“先生”二字，餘不贅；以是編專屬先生言行也。

四、先生日譜，亦載他人言行善者，茲亦偶有摘錄；然必冠以姓字，庶幾披覽瞭然。

五、是編挨日譜摘錄，門類未分；然亦列爲章數者，亦竊取《魯論·學而》等章之義。

六、僕學極譾陋，不足傳述先生之學德；言行之錄，謹志遺澤於不墜耳。儻仁人君子賜之裁訂，得以傳世行遠；不惟僕感且不朽，即先生在天之靈，亦逌爾稱快也。

一

常儀功第一

每日清晨，必躬掃祠堂宅院；神親前各一揖，出告反面同。經宿再拜，旬日以後四拜；朔望節令，四拜。昏定晨省，爲親取送溺器，捧盥授巾；進膳必親必敬，應對承使，必柔聲下氣。——此在蠡事恩祖父母儀也，歸博無親去此儀矣——寫字看書，隨時閒忙；不使一刻暇逸，以負光陰。操存省察，涵養克治，務相濟如環；改過遷善，欲剛而速，不片刻躊躇。處處箴銘，見之卽拱手起敬，如承師訓。非衣冠端坐不看書，非農事不去禮衣。出外過墓則式，——騎則兩手據鞍而拱，乘則憑箱而立——惡墓不式；過祠則下，淫祠不下，不知者式之。見所惻所敬皆式。——所惻如見瞽者、殘疾、喪家、齊衰之類，所敬如見耄耋及老而勞力城倉圮河決忠臣孝子節婦遺跡聖賢人廬里類——非正勿言，非正勿行，非正勿思。有過卽於聖位前自罰跪，伏罪。——按：先生常儀功至老不解，病篤猶必衣冠，眞仁爲己任，死而後已者也。

理欲第二

先生曰："理欲之界，若一毫不清，則明德一義先失；刑于之際，若妻子未化，則親民一義先失。又何以止於至善乎？努力做去！定要在此處求自謙，乃是學者。""天行健，乾乾不息，天之誠也；人能長思敦其敬而無怠惰之念，則幾於誠而同乎天矣！""爲人子者，不可因親之怒卽不近前；必愈加言笑，致親之悦然後已。苦曾子之耘瓜，薛包之灑掃，不廢晨夕，豈人所不能哉？""人若外面多一番發露，裏面便少一番著實；見人如不識字人方好。""凡讀書卽如古人面命，何書不當以敬對之？若不衣冠端坐看書，卽是侮慢古人，須深戒之。""善惡要知，更要斷；知一善，則斷然爲之；知一惡，則斷然去之。庶乎善日積而惡日遠也。""惡人之心無過，常人之心知過，賢人之心改過，聖人之心寡過；寡過故無過，改過故不貳過。僅知過故終有其過，常無過故怙終而不改其過。”“世俗非類相從，止知斥辱。女子之失身，不知律以守身之道；男子之失身，更宜斥辱也。”“學必求益：凡舉步覺無益就莫行，凡啓口覺無益就莫言，凡起念覺無益就莫思。”“怠惰之容不設於身，淫肆之言不出於口，放僻之念不生於心。君子人與？君子人也。”友人陳印尼苦爲命困，先生曰：“‘知命樂天’，四字相連，知之則樂矣。”曰：“非不知之，殊覺憂苦。”先生曰：“是知不眞耳！君子之事天，如孝子之事親；爱之喜而不忘，惡之劳而不怨。豈有孝子眞知親心而猶怨者乎？豈有君子眞知天命而猶不樂者乎？”“陽剛陰柔而天下定，陽下陰上而天下和，反而求之家也身也心也，無不同也。今夫心：天理，陽念也，常令剛；人欲，陰念也，常令柔。吾心有不定乎，天理雖爲主而常合乎人情，陽下也；人欲雖無能絕而常循乎天理，陰上也。吾心有不合乎，至於父兄惟其剛，子弟惟其柔；而又剛柔相得焉。其家無不定且和者矣。”“讀書無他道，只須在行字着力。如讀‘學而時習’便要勉力時習；讀‘其爲人孝弟’，便要勉力孝弟。如此而已。”——鋑嘗教弟子曰凡書不可徒讀，必一一在自己身心上體認。如書言善，必審自己有是善否，必求有是善乃已；書言不善必審自己有是不善否，必求無是不善乃已。果能如此，不惟學問進，益且不患不到聖賢地位也。——或問：“禍福皆命中造定，信乎？”先生曰：“不然。地中生苗，或可五斗，或可一石，是猶人生之命也；從而糞壤培之，雨露潤之，五斗者亦可一石。若不惟無所培潤，又從而蠡賊之，摧折牧放之，一石者幸而五斗，甚則一粒莫穫矣！生命亦何定之有？夫所謂命一定者，不惡不善之中人，順氣數而終身者耳；大善大惡，固非命可囿也，在乎人耳。”或大悦。恩祖母老而重聽，先生大不懌，曰：“人子不早自盡，至此雖欲柔聲下氣，尚可得乎？若不及時勉力，他日悔恨更有不可勝言者矣！”“人之治家，家衆若多，必使之各舉其職，則人愈多家長愈樂；否則多一人，即多一累矣。”一日心中不樂，忽慨然曰：“心不虛則不樂，所謂心體上不可加一物也。雖然，玩物而樂，離物則不樂，固非能樂者也。無物而樂，有物則不樂，亦非能樂者也。顔子簞瓢陋巷樂，不簞瓢陋巷亦樂。是何如樂？正宜理會。”“學莫先于敬身，樂莫大於孝親；願言思之，前惟古人，近惟孫子。——高陽人——自識有云：‘無親非富，有母非貧。’嗚呼！大樂孰如事親？”“學者與聖賢不同：聖人忘其爲聖，賢人不敢恃其爲賢。學者要常見我爲正人君子；不然，恐隨流逐汚而不自覺矣！”“學者自欺之患，莫大於以能言者已得。”——鋑亦謂口頭說出、筆下寫出不如身上做出，乃是不自欺，乃爲有實得。“人心中具有仁義位育。但得活理養之，則學成具全體大用；否則血肉腐朽而已矣！如鷄卵中具有羽肉冠距，但得煖氣養之，則化成而飛鳴走食；否则青黄死水而已矣。”“吾用力農事，不遑食寢；邪妄之念，亦自不起。若用十分心力，時時往天理上做，則人欲何自生哉？信乎力求近乎仁也。”彭好古問實學，曰：“學爲人子，學爲人弟，學爲人臣也。”又問曰：“學自六藝爲要。”好古曰：“算何與於學？”曰：“噫！小子未之思也。人而不能數，事父兄而無以承命，事君長而無以盡職；天不知其度也，地不知其量也，事物不知其分合也。試觀公西子之禮樂，冉子之藝能，當知夫子之所以教與三千人之所以學矣！但七十子或備或精耳。”“幼者拜長者，向上可也；勿與長者推遜，嫌序齒也。”“學貴遠其志而短其節；志遠則不息，節短則易竟而樂。”“人子事親，但致親怒便是過；並不問有過與否。若懷嗔意者，是不自見其過，非孝也。”“開聰明，長才見，固資讀書；若化質養性，必在行止得之。不然，雖讀書萬卷，所知似幾於聖賢；其性情氣量，仍毫無異於鄉人也。”

齊家第三

先生曰："齊家要觀一家所受病在何事何人？便當全副精神注此一人一事，竭力做去。正心修身亦然。""子貢贊夫子爲天縱，想來人皆有天縱；天旣與人以心，則以此心調變，以此心挽回，或以此心病，或以心狂，天皆有不得而主之者；但善則天福之，不善則天禍之。猶人君命人以位，則以此位致澤，以此位顯揚，或以此位忠，以此奸君，皆有不得而主之者；但功則賞之、罪則君罰之而已。人各有心，可不愧夫子而逃天乎？"或言兄寬弟忍，眞是好事。先生曰："雖然，此爲俗人言之耳。但說忍，則先有不平意；古聖只言兄友弟恭，夫兄友者，不問弟之恭不恭，惟知爱弟也；弟恭者，不問兄之友不友，惟知敬兄也，孟子言'舜不藏怒，不宿怨，親爱之而已矣。'舜可謂千古之聖，孟子可謂千古之善言聖者也。"王法乾曰："骨肉有間乎？可離乎？顧名思義，骨雖惡肉，不得而厭之；肉雖惡骨，不得而怒之。處骨肉之間者，可以悟矣。""思誠固是學者切功，然必思此一善卽作此一善，乃有益；若只思仁思義，久之一若思所及便有我已得者，則思亦屬自欺之端矣！"凡達人帖與承人帖，素不拜者，皆揖之。語弟子曰："世俗相見，亦謂之拜；若不揖，則帖上'拜'字便僞矣！君子無僞。""人若不眞心存仁，將言行盡無着落處矣！任有多少言論著述，都成巧言；任有多少威儀周旋，都成令色。畢竟是鮮仁。"思愼言一絕云："見人須着意，静中得力多；從今勤檢點，刻刻莫輕過。"體乎仁則富，行乎禮則貴；若色貨等念生則損吾富，眞吾心之盜賊不肖子弟也！怠惰輕躁等意生，則降吾貴，眞吾心之贓賕權奸讒邪也！“君子愛人深，惡人淺；愛人長，惡人短。小人反是。”“人自信易，令人信之難，令聖賢人信之尤難；故百庸人服之，不如一君子信之也。”“孝子見老則思親，是以無老不敬也。”“夫子嘆才難，有傷心處。予意天之生才不易，生一起才，成個平成；又生一起才，成個征誅；生七十子，竟無可做。此夫子所以嘆才難，深有所惜，深有所傷也。”“吾人事親不敬，兄弟不友，夫婦不相待，如賓不相成,如友朋不相輔仁，便有狎侮五常，惡同殷紂矣！”“夫凡讀聖人書，便當爲轉世之人，不要爲世轉之人；如齠齡入學受書，卽不得隨世浮沈矣！”“衣冠不是要粧象好看，乃所以敬身；冠以敬吾首，衣以敬吾體也。”——鋑謂：人衣冠則文采典雅，不衣冠則鄙俗野陋，孔子譏子桑伯子不衣冠而處，同人道於牛馬。是人之所以異於禽獸者，衣冠也，人不衣冠，其亦不思也亦不敬其身也。——遭水患，糧絕。喜曰：“吾茲爲水困，乃嘗此味矣。”“‘君子以文會友，以友輔仁。’二句串講，爲是字字着重，倒提豎放，則瞭然矣。君子所求者，仁也；非友無以輔之。輔仁者，友也；非文無以會之。故君子之會友也必以文，或與之講習六藝以通日用之實務，或與之誦說詩書以考聖賢成法，或與之討論古今以識事理之當然；則文章之道相感，良朋畢集，詩書之味相親，高賢盈目。於是以友之高明開我之蒙蔽，以友之寬厚化我之私狹。對端方之儒，怠惰不覺其潛消；得直諒之助，過端不覺其日寡。人欲之自欲去者，得友而去之益力；天理之自爲存者，得友而存之益純。其輔吾仁也深矣！不然，會之不以文，則所聚者皆羣居終日言不及義之徒，焉能得友？旣無友以輔之，則觀摩無人，幽獨易於自恕；進修無助，志氣每至中衰。何以爲仁？君子所以亟亟於會之者而以輔之也。”謂門人曰：“汝等於書不見意趣如何，好不好如何得？某平生無過人處，只好看書；憂愁非書不釋，忿怒非書不

一

解，精神非書不振。夜讀不能罷，每先息燭始釋卷就寢。汝等求之，但得意趣，必有手舞足蹈而不能已者，非人之所能爲也。”指“知我其天”，問諸生：“如何是天降鑒夫子，天契夫子？天無心意耳目。”曰：“天是理。”先生曰：“天兼理氣數，須知我與天是一個理，是一個氣數；又要知這理與氣數是活潑而呼吸往來靈應感通者也。若不看到此，則‘帝謂文王，乃眷西顧，予懷明德’等，皆無着落，皆爲妄誕矣！”曰：“如何是理氣數？”曰：“爲寒熱風雨生成萬物者，氣也；其往來代謝流行不已者，數也。而所以然者，理也。”“聖人亦人也，其口鼻耳目與人同；惟能立志用功，則與人異耳。故聖人是肯做工夫庸人，庸人是不肯做工夫聖人。試觀孔子是何等用功？今人孰肯如此做！”“讀書觀史，非學惟治心，乃是學置田房；積金粟非治家，惟教子乃是治家。”郭生問：“作養將才如何？”先生曰：“武凶事，不比文，當以歷練爲作養乃可用。以武生爲鄉落保長，其能守禦捉賊者，即擢爲郡邑關口守將；其守將之能守禦捉賊者，即擢爲總帥參副之職。庶幾歷練之幹略，不比紙上之談鈐矣。不然，即尊寵一同科甲，恐亦如無用之文人而已！”“‘二三子何患無君？’皆主狄人來亦汝君說。則是太王視邠民全無情義，徒委之於狄人，不似仁人氣象。且與下句‘我將去不順’，吾恐狄人迫至之際，邠人必有不諒強弱，賈其忠勇欲與狄人交鋒者。故太王曰：‘吾聞之也，君子不以養人者害人。’邠人必有環哭對嘆，憂太王之陷害者。故太王曰：‘二三子何患乎無君？我將去之。’不謂之臣民，而謂之二三子，親邠人於已也；不謂之我，而謂之其君，親己於邠人也。君民一體，光景至今可想。”“防口貴逐事思量，如某人某事是不當說，如見某人斷不當說某話；預先用功，必有得力。”郭敬公曰：“今人輒言斷不能到聖人處，故不爲是；必待到聖人處而後爲乎？吾以爲進一步亦是一步，彼原是不爲，故託此言耳。”“人讀書只爲難記，耽閣許多，不知縱記亦無用。大要古書只管去讀看，不問能記與否；但要今日這理磨我心，明日那理磨我心，久之吾心本體之明自現，光照萬里。所謂‘一旦豁然貫通’者也。然須以清心寡欲爲本。”人送於先生曰：“媿薄甚。”先生曰：“情之厚薄若在財物，則貧者盡薄情人矣！”“敬身之功，衾薵之內，爲最切；儻此處不慢其四肢，亦尊德性之一端。”或憂年凶産業難保。先生曰：“人生産業身體性命，皆祖父之遺。三者俱昌大之，上也；俱保全之，次也；不幸不可得兼，甯破産業，勿虧身體。若戀惜房田而憂勞以致疾病，是重祖父産業而輕祖父身體，不孝也。甚不幸，又不可得兼，甯傷身體，勿壞性命；若迫於凍餒而喪志以爲不義，是保祖父身體，而賊祖父性命，更不孝也。故孔子曰：‘志士不忘在溝壑，勇士不忘傷其元。’蓋極天下痛苦之境，至喪溝壑止矣；極天下凶殘之禍，至喪其元止矣。人誠了此，則無累吾心矣。如曾子曰：‘三日不火，歌聲如出金石，甯知第四日得食乎？’卽令餓亦如此矣。”“寡欲以清心，寡染以清身，寡言以清口。”語法乾曰：“天生我此身，置在羣生中。果較之亦庸衆可也；若猶出衆也，而不爲持世之人，是天生我以君子之身而自曠之矣。是爲負天。”

言卜第四

先生曰：“言卜聖高弟，當其問孝，夫子一告以敬，一告以和；蓋中雖愛親，稍出以傲戾之氣，卽不孝矣！”或問：“鬼中神神中鬼如何？”先生曰：“如春是氣之伸，其寒是神中鬼也；秋是氣之屈，其暖是鬼中神也。”問屈伸往來。曰：“如吾開口便有伸，閉便有屈；氣出是往，入是來。”問性情功効。曰：“如風起止是鬼神，其所以爲風處是性，發而動是情；吹木是功，吹木使之青發枝發葉是效。”問造化之迹。曰：“凡此皆顯然可見，故曰迹。”“六氣之疾，常入肌膚，其症輕；惟私欲之疾，直犯心君，其病重。六氣侵邊，據城之寇也；私欲弒奪篡逆之賊也。可無懼歟！”“養身之道，在養吾身眞火；養眞火之道，在愼言寡欲。寡欲則省精，省精則眞陰足而相火旺；愼言則省氣，省氣則眞陽足而君火明。”“吾人遷善改過，無論大小，皆須以全副力量赴之，方是主忠信徙義之學。”“伯夷棄孤竹，周遊殷紂之世，惡穢成俗，曾無能尊其德樂其道者，於是隱之北海之濱；迨聞文王作，就養於岐，想必在周公師友若干人中，非特口腹之養而已也。觀乎禮俗以養目，聽乎絃歌以養耳，徜徉乎《關睢》、《麟趾》之場以養天德；安處曾不多時，而文王崩，武王、太公遂經營伐紂之事，蓋大傷其心，故又退隱首陽。其叩馬一諫，亦辭世極思也。”教內子盡相夫之道，可以稱賢。對曰：“不能。”先生曰：“昔周宣王姜后，蓋亦庸人也；恐晏安致臣議而脫珥待罪，不惟宣王終其德，而姜后亦至今稱賢夫人。亦在乎爲之而已矣，何不能之有？”謂彭好古曰：“吾自得張澍而坐莊，得李仁美而冠正，得石孚遠而作字不苟簡；每當過將發，未嘗不思三子也。今後許汝五日投規過錄一紙。”人議以便食款友。先生曰：“貧儒無俗味，倉卒客至，止能如便；富友殺牛，貧友割雞，各盡其勤而已。如必相責，則貧富不能相友矣！吾昔百里訪張石卿，米飯三盂而已；第三次偶有十錢，乃市五餠。而禮意勤勤，將不爲厚友乎？”某欲其子從學，託人言於先生。先生曰：“吾之所學者禮，其子從吾遊則其家必設祠堂，家長率家衆，朔望爲禮；子必拜父，孫必拜祖，度能之則來。”人曰：“但學中盡職可耳，何須設禮爲？”先生曰：“不然，世有抗命廢職之子婦，皆因廢禮故也；儻朔望叩拜，昏定晨省，出告反面，行之三月，自無與父母反脣之理。”《孟子》“必有事焉”句是聖賢宗旨，心有事則心存，身有事則身修；至於家之齊、國之治、天下之平，皆有事也。無事則道統治統俱壞。故乾坤之禍，莫甚於老之無、釋之空，吾儒之主靜。王子法乾也論衛出公事。先生曰：“蒯聵弑母獲罪，周天子可廢；輒不可廢；猶之南子淫亂，衛靈可誅，聵不可誅，據爲輒者。當其父以晉師來臨，止有率羣臣出迎自縛講罪而已。”王子曰：“聵之殺南子，亦大義也；聞《春秋》不去其世子。”先生曰：“此中有毫釐之辨。若光武之廢吕雉，余所許也；母子之際，不忍言也。”曰：“淫人，男女皆可誅。”先生曰：“固矣！若吾子爲齊太史，將不書崔杼弑其君乎？”曰：“然。”先生曰：“否。君以桀紂乎？臣則湯武矣！吾猶爲一國之主也，烏得以婦人故殺之乎？且吾子而爲夷吾也，將相桓乎？抑誅桓乎？爲夫子而作《春秋》也，將錄桓乎？抑誅桓之禽獸行乎？故君子不窮人之隱。若以此律君，天下無君矣；以此律人，天下幾人乎？吾子之論衛正、子路之見，非夫子見小君之心也。”曰：“脱[1]有無倫之君用我，將臣之乎？”先生曰：“君子隨時處中，如定公逐兄，自立夫子；初年不仕，後卻又仕矣。陽虎饋蒸豚，亦便往見；若以禮來，烏得不往？”又問爲崔杼者宜何如？曰：“殺其妻，棄官而逃；終其身不仕其國可也。”“治病在清心，清心在知命。”“人生居內，上無父母，下無子女，旁無侍婢；而夫妻相敬相畏，無比暱態，則幾賢聖矣。”或言習禮自好，有近優人演戲之疑。先生曰：“今日正坐不及優人耳。彼平時演定手足，扮出絲毫不差；學者終日袖手誦讀，臨事一切懵懵，顧以演儀爲恥乎？且以孔子之聖而與弟子習禮樹下，朝庭之禮，前期旬餘習儀，士猶羞之

[1] “脱”疑爲“若”。——編者註

乎？以習行爲羞，乾坤所以日非也！”“學問有諸已與否，須臨事方信人，每好以所志認作所能；此大誤事，正是後世泡影學問也。”“人能去其荒心荒身荒口，耳目之事，則常覺，則能斷；斷則不怠，覺則不荒。斯可以尋孔子之道矣！”“天之生人有一身一人，有十人之人，有百人之人，有千人萬人之人；人之治事，有一世之事，有數世之事，有百世千世之事。以一身爲事者，命之曰匹夫；上此則十人百人爲其事，以至於以天下千古爲其事者，不畢其事不安也。故曰：‘宇宙內事，皆吾分內事。’予非其人也。然見城垣倉庫頹，則乘必式；聞民不聊生，則爲之愴惶。”後世專向空淡，故學孔子之言者，皆入孔子廟庭。儒者不學作事，故作孔子之事者，皆不得入孔子廟庭。韓文公以《原道》一篇入廟；而挽周爲唐，焚毀淫祠千七百所之文惠不得入焉。唐之一代！傅弈佐高祖，闢異端，汰僧道；李鄴侯出處，合乎時中；陸宣公濟難扶危：此數人者，何歉其三謁時相，乞憐當道，並稱孔墨取友人太顛之文公也。要之，是後世認晚年之删述作，故稱說其所删述，羽翼其所删述者，遂爲孔子之徒；非然者，不得與焉。獨不思孔子儻於五十前奠楹，將不爲孔子乎？“七十子終身追隨孔子曰：‘學習而終見不足。’只爲一事不學，則一事不能；一理不習，則一理不熟。後人爲漢儒所誣，從章句上用功；爲釋氏所惑，從念頭上課性。此所以紙上之學問，易見博洽；心頭之覺悟，易見了徹。得一貫之道者，接跡而道亡學喪，通二千年成一欺局矣。哀哉！”“人持身以禮，則能得人之性；如吾莊肅，則人皆去狎戲而相敬，是與天下相遇以性也，此可悟‘一日克復，天下歸仁’之義。”“學求實得，要性情自慊，則心達而日休；學求名美，便打點他人，則心勞而日拙。此關不透，雖自負讀謂書窮理，用功數十年，其實謂之一步未進。”王法乾曰：“積德如積財。大賈不遺細利，故能成其富；君子不棄小善，故能成其德。”語彭如九曰：“詩所以咏物，適情，言志也；卽取其足以咏物適情言志而已，何必拘沈韻？且冬東一音而在二韻，之兒無池等殊不相叶，而在一韻，諸如此類，有何意義？况沈約逢君之惡，妄稱天意；送故主之江山，啓新君之篡逆。雖加萬刅之誅，不足以蔽其辜，而可遵其言爲後世法乎？或謂既爲詩，卽宜遵韻；不知三百篇是遵何人韻書，不過取其音相叶，以便於歌可耳。”“志氣如磨刀，集義如磨刀，常磨則鋒芒常鋭，不磨則鈍矣。一不義之事，傷之則刀摧折矣！”荆州齊泰階言晝寢之難免。曰：“此是怠慢之過，須是自己斷制；此處不斷，更無商量處。然其要，又在養精神；若耗憊精神至倦困之極，雖欲斷制不能矣。然困倦不能撑支者，儻有大賓至，卽出迎矣。要之心常敬，如見賓；心常樂，如會友，何倦怠之有？其欲睡時，必是見得當下無事便懷居。孟子云：‘必有事焉。’荀子云：‘其爲人也，多暇日則過。’人不遠學者，安可有無事時哉？”或産大而憂貧。先生曰：“貪之患也。産乏而求聚，聚而求廣，廣而求益；稱此以往，雖有四海，不足也。余嘗言人有不足之心，世有不足之人；天生人，本付以各足之分。故百頃之家足，一頃之家亦足，數畝之家足，赤手之家亦足，甚至乞丐之家亦足。非天降災，吾未見餓莩之續路也。若役心以貪，又焉往而不貧哉？”

學人第五

先生曰：“學人不實用養性之功，皆因不理會夫子兩‘習’字之義。‘學而時習’之，是教人習善也；‘習相遠也’之‘習’，是戒人習惡也。先王知人不習於性所本有之善，必習於性所本無之惡；故因人性之所必至，天道之所必然，而制爲禮樂射御書數，使人習其性之所本有。而性之所本無者，不得而引之蔽之；不引蔽，則自不習染，而人得免於惡矣。”滄洲戴道默尚書致仕，與貧士及鄉耆結社，五日一會；偶以酒數讓其僕，朱弼庭責其作尚書態，怒起行。戴急引過自責，朱不爲止。戴次日騎驢，不待僕從，謁門謝；朱復不出。戴直入呼其妻爲嫂，且曰：“昨有口過，今特賠罪，幸以復兄！”乃出而平。二人高致，可謂相得益彰。是時戴已七十餘矣！“知已間盡規過之義，遇過卽指，最忌隱忍；隱忍之久，便成積輕，積輕之心生而交不固矣！”遊馬生學，教之習端坐功，正冠整衣，挺身直肱，手交當心，頭必直，神必悚；如此，則扶起平心之天理。天理作主，則諸妄自退聽矣。“養身莫善於習動；夙興夜寐，振起精神，尋事去作，行之有常，並不困疲，日益精壯。但說靜習將養，便日就惰弱。故曰：‘君子莊敬日強，安肆日偷。’”“子曰：‘學如不及。’是何等敏皇，何等急切？吾人當把時日潦草過去，何以爲學？”“不善之念一起於心，精神爲之萎敗，耳目爲之昏瞶，況作事乎？況與其事相習而染乎？烏得不梏亡天性日卽於禽獸乎？人心誠危已！”“天地之寶，莫重於日月，莫大於水土；使日月不照臨九州，而惟於雲霄外虛耗其光，使水土不生萬物，而惟以曠閒其春秋，則何以成乾坤？人身之寶，莫重於聰慧，莫大於氣質。而乃不以聰慧明物察倫，惟於玩文素解中虛耗之；不以其氣質學行習藝，惟於讀講作寫曠閒之。天下之學人，踰三十而不昏惑衰憊者，鮮矣！則何以成人紀？”“忠臣視其君重於己；孝子視其親重於己；賢妻視其夫重於己。”郭氏子爲後趙氏。先生曰：“不可絕本宗。”伊言欲去趙族，不肯。曰：“汝必利其產。”伊言未也。曰：“汝必不養今父母。”伊言受產者宜養。先生曰：“否。郤產以見歸宗之決，養葬今父母以報撫育之恩。斯義無憾矣！”思明爲道學而實饜時文以射名利，吾不敢爲也；單承道統而徒事講說以廣徒類，吾不欲爲也。躬行之而風俗式範德至焉，而天下雲從，吾養之愛之，而不能爲也。獨行先王之道，勉遵聖人之法，嚴拒異端而不汚，孤行無徒而不恥。如孟子守先王之道以待後之學者，吾志之學之而未逮也。庶其勉焉！“私欲不乘，如天清地甯；風雲也樂，草木也樂，星月人物亦無不樂。世人顧酒色爲樂；夫酒色中昏沈病死，並其四肢耳目不覺爲何物，况天地萬物乎？”“余昔承命異居，不知其情，三月不能飽，每食必下淚；骨肉分離，大爲不祥。譬如人病，血氣不和，生瘡疥，或筋肉潰敗，固是難堪；然終是皮裹連屬全人，勝似肢解分裂。故諺云：‘好兒不吃分時飯。’”彭平子言：“岳武穆奉金牌詔是大忠；若不赴召竟滅金是達忠。”先生曰：“不然。當時秦檜是以‘生事’二字嚇高宗，若不奉召，便以反叛激高宗；但遣片紙一卒拏問，臣節大虧矣。”論修史曰：“相係一時之治亂，史關千古之是非；史之集思廣益，與爲相同。務聘集宿儒名士，盡一時之選；搜採野史遺書，窮一代之事實文獻，果無遺憾，方可删錄成書。近世憑一二人之筆，風聞之言，苟且潦草，失史職也久矣！”見某生說略云：“禮男子二十而冠，賓字之，無貴賤尊卑，古無不字之男也；近惟敦詩書遊庠序，乃字否則終身斥名，使知親罔所推呼，雖旣長且老，子姓卑幼亦莫之殊別，伯叔兄弟複如。余竊非之，今字某生；非曰示獎，聊以復古云。”夫子告：“樊遲問仁‘居處恭’三語，最爲親切詳備。蓋執事與人之外皆居處也，則凡非禮勿視聽言動，具是矣。居處與人之外，皆執事也；凡禮樂射御書數之類，具是矣。居處執事之外，皆與人也；則凡君禮臣忠、父慈子孝、兄友弟恭、夫義婦順、朋友先施，具是矣。”有兄弟反目，訴於先生者；先生勸以友恭。其弟欲辨，先生曰：“家人事但以不辨爲是。”其弟遽引罪。又勸之同孝父母。爭產，旁一人曰："子盡以產讓叔，可得其歡心乎？"先生曰："子之事父，惟盡心以歡之，其愛我與否不許也；弟之事兄，惟盡心以悅之，其諒我與否不計也。"——鍨按：先生在蠡時，不知己爲顏姓，只因祖叔不以產讓之，欲得其歡心也；及知己非朱氏，決擬歸宗，又絲毫無所利。然其事恩祖，老而奉養之盡敬，歿而殯葬之盡禮，是難能也。謂法乾曰："正心不是憑空說，正須嘗使心安頓在仁義禮智上，不使引蔽偏向財色私欲上去，方是。修身不是懸空說修，須如夫子齋明盛服非禮不動，方是。"先生言："夫子借季氏維魯，至於敢墮三都；荀彧借曹操維漢，反爲所用。"法乾曰："荀氏時勢難於孔子。"先生曰："然。觀'魯一變至於道'，可見魯國大綱猶在。"法乾曰："孔子若遇曹操，恐亦不能免。"曰："聖人本領不可測；非比後世權謀術數，乃是從綱常上做去。將我性情布濩出，移天下之性情。今《鄉黨》篇所載事君之禮，便是實功夫。初間魯人習於驕僭，皆以爲諂；久之將必人人知哀、定爲吾君，而私門自弱，公室日強。迨魯國既治，君巨合德，夫子便導魯君如此去事周王，久之將必天下宗周。禮樂中興，東周之業成矣！女樂之間，天厭周德，非齊人也。""孔子之生，蓋合三聖人而生一大聖也：以顏翁妻啓聖公一事觀之，年至七旬，使人愛敬，願以少女妻之。非聖人而能如是乎？略去子女之俗情，斷孔氏必興，舉年少之女妻垂老之人，好賢之至，更難於堯。非聖人而能之乎？二姊在室，聖母必甚幼，而適耄耋之老，又能精誠感天，惟立嗣是求。非聖人而能之乎？"論周公之制度至美至善。蓋使人人能兵，天下必有易動之勢；人人禮樂，則中國必有易弱之憂。惟凡禮必射，奏樂必舞，使家有弓矢，人能干戈，成文治之美而具武治之實。無事時雍容揖讓，化民悍刦之氣；一旦有事，坐用擊刺，素習戰勝之能。王法乾曰："古者卿相百官，儒之出者也；儒者，卿相百官之處者也。今乃是一種讀詩書說道理，袖手無用之人，謂之儒可談矣！”先生曰：“然。此所以與釋老伍而稱三教也。”謂馬載圖曰：“生子雖美才，猶在爲父者自強以爲教子地。今子之責重矣：上有父而我爲之子，事父未能，非所以教子也；下有子而我爲之父，教子未能，非所以爲父也。眞學問全在‘君子之道四’一節。”“人之爲學，必認定子、臣、弟、友，必認定子、臣、弟、友，是所以爲道；六藝是所以盡子臣弟友之道方好。譬如子之事父，只對父親孝；臣之事君，只對君說忠。不成必須有事君父之禮樂、君父之樂射，以敵君父之愾御，以代君父之勞，書數必辦君父之事，方是臣子。”“入其齋而干戚羽籥在側，弓矢玦拾在懸，琴瑟笙磬在御；鼓考習肄，不問而知其孔子之徒也。入其齋而詩書盈几，著解講讀盈口，闔目靜坐者盈座，不問而知其漢宋佛老交雜之學也。”“忠臣之心，其視大奸之在君側，如蛇蝎虎狼之將毒噬其君；往擒之不勝而死，不恤也。傳不云乎：‘君雖不君，臣不敢以不臣’？故忠臣之心，不見其君之不君也；以爲吾君聖明而已矣。”“凡冠不正，衣不舒，室不潔，物器不精肅，皆不恭也。有一於此，不得言習恭。由此推之，杏壇之上，劍佩琴書，一物狼藉，孔子不得謂之恭矣。此吾儒之篤恭，所以異於釋氏之寂靜；而靜坐之學，所以入於禪而不自覺也。”趙太若居家富有，事煩勞攘。問曰：“古云：‘濁富不如清貧。’何如？”先生曰：“不然。廣土衆民，君子欲之；聖賢之欲富貴，與凡民同。古人之言病在一濁耳，人但恐不能善用富也。大舜富有天下，周公富有一國，何累人？今使路旁忽遇無衣貧老，吾但存不忍人之心耳，見則能有不忍人之政矣，富何負人？要貴善施不爲守錢虜可乎？”“人子見父母與人忤也，良曲解之；非爲人也，安吾親而已矣。”張氏不讀書，兄弟五人孝友，各司其事，爭爲勞役；設父母主於正房，忌日則夫妻遷寢，食必獻，一如親在。有泔漿三甕，三年不傾，曰：“吾親所積也！”家衆無長幼孩童，自外還，必行反面禮，遍拜其家。“雖曰未學，吾必謂之學矣！”

法乾第六

法乾論：“讀書萬卷，若無實得實用，終是無益。”先生曰：“然。德行經濟，涵養俱到，讀書一二卷亦足，雖無讀書亦足；試觀博學、審問、愼思、明辨，皆致知事也。何字是讀書？讀書特致知之一端耳。”人有惡攻其短者，先生曰：“是止者也。人立志前進，必期自全，故樂人指其闕，恐有闕也。人無志不前，自謂已全，不惡人破其全，惡聞其闕也。”詰士倧曰：“胡氏正名之說，不曾認得書之主腦。告天王方伯之事，必是孔子作衛貴戚大臣，或婚姻與國方得。今仲子所問，是衛君待子爲政。豈有衛君用夫子而反廢之者？且衛君未用之前，夫子力不能廢？旣用之後，夫子爲臣輒爲君，豈有臣告君之理？則衛名何以正也？”倧不能對，問：“聵以弑母之人，決不當主；輒已立十二年，不易去。且拒父之人，斷不宜君。然則非告天王立郢衛，名終不可正也。”曰：“‘必也正名’，是聖人本領。後人夢不到子路，正謂出公用子；則出公爲子之君，夫子雖不聖，應廢君。聞正名一語，故怪歎之。‘奚其正’，猶言這名如何正的，非何必正名之解。”倧曰：“然則夫子必格其非心，而以天理感動出公；使之悔悟謝罪，迎入其父，退就世子之位，名斯正矣。”曰：“然。”倧曰：“弑母之賊，何可君也？”曰：“道理原是隨時處中。就天王而言，則聵可廢輒，則惟知吾父而已；猶南子當誅，聵則不得而誅也。”夫子教伯魚爲《周南》、《召南》。爲字，不可以讀講混過；若如宋人讀講之學，則人不爲二南，何至一物無所見，一步不能行？如正牆面而立，人卽爲二南，豈便四通八達乎？爲者歌其詩奏其樂，則效其義意，率修其事實也。如爲《關雎》於房中，其詞韻之温雅、律吕之和平，既足以成一室之和，而學雎鳩之摯而有别。有聖夫必有聖婦，有賢夫必有賢婦，方是“君子好逑”。一憂一樂，皆在德不在色；“寤寐轉側”方有著落，“琴瑟鐘鼓”方有韻致，方能“刑于寡妻”，方是“樂爾妻孥”。否則，不能行於妻子，烏能宜爾室家耶？爲《葛覃》於宅中，其辭氣之謹飭、律度之周詳，既足以召一家之瑞，而學其勤儉，則富貴者，將謂古人固如是也，何敢逸以侈也；貧賤者，必謂國犯且如是也，何敢怠且奢也。而家事理，家積盛矣。學其孝敬，則男有尊而行不敢自專，女有刑而嚴於舅姑。而家法立，家道齊矣！否則休其蠶織，其爲父子兄弟無法刑于，而家禍起蕭牆矣！烏能“宜其家人”乎？稱此以推二南，爲之眞是四通八達，不爲正是正牆面而立；聖門所謂“學詩與爲字同”。“淫僻之念不作於心；惰逸之態不設於身；暴慢之狀不見於行；鄙悖之氣不出於口：四者，吾志之而未能一焉。”“修辭之功，全在未言之前；但得先一思方出口，便得力矣。”“選舉卽不能無弊，而所取爲有用之才；科甲卽使之無弊，而所得多無用之士。如漢舉孝廉而得曹操，人皆以爲選舉之害；不知大奸如曹而猶環顧漢鼎而未敢遷，正因來自選舉，猶有顧惜名節意。後世文人，全無顧惜矣！”《論》、《孟》之終，皆歷敍帝王道統；正明孔孟所傳是堯舜三代之道，恐後世之學失其眞宗，妄亂道統也。後世乃有全廢三事三物之道，專以心頭之靜敬、紙上之浮文，冒認道統，尸祝孔孟之側者。可異也哉！“遇人能不言，言時能徐發，則口過遠矣。”蕭治台言其叔時怒子弟，子弟默然受言終。子弟辨無過，輒自認誤。先生曰：“君子也！人己兼照，平恕以施者，聖人也：施不無偏，忤物還自返者，君子也。”士倧問氣數流轉，亂雖欲治，不能也；氣數流轉，治而雖欲亂，不能也。曰：“子以氣數與天歧而二之，不知天矣。理、氣皆天也，但三代前理氣厚，氣數流轉之中，嘗生維挽之人而裁成輔相之。三代後理氣薄，氣數流轉之中，但生隨氣升降之人，而參贊維挽不復見矣！氣數者，無作用之天也；聖賢者，有作用之氣數也。氣數無作用，故賴乎聖賢；聖賢亦氣數，故不離乎氣數。”曰：“善人而貧賤夭，不善而富貴壽，何也？”曰：“此富貴之不齊也。如孔子之貧賤、顏子之夭折、椒山之見殺，皆氣數不齊處。故曰：‘氣數者，無作用之天也。’”曰：“天若無知，作善降祥不降殃，何也？”曰：“吾心作善念，吾身作善事，則一身之氣理皆善；善與善召，而氣數之善數皆來集，此‘降百祥’之說也。吾心作不善念，吾身作不善事，則一身之氣理皆不善；惡與惡召，而氣數之惡氣旨來集，此‘降百殃’之說也。水流溼，火就燥，惟達《易》者知之；此位育所以本於愼獨也。故曰：“聖賢者，有作用之氣數也。”墳祭設宴會，先生爲酒史；奉祖訓於上，族長率男排班，坐先西向立贊排班，班齊再拜。乃高聲讀解宴戒宴法畢，公揖先生，乃降，亦拜祖訓歸班，族長同行，一揖告坐，就北筵坐。次行率衆一揖，告坐；次行同行一揖，就東筵；三行率衆一揖，又同行一揖，就西筵。四行、五行儀同辨主壽族長，佐辨者壽各筵長，皆酬；後乃族酬譁席者，酒史唱某親醉退去，宴畢公揖而退。是爲餕宴儀注。謂陳端伯曰：“作詩者皆倣李杜，作史者皆倣班馬，作文者皆倣韓歐；作人者偏不倣孔孟，是可異也。僕亦爲詩不李杜無憾也，卽以爲顏某詩也可；僕亦爲史不班馬無憾也，卽以爲顏某史也可；僕亦爲文不韓歐無憾也，卽以爲顏某文也可。惟至於爲人，不敢不倣孔孟也，以爲舍孔孟無以爲人。”“古之人，惟三達德、五達德；此外更無道德。一身智仁勇，足以整理一家，是謂修齊；一家智仁勇，足以型式一國，是謂齊治；一國智仁勇，足以鎮撫四海，是謂明明德於天下。《罝兔》、《七月》，想見一班。五達德即三達德之設施。處今合數代而求見達德兼備之人，千里而未見兼舉之一家；可謂學衰道喪，而方且漢人以傳經爲道，晉人以情談爲道，宋人以註解頓悟爲道，釋氏以空寂洞照萬象爲道，老氏以奸退仙脫爲道。而歷代通弊，以混同不辨，彷佛鄉原爲德，眞韓氏所謂‘道其所道，德其所德’。而古人之道德亡矣！”謂諸生曰：“制欲爲吾儒第一功夫，明倫爲吾儒第一關節；而欲之當制者莫甚於色，倫之當明者莫切於夫婦。近世師弟，以此理爲羞慚而不言，殊失聖賢教人之旨。且世俗俱知婦女之汚爲失身、爲辱父母，而不知男子或汚其失身辱親一也。爾等漸去童年，得無有情欲漸開，外物易引者乎？此處最爲著緊，立爲人根基，其道自不邪視、不妄思始。但保此身便爲人，便可賢可聖；一失此身便爲鬼，便可禽可獸。小子戒之！”“人皆可以爲堯舜，人皆可以爲五臣；舉人之萬有不同，皆統括矣。昔蠡有徐姓，癡而啞，甚慈其子；吾以爲堯舜之一端也。儻能充此，何不可爲？蓋癡人亦稟元亨利貞之理，而成仁義禮智之性，猶吾言堯舜事業，不惟其臣各事其一，但作知縣，不媿爲唐虞一邑；作吏胥，不媿爲唐虞一職，亦便是堯舜事業也。只孟子善言學，‘徐行後長’，便是堯舜，如在父兄前和順、不反口，便是堯舜。今教癡人徐行漫語，彼豈不能；不能者，須是禽獸木石水草。”“冠所以重元首，故周冕華而不爲靡；吾儕豈必作帝王，乃行夫子爲拜之訓乎？如每正月振起自新，調氣和平，是卽行建寅之時矣。凡所御器物，皆取朴素渾堅，而等威有辨，是卽乘殷之輅矣。凡冠必端正整齊，潔秀文雅，是卽服周之冕矣。凡歌吟必正，樂而不淫，是卽堯舜之韶矣。”“作事有功，快；有功而不居，更快。爲德見報，佳；爲德而不是報，更佳。”

剛峯第七

《剛峯集》言爲學在誠致，不先格政。先生云："此只由不解'格物'二字也！不知聖人之言，證以古人之行，不見聖人之行，證以聖人之言。此'格'字乃'手格猛獸'之格。格物謂犯手實做其事，卽孔門六藝之學是也。且如講究禮樂，雖十分透徹；若不身爲周旋，手爲吹擊，終是不知。故曰：'致知在格物。'""人之爲學，心中思想，口內談論，儘有千百義理，不如身上行一理之爲實也。人之共學，印證詩書，規勸功過，儘有無窮道德，不如大家共學一道之爲眞也。""不暴己之長，不形人之短；不揚生人之過，不發死人之私。君子人歟！""理念甚則身清明，心清明天地草木無不在目，則天地物我總是一般；欲念勝則心昏惑，心昏惑眼前一物不見；不惟天地鳥獸與我隔絕，雖一身耳目手足，皆非我有。""禮、樂、射、御、書、數，似苦人事，而卻物格知至，心存身修而日壯。讀講文字似安逸事，而卻耗氣竭精，喪志痿體而日病。非眞知學者，其孰能辨之？"王契九問：取士鄉舉里選，行之滋弊。先生曰："猶勝時文。如一邑方舉一人，一方有不肖之耆約黨，酒食賄賂之家，而登其子弟，將三方皆不肖乎？卽皆不肖矣，他邑獨不得一良耆良約乎？三四舉而得一賢，或三四邑而得一賢，所得不旣多乎？當不至如時文千百舉而不見一賢也。況選舉復則士希其行，試觀周代盛時士習之美，不可及矣。雖極其流弊，以至戰國，亦第云修其天爵以要人爵而已。今世求一修天爵要人爵者，豈可得哉？"謂邊之藩曰："人心，動物也，習其事則有所寄而不妄動。故吾儒時習力行，皆所以治心。釋氏則寂室靜坐，絕事離羣以求治心；不惟理有所不可，勢亦有所不能。故置數珠以寄念。今子病目，既廢讀講學習功，當親師訪友，求所以寄以適志；乃惟閉戶寂處，烏得不身日閒而心日妄乎？當急圖改。”夏希舜父叔搆爭。先生謂曰：“爲子姪處父叔閒，須勸父讓產以友弟，勸叔勿爭以恭兄，乃其職也。若從父拒叔，不惟非所以爲姪，亦非所以爲子矣！汝不見余處某弟乎？以彼無狀，予豈不能罪之；顧宗族之間宜無校，况兄弟乎？且人各有命，爭多未必卽富，讓少未必卽貧；若兄弟之情一傷，不可復悔。可不念乎？”彭求年言行井田法易擾民生亂，不如安常省事。先生曰：“古先王之井田濬溝，豈天造地設，不勞民力乎？又如大禹治江淮河漢，豈果神怪效靈之一呼而就乎？蓋古人務其費力而永安，後人幸其苟安而省力；而卒之民生不遂，外患疊乘，未有能苟安者也。故君子貴懷永圖。”“學者須自斂飭，如不識字人方好；又須有氣量包人，盡人而不盡於人。”觀《南宋紀》至理宗崇故理學。曰：“此其所以爲理宗也！此其所以爲宋之理宗也！蓋使崇生理學，則必有俾益；然生理學好裁抑君，非駁折同類以自見，理宗烏能用之？其臣烏能容之？惟崇獎死亡，收美名而不受繩尺，此其所以爲理宗也。使崇故帝王，故帝臣王佐，則必有取法；且古儒道若六府、三事、六德、六行、六藝，不可文襲。理宗烏能竊之？其政烏能以之！惟崇獎其本朝之故理學，講究其制作，刊引其著述，而易省其伎倆，此其所以爲宋之理宗也。”靳氏子，自言十一歲棄書勤家，及其家政和好狀。先生曰：“是卽道也。自世儒遠人以爲道而道不明，今汝家父兄而勞家務，是謂盡子弟之職。在家爲幹子，在國爲勞臣，是爲道中人矣！”與劉煥章言禮。曰：“吾儕當禮法塗地之時，而毅然從事；固將求合於理也，非以苟異於俗也，亦非以禮自我出也。務使神人各安，一人可行，人人可法，遠不謬聖，近不悖王斯可耳。若不究時王之制，古聖之禮，一有增減，豈求合於理者哉？今俗懷於異端、狃於貪昧者，莫過於天地三界之牌，莫甚於家宅六位之主；吾儕窮居，非有生民、政事、宗廟、會同、國邑、疆邊之務，止此學教修齊數事。其修齊學教，止有冠、昏、喪、祭數端，所宜酌識。”“治道不必文武分途，亦不必舉人進士。只鄉里選舉秀才，秀才長於文德者，充鄉約者德之職；長於武略者，充保長之職。其顯有功德者，擢大鄉長；大鄉長之顯有功德者，陞邑令郡守，或備參輔，以至三公，皆通爲一體。或次遞，或超擢；而又立里史、邑史、郡史以謹戒之。死則有德者配社嗣，有功者配道神祀；每五世有繼進者，則祧之。大功德，則進里祀者配享於邑，邑祀者配享於郡，郡祀者配享於國，以激勸之。雖流弊，猶足定百年之太平也。”“今人廢學，只有將道理讓於古人做；不知古人亦人耳。凡古人可行者，我亦可行。如一旦奮然自新，立志躬行，何道不可能也？”或云：讀書不能記。先生曰：“何必記？讀書以明理，是借書以明吾心之理，非必記其書也。今日一種書之理開吾心，明日一種書之理開吾心，久之，吾心之明自見，自能燭照萬理。譬如以糞土培灌花草，久之本枝自生佳花；若以糞土著枝上，不足觀矣。又如以氈銀磨礱銅鏡，久之本鏡自出光明；若以氈銀著鏡上，反蔽其明矣。”

吾輩第八

先生曰：“吾輩若復孔門之學，習禮則周旋跪拜，習樂則文舞武舞，習御則挽強把轡；活血脈，壯筋骨，利用也，正德也。而實所以厚生矣。豈至舉天下事胥爲弱女、爲病夫哉？”過霍侯，思三代下論人，平允者尠：如殷高宗、尹吉甫，惡至殺其子，而猶不失爲中興之賢君相。蓋殺子是其一惡，大端之人品自不可誣者；天下不可無高宗、吉甫也。冉有、子路、宰我，過至聚斂、誣死、短喪，而終不失爲孔門之賢弟子，蓋聚斂、誣死、短喪，是其一大過，大端之才德自不可誣者，孔門不可無三子也。後世不務實踐，論世則不論實徵，好責備古人以市其識，而以不能誅妻夷霍侯。噫？霍侯其易及也哉？赴易，同友人行；指途人謂之曰："孟子言：'人皆可以爲堯舜。'如彼推車者、荷擔者、執鞭者、趨役者，雖加數十年學問之功，兼以師友之薰陶，豈即能爲堯舜？"友不能答。先生曰："孟子非謂欽明濬哲，知如神而仁如天，斯爲堯舜之德也；非謂時雍風動，地平天成，萬物咸若，斯爲堯舜之事也。若然，則顔、曾以下，恐難言之，况彼碌碌者乎？只就各人身分，各人地位；全得各人資性，不失天賦善良，則隨在皆堯舜矣。如推貨者，不希賈、不僞貨，鞭役者，不罔上、盡下分，斯皆堯舜矣。此'人'字，自聖知至庸愚，王公至隸胥，千萬人都括盡。'皆可以爲'四字，是將生、安、學、利、困、勉用學問之擇執，與不用學問之擇執千萬等工夫包括盡。"剛主與張自天言："孝繼母任是十分合理，只不得於父母，便不是理。"又謂："母子斷不可異處以相避。如今日問安而罵之，明日復問，推之後日皆然；今年罵也，明年再問，推之後年皆然。是父母終日罵、終日問，尚有親親情誼；若各安一方，母亦不罵，子亦不受，雖小得安靖，而此一'疏'字，不孝大矣！况十分承順父母，亦可冀其回頭乎？""仁、知、勇，古今之達德也，立德立業具在於此。如西漢蕭何，仁者不憂也；張良，知者不惑也；韓信，勇者不懼也。"李晦翁先生云："導幼子以正，示之以正，示之以忠教行誼；不教文章，所就自不猶人。"——鋟按：先生此言，深得訓幼子之法。依此教子，何患鄉無善俗、世乏良材耶？剛主謂李毅武曰："學不徒讀：如讀一部《論語》，不徒讀，只實行‘學而時習之’一句，便是讀《論語》；讀一部《禮經》，不徒讀，只實行‘毋不敬’一句，便是讀《禮經》。如師教曰‘汝南行’，我卽南行，不學其說，師無不喜；若不南行，亦學其說曰‘汝南行’，師必不喜也。”高台臣問曰：“《大學》‘明明德’，朱子或問，以爲心者虛靈不昧，具衆理而應萬事；性之德，乃是仁義禮知。畢竟明德是心乎性乎？”先生曰：“心也，性也，明德也，一也；《大學》言心卽性也，《中庸》言性卽心也。性從心生，正以其爲虛靈也，正以爲其具衆理、應萬事也。不然，則死心矣。‘明德’之德，從直心正以虛靈，故不假造作，不假矯揉；當愛者卽愛之，當斷者直斷之，當敬當辨者直敬之辨之，此其所以爲具衆理而應萬事也。不然，則屈心非德矣，則不虛靈非明德矣。堯舜性之明德也，湯武反之，明明德也；若如彼解，則心於仁義禮知之外，別有所具之衆理乎？心於惻隱羞惡辭讓之外，更何以爲應萬事乎？”台臣曰：“今日乃解‘明德’矣！下手功夫，全在‘知止’乎？”曰：“不然。下手到底在明親。明德者，誠明者也，其餘都被引蔽習染，昏此明德。所以在明之，明之是大學工夫也。一人昏其德爲昏德，衆人昏其德爲汚俗。只自明我德，便是小學；必並明天下民之德，方是大人之學。所以在親之，親之是大學工夫也。明必明到十分，不如堯之欽明、舜之濬哲不止也，還盡力去明；親必親到十分，不如堯舜之百姓昭明、黎民於變時雍不止也，還盡力去親。故曰：‘在止於至善。’蓋至善便是吾道之極也，中也，不及；一項人終是迷惑錯亂太過，一項人終是張皇奔馳。能知此當止處，則未至自不肯止，旣至自不肯求，便有主張有歸宿。故曰‘知止而後有定。’”台臣又問：“《中庸》‘致中和’如註解，則孔子之心正矣，當時之天地何不位？孔子之氣和矣，當時之萬物何不育？以爲必須與天下共立其大本，共行其達道，立綱陳紀，禮陶樂淑，方是致中和。將堯舜方盡得之，一部《中庸》，帝王方有其事以全其用，儒者但有其心而存其體矣。”先生曰：“孔子‘致中和’於一身，而一家之天地萬物位育矣；致中和於七十子，而七十子之天地萬物位育矣；致中和之政以宰中都、攝象事，而魯國之天地萬物亦幾位育矣。豈儒者而徒有其心乎？”或以未列青衿，自惑爲廢人。先生曰：“不然。吾聞心不思道德，身不蹈禮義，乃爲廢人；若不作秀才，只廢八股業耳，未爲廢人也。”

三代第九

先生曰：“三代後留心於天地之升降、生民之休戚，吾道之興廢者，曾未聞一人焉。况致力於升降、休戚、興廢之際者乎？烏得睹一二人以慰吾望，烏得效一二分以杜吾志乎？”一日，獨坐齋中，欲入内，思先正云：“人君一日親賢士大夫時多，見宫妾婦寺之時少，則德日進。”學者内治，何獨不然？齋中卽獨坐，莊對牆壁箴銘，亦儼然諍友之在旁也。之田，殺步屈，思步屈何罪；以至賤妨貴者之養，卽罪矣。故蟊螣生苗中，先生欲思田祖之神，秉畀災火，豕鼠妨稼，先生祀貓虎使食之；甚至魚鼈生河海，與人并育不相害，而伏羲網之，孔子釣之。蓋天地之性，人爲貴；殺至賤以養至貴，義也。取之有節，用之以禮，斯仁行其中矣。此聖人造乾坤、差等别之道，異於佛氏假慈悲而顛倒錯亂者也。思周公、孔子所逆知後世離事物以爲道，舍事物以爲學，故德行藝統，名之曰“三物”。明乎藝，固事物之功，德行亦在事物上；修德制行，懸空當不得，他名目混不得。《大學》三綱領、八條目，何等大，何等繁，而總歸下手處，乃曰“在格物”。謂之物則空寂光瑩固混不得，即書本經文，亦當不得；謂之格，則必犯手搏弄，不惟靜敬頓悟等混不得，即讀作講解都當不得。如此眞切，如此隄防，猶有佛仙離物之道、漢宋舍物之學，乾坤何不幸也！“離怪之人，吾欽其忠而惡其文之粧堆；左氏之理，吾愛其靜而惡其亂之浮夸。以爲皆衰世之文，啓後世雕刻之風，傷古人典雅之體；所稱以文字禍天下蒼生者，二子亦分其辜焉！”“永保天祿，允祚遐昌，誰其幾及？惟周文王肅雍敬止，下上偕臧。小子罪戾，尚知景行；夙夜無媿，萃茲百祥。”壬戌春二月八日，鼓琴，足旁一小蠍，蹴之；思舜作樂，致鳳儀，予彈琴而召蠍，蓋予有暴躁之氣，正如方啓蟄之小蠍，近陰氣而少陽和，宜取爲戒。乃曰爲舒徐和緩之韻，三卉而罷。或與族人有口隙，謂之曰：“族人與吾同祖，正如吾四股手足，雖有歧形，實一體也。一體相戕，吾祖宗之神得無傷乎？彼不知爲一體，吾知之；彼不暇思祖宗，吾思之。如今碗闊於蔬，故盛得蔬；桌大於碗，故載得碗。”其人大感，拊心曰：“是吾志也！”思周公教法，開而弗達，強而弗抑；古人獎人，常過其量，良有深心。吾坐反此，不能成人材，又不能容衆；屢自懟恨，不能悛改，即此便有聞義不徙，不善不改。以後凡言人之短，獎人之善，必謹而書之；犯前過，輕者痛自懲艾，重則罰跪。過在家人宗族，罰跪於父祠前；過在教人交友，罰跪於孔子神位前；或遇事忙時，亦必叩首拜謝。剛主少年時有驕浮氣。先生曰：“僕昔事石卿先生，嘗拱手以聽；先生院中遊走講論，目不一視，至二鼓，僕不敢移處。事文孝先生，侍坐，先生南面，時而指使僕役。足下若遇諸先生，恐不能受益也。”剛主亟下拜曰：“承先生教，敢不急改。”謂剛主曰：“吾欲三日不刑一人而化一邑之異端，欲一月不刑一人而均一邑之田畝。何道而可？”剛主三發策靖異端，皆不出刑名文墨之套。先生曰：“賢自病後，睿思減矣！”剛主問：“三日不刑一人而邪教化，有成算乎？”曰：“有。呼各門頭行而開導之，使明邪正；卽立爲耆約，使之更教其屬。不兩日皆良民矣。”問：“均田。”曰：“亦任人耳。八家爲井，井立長；十井爲通，有通長；十通爲成，有成長。隨量隨授之產，不踰月可畢矣。”“伊尹耕莘野，非義非道，一介不取與，囂囂畎畝，一似全無意於天下生民者；後遇成湯三聘，卽自任以天下之重乃爾。孔明高卧，苟全性命，不求聞達，一似全無意於漢末氣運者；後遇昭烈三顧，卽鞠躬盡瘁乃爾。豈知舜之飯糗茹草，若將終身皆然。儒者成法，合當如此。”“天之將興一代也，必生以勤兵績武之主，使之征慴海外，而子孫世享太平，宗祀靈長，如漢武帝、唐世民、明永樂是也。天之將亡一代也，亦必生以勤兵黷武之主，或干戈交起之事，使之耗財殺士而橫斂致怨，宗祀以亡，如秦始皇、隋煬帝、元明末是也。其機只在於歲：歲豐，則足以給其雄威而國運永；歲凶，則適以暴民生、亂國運。宋之初興，欠武功，故後代懦弱。”剛主問：“出將奚先？”先生曰：“使予得君，第一義在均田。田不均，則教養諸政俱無；措施處縱有施爲，横渠所謂‘終苟道’也。”剛主曰：“衆議紛阻，民情驚怨，大難猝舉。”先生曰：“所謂‘愚民不可與謀始’也。孔子猶不免麛裘之謗，况他人乎？吾於三代後最羡神宗、安石，但其術自不好行，成亦無濟。今若行先王之道，須集百官曉以朝庭，斷决大義，事在必行。官之忠勤才幹者，盡心奉法，阻撓抗違者，定以亂法黜罪。今人文墨無識，偏能多言亂撓；不如者，一事不可行也！”顔羽深言多子之苦。先生曰：“人世苦處都樂：如爲養子而苦，父之樂也；爲之事父而苦，子之樂也。苟無可苦，便無所樂。”羽終言爲苦。先生曰：“翁不覺其樂，試觀君臣，具見之矣。如禹治水、稷教稼，苦人也；顔子簞瓢，陋巷自苦，樂人也。禹、稷樂乎？顔子樂乎？如武侯鞠躬盡瘁，嘔血而死，可謂苦矣；然與像[1]其不遇元德，高臥南陽，抱膝長吟，孰苦、孰樂？”杜益齋規先生“三失”曰務名，曰輕信，曰濫交。先生曰：“務名之過，元不及覺；輕信之過，覺不能持；濫交之過，則僕苦心也。氣數益薄，人才難得；如生三代而思五官，不能借也；生兩漢而求伊、萊十亂，亦不能借也。居今而求三傑，二十人將其將能乎？故才不必德，德不必才；才德俱無一長，亦亦忍棄；且人名自成，勢難強同。昔蠡人某，惡人也，吾欲治河以救一方，馳寸紙立集夫百名，赴吾於里數外，限時不爽也。脫鄙而遠之，數十鄉爲水國矣。又如某子兄，與法乾嘗面戒元；元亦曾受其辱，然遇使才，猶將用之也。”

禁令第十

先生曰：“禁令，治之大權也；賞罰，治之大威也；信義，治之大寶也；仁恕，治之大道也；政事，治之輿也。權威不立，則信義、仁恕適以病國；寶道不誠，則禁令、賞罰反以厲民；政事不修，則寶道無所載而權威無所施。故善爲治省，必自政事始。”“治世之官詳於下，亂世之官疊於上；詳於下則教養舉，疊於上則掣肘成。下多一官，則民多一親；上多一憲，則官多一畏。多親而政事成，多畏而賄賂通。”“人不作事則暇，暇則逆，逆則惰則疲；暇逆惰疲，私欲乘之起矣。習學功夫，安可有暇？”宗人言坐讀之病苦。先生曰：“書之病天下久矣！使生民被讀書者之禍，讀書者自受其禍；而世之名爲大儒者，方且要讀盡天下書，方且要每篇讀三萬遍以爲天下倡。歷代君相，方且以爵祿誘天下於章句浮文之中；此

[1] “像“，疑衍文。——編者註

局非得大聖賢大豪傑，不能破矣！”明季任邱貢士龐濟公，少與大學士文敏友善；文敏貴，親友干謁者絡繹，公獨不至。文敏深念之，寄信乃往。文敏問來意，曰：“思公一晤耳，無他事。”文敏曰：“古人哉！”贈金五百。曰：“吾路費兩緡，何須許多也？”文敏固與之，受之。還謂宗人曰：“向固不受也，恐拂公成慚；然吾終不受。”盡以修庠。其孫愷，舉博學，入翰院。居恩祖母喪，思喪中廢業，兼以毀瘠，極易萎惰；故先正制爲祝辭云：“夙興夜處，不惰其身。”期以內不惰，猶易練，以後不惰更難。蓋期之內，哀慕之深，常有汲汲切切意，不逸則不惰；練之後哀思日，殺心少念，身少事，逸斯惰，惰斯僊矣。故行喪禮於練前，失猶少；行喪禮於練後，失必多。孔子之“喪事不敢不勉”，事在勉強而已矣。“持其志，敬心之學也；無暴其氣，敬身之學也。然每神清時行步安重，自中規矩，則持志卽所以養氣也。每整衣冠端坐，則雜念不來，神自守舍，則無暴卽可以持志也。明身也，心也，一也；持也，無暴也，致一之功也。彼以耳目口鼻等爲六賊，自空其五臟，而謂定性明心者，眞妄也哉！眞自誣自賊也哉！何聰明者，亦爲之迷惑不覺也？皆由務虛好大，縱意元遠，禾實用全力於此心此身也。”思勉行仁義，而每得欺侮成怨；是吾人之處世非爲仁義之難，而泛應曲當之難也。自反其過，則自見其是，我居其是，誰處其非？我居其功，誰受其過？必也，上孝下慈，而恆覺其不足；人侮人謗而不自見其寃，其庶乎。陳康如問經旨。先生曰：“經學其亡矣！亡於註疏讀講也。今若於經典之一端，卽學之一端也；若於三事六府行一事，則學之一端也；若於風雅頌歌一章舞一節爲一事，卽學詩之一端也。不然，卽讀之熟，講之悉，何經學之有哉？而遑問旨也？”問《易》與《春秋》之旨。先生曰：“難言矣。予未足知其旨，姑妄言也：《易》之作也，四聖人合人事之措施，與天地之化工，并而一之，交而易之之書也。詩、書、禮，皆定局，而《易》爲活盤。孟子所謂‘孔子聖之時’，其庶幾乎？《春秋》，則孔子自解之矣，曰：‘丘之志在《春》秋。’又曰：‘我欲託之空言，不如見諸行事之深切著明也。’蓋借二百四十年桓文之事以自譜爲東周手段也。”康如問禮。先生曰：“吾久有志於禮，先行家祠禮。”因問：“有家祠神主乎？”曰：“有。”“有而朔望令節祭薦不行，不幾使先人爲有嗣之餒鬼乎？歲時祭薦而禮文不舉，不幾如野人之叩墓乎？”“祭薦畢，遂行家人禮：拜父母，拜兄長；退伍私室，夫婦之禮行焉。閨門之內，肅若乾廷。吾故曰：‘行乎禮，則尊矣；體乎仁，則富矣’”。“孔子論人曰：‘居處恭’。居處不恭，卽居處不仁，恭卽仁矣。執事與人皆然，則仁無間隙，爲仁之功亦無間隙。天有不與人以君相師任之時，無不與人以三者之時；近但覺無事，是不以仁爲己任矣！“孔子言：‘思無益，不如學。’而近儒惟晝讀夜思，筆之書册；卻棄孔門之學而時習之六德、六行、六藝不爲，是專爲其無益而廢其有益矣。何怪乎內無益於身心，外無益於家國，而使聖道荒也哉！”剛主問操行。先生曰：“予未審孔孟之操行，第予所得力處，只‘悚提身心’四字。”問：“靜中工夫如何著力？”曰：“‘戒慎乎其所不睹，恐懼乎其所不能。’正是著力處。”問：“陽明何以說‘靜時不著念？’”曰：“昔人問陽明：‘人有無念時否？’陽明曰：‘實無無念時。’怎說不著念？”胡連城問“忠恕而已矣”。先生曰：“天下人同心也，忠以通之，自無不貫。故《大學》‘治平，不外一恕，絜矩節’，明明畫出；《中庸》‘明道不遠人’，亦是忠恕。子貢問‘一言終身可行’。子曰：‘其恕乎。此外更無道。’朱註又云：‘竭盡無餘。’又云：‘借以著明之是忠恕。’尚非一貫正義乎？”果齋問：“‘兄弟怡怡’，秀深慕之，而不免躁暴，何以免也？”先生曰：“只知父母在上，我人子也，何敢躁暴？看兄弟是父母之子，何得不怡怡？”恆曰：“恆苦不自由。”先生曰：“更無他道。知如此是病，便知不如此是樂。”謂果齋曰：“‘夙興夜寐，無忝爾所生。’學者以勤爲要，禹惜寸陰，陶惜分陰。不可不知，不可不學也。”

二

鼓琴第十一

先生鼓琴，羽絃斷；解而更張之，音調頓佳。因嘆爲學而惰，爲政而懈，亦宜思有以更張之也。彼無志之人，樂言遷就，憚於更張，死而後已者，可哀也！思仰不媿、俯不怍，此氣眞覺浩然。若陷色惡，便爲色害，不能浩然矣；陷財惡，便爲財害，不能浩然矣；陷機詐殘暴，則又害其浩然矣。其直養之要有二：一在平日兢兢愼獨，一在臨時猛省决斷。剛主曰：“人言某無擔架。塨謂：‘人有小名位便驕狂者，是不能擔架小名位；有大名位便驕狂者，是不能擔架大名位；有學問便驕狂者，是不能擔架學問；有道德便驕狂者，是不能擔架道德。吾輩盡是無擔架人，必如乾卦“天行健”，方是擔；坤卦“厚德載物”，方是架。’”先生聞之，悚然自惕。果問靜在動察，如何下手？先生曰：“靜之存也，提醒操持；動之察也，明辨剛斷。二者之得力，又有三字：曰‘不自恕。’”剛主言：每一念不合道，便斬截之。先生曰：“予亦曾用此功，旋動旋斬，如盤草翦屠狀，覺得甚難，正是克伐怨欲不行功夫也。不如提醒身心，一齊振起，諸欲自然退聽。”吳仲常問：“‘文王三分有二'，不過二分之人心歸耳，未必彊土盡屬；果爾，紂之凶暴，肯容之乎？"先生曰："否。試觀自岐遷豐，彊域遠矣；況七十里之囿，若在百里之岐，是舉國爲囿，僅餘三十里都鄙，有是理乎？"仲常曰："三分有二，誠然矣。紂不忮乎？"曰："紂專以酒色自娛，文王又能率其叛紂來歸者以事紂，供賦役如故；紂亦倚恃文王，得自遂其淫逸。不無忮乎？"仲常悅。果齋問伊尹卻湯聘事。先生曰："夏桀之世，天下無道久矣。無尊德樂道之人；偶有一二，不過虛博下士之名，無一眞心慕德者。湯來聘，伊若曰：'此不過務虛名，我何用其聘幣爲哉？'及三往，知其可與有爲矣，乃幡然改。"問何以就桀五。曰："此湯忠之至、仁之盡也。得一尹，曰：'聖人與居，或可以化桀而求神禹之祈也。'進之無濟而返，又久之，曰：'或知悔也，再進之。'五返而不改，無望矣，乃放之。猶曰：'恐後世以台爲口實，惟有慚德。'故曰：忠之至、仁之盡也。"果齋患忘。先生曰："孟子不云乎'必有事焉，而勿正，心勿忘，勿助長也？'今曰忘，是心無事矣。且忘之病，每生於無志；助之病，每迫於好名。吾昨勸某友學經濟實用，諉曰：'何時用著？'予曰：'必待上帝立券，明日見兄，今方學乎？'昔姜公八十遇文王，假使七十八九壽終，將不得爲姜公乎？不用而死，只八百年蒼生不被其澤耳。公以全體大用，還於天地，曾何缺欠，必不用後學？否則不學是爲利也，學從名利入手，如無基之房，壘砌縱及丈餘，一倒莫救。"刁文孝言："爲時文不爲古文，文不文；爲時人不爲古人，人不人。"先生進之曰："古文，非八大家之謂也；古人，非漢宋諸儒之謂也。當求堯舜之'煥乎文章'、孔子之'斯文在茲'者，知其文則可爲其人矣。""孝子一念不得親心，則爲不孝；仁人一念不通天心，則爲不仁。""戒慎不睹，恐懼不聞，是靜中眞工夫；吾輩必於湛然虛靜之中，懔然惕上帝臨汝之意。""爲善克果，其善乃爲我有，否則千思萬想，其善終不獲。改過必眞，其過乃爲我有，否則千悔萬恨，其過終不去。”“日夜以此心照顧一身，所以養性也，九思九容是也；日夜以此貫通民物，所以事天也，三事三物是也。爲之無間聖矣，勉之不忘賢哉！”“狂者進取，是夫子狀他一段勇往有爲意思。凡作想遇事都向前鋪張去做，常常挺起精神，故謂之進；凡取道德，取人物，取功名，好提挈到手做一番，故謂之取。每好進而不好退，好取而不好舍；其退時亦是他進處，其舍時亦是他舍處，是狂者眞面目也。進而取法古人，只其中一意耳。狷者有所不爲，是夫子狀他一段謹飭古板意思。凡作想事都遇向裏收斂，將來常常把定門闌；凡遇非道非義，固斷斷不染；即遇人物，亦若有不輕交、不願交、不敢交意；即遇道德功名事業，亦若有不輕做、不願做、不敢做意。故謂之有所不爲。每當進時，亦好急流勇退；每當取時，卻是得舍便舍；是狷者眞面目也。守有餘，只其中一意耳。天地間惟此兩種人，遇大聖人鼓動得起，造就得成，駕馭得出；雖不及中行，皆可同心共濟，有益蒼生也。不遇大聖人，自己擔當，在上在下，亦能鼓動得人，造就得人，駕馭得人；雖不及中行，無破綻，然亦能各成一局，領袖一時。總之，中行外除此兩者，更無聖賢，并無豪傑矣。”謂修己曰：“吾聞君子忍人所不能忍，容人所不能容。如人之不欺侮也，又何言容忍乎？如人欺侮不至甚不至多也，又何言人所不能容忍乎？”“人莫患於自幼不從師，又莫患於早爲人師。”“恭則不侮，寬則得衆，信則人任，孔子言之矣。我自見其恭而人不我敬，是我之未恭也；惟之寬信亦然。若存自反無愧之心，謂人之孚否不足恤，是即居之不疑也。宜深加洗剔。”祭考，致齊；思吾之心，先考遺體也，洗心所以格先考。儻有財念、色念、名念、很毒念一萌，是汚先考所遺之心，不孝孰甚焉？吾之身，先考遺體也，修身所以格先考，儻有貪行、淫行、欺世行、暴物行一條，是玷先考所遺之身，不孝孰大焉？又思手爲先考遺體，敢不恭乎？目爲先考遺體，敢不端乎？不持其志，是不能齋慄以奉親心也。或暴其氣，是敢爲威忤以傷親氣也。趙鱗書援食我越椒事，以爲氣質有惡。先生曰："請問二子方生其心，卽欲貪財好色乎？弒父與君乎？向母子而聽其啼聲，知其氣稟之甚偏，他日易爲惡耳；今指其偏卽爲惡，是見利刃卽坐以殺人罪也。可乎？"張仲誠言：學直是不間曠。身無事幹，尋事去幹；心無理思，尋理去思。習此身使勤，習此心使存；此便是闇修，此便是閒居爲善，此便是存心養性，此便是預立。學者以此爲苦，何知此中之趣？遊王敍亭花苑，諭以苑中宜植果種瓜。且曰："天無曠澤，地無曠力，人無曠土，治生之道也。家無三曠，則家富；國無三曠，則國富。敍亭悅曰："儻得永侍先生，則得常聞善言矣！"

王次亭第十二

王次亭問孔孟作用。先生曰："孔子神化，其鑪錘乾坤處，眞不可測，如七日誅少正卯，七日焉能便誅得朝中大聞人？三月墮三都，三月焉能便懾服得四五世積成大奸使之拱手聽從？萬不敢望。孟子王道手段，竊有一二不願學處，如善戰辟草萊之才，自是行道所必用，如何定大罪服上刑？且七雄以富強爲主，此輩皆居腹心要路；只合包容任用，使之得虎賁行弔伐，服農政力溝洫，彼得樂我之受用，得比於周、姜、禹、稷矣。今曰吾入門，彼誅汝，彼又肯容我入乎？觀孔子取衛靈能用王孫賈等，則孔子若得用於衛，手段可想矣。"張仲誠語錄內，有"夷惠非聖"、"逸民不足學”等語。先生曰：“我輩今日正要學個可不可，夫子之無可無不可，如何學得？士希賢，賢希聖，聖希天，是一定程頭。若只說完美好聽，譬如執路程，本說南京、說一年，還只是在此。若實去走，一步隔越不得。夷惠夫子皆稱賢，孟子稱聖且智；孔子看得細，說賢便有聖。又要知孟子眼高志大，不輕服人下，若夷惠非聖不肯說，皆古聖人亦不肯服他；得君皆有天下，我輩不可以見不到處，輕古人也。”謂次亭曰：“吾輩向習行上做功夫，不可向言語文字上著力。孔子之書，名《論語》矣，試觀門人所記，卻句句是行。“學而時習之”、“有朋自遠方來”、“人不知不慍”、“其爲人也孝弟”、“節用愛人”等，言乎？行乎？”次亭欣然曰：“當書紳。”“吾儒改過遷善，所以自治也；移風移俗，與天下同改過遷善也。然改過遷善而不體乎三物，終流於空虛；移風易俗不本乎三重，終失之具文。”“九思之功，如言思忠，非第思忠，是思要忠去；事思敬，非第思敬，是思要敬去。世人所謂工夫上截思忠思敬重，下截忠去敬去或稍輕；吾謂工夫下截忠去敬去重，上截思忠思敬處則偏輕耳。”與傅惕若言：“氣質正吾性之所附麗處，正吾性作用處，正性功着手處。”惕若問：“如何着手？”曰：“如敬之功，非手何以做出恭；孝之功，非面何以做愉色婉若。”篤周、次亭二人來問變化氣質之說。先生曰：“是戕賊人以爲仁義也。吾性所自有，吾氣質所自有，皆天之賦我；無論輕厚濁薄，半清半厚，皆擴而充之，以盡吾本有之性，盡吾氣質之能，則聖賢矣。非變其本然也。”篤周未達。曰：“必疑剛化柔、柔化剛爲學力也。試觀甚剛人亦必有柔處，甚柔人亦必有剛處，只有偏任慣了。今加學問之功，則吾本有之柔，自會勝剛，而剛德合於天則；本有之剛，自會勝柔，而柔德合於天則。《書》云‘高明柔克，沈潛剛克。’是也，非是變化其剛柔也。正如技擊好動脚，教師教他動手以濟脚，非有變化其脚也。”“諸慾之引人，惟色爲甚；淫凶之夫，強暴以求之，白刃堅梃，不以懾其志，眞貞女也。邪蕩之女，豔冶以誘之，千嬌百媚，不以亂其心，眞大夫也。然嬌媚之奪，尤甚於梃刃之刦；堅臥不動，強哉當之，不蔽明哉！”朱主一言：用習禮等功，人必以爲拏腔做勢，如何？先生曰：“正是拏腔做勢，何必避？甲胄自有不可犯之色，衰麻自有不可笑之容。拏得一段禮義腔，而敬在乎是矣。做得一番韶舞勢，而和在乎是矣。後儒一掃腔勢，而禮樂之儀亡矣！”“古人正心修身齊家，專在治情上着工夫，治情專在平好惡上著工夫，平好惡又專在待人處物上著工夫。故修身齊家之傳，引知子知苗之諺，指點人看，吾輩可以知所用力矣。”“聰明不足貴，只用工夫人可敬；善言不足憑，只能辦事人可用。”“孔子之道，如宗廟朝廷，宮殿巍峨，百廡千廊，禮容樂器，官寮政績，蕩蕩濟濟。觀其座廡三千人，其各得閒舍也；最下亦垣門、沼榭、花柳之屬。故吾嘗云：‘得其徒衆之末，亦師事之。’爲其實也。後儒之學，則如心中結一宗廟朝廷景況，紙上繪一宗廟圖畫。方寸操作，儘足自娛；讀講著述，儘足快口舌、悅耳目。故每自狀若鏡花水月，惜無實也！”謂曹萬初曰：“改過遷善，吾儒做聖賢第一義也；規過勸善，吾儒交朋友第一義也；納諫從人，吾儒做經濟第一義也。否則人役耳！吾能以成吾德出交天下士乎？”萬初問：人輒言禮樂百年而後興何如？曰：“古人百年後興，謂教化浹洽也；如唐虞之世雍風動也。予則謂一日行習禮樂，一日之唐虞；一月行習，一月唐虞也。一人行習禮樂，一人之堯舜；人人行習，人人堯舜也。”杜益齋問：習恭卽靜坐乎？曰：“非也。靜坐，是身心俱不動之謂，空之別名也；習恭是吾如儒整修九容工夫，媿不能如堯之允、舜之温、孔之安，故習之。習恭與靜坐，天淵之分也。”謂：“祭神，感格之難也，非純心聚精不能萃神之渙；致饗之難，非明德蠲潔不足邀神之歆。故事莫大於祭，道莫精於齋。孔子大聖，亦不得不愼也。”“人各有稟賦之分，如彼農夫，能勤稼穡以仰事俯畜，期不負天之生農矣；如彼商賈，能勤交易計折閱而無欺詐，斯不負天之生商矣。學者自勘我是何等稟賦，若不能修德立業，便是不能盡其性，便是負天，便是負父母之生。”勉賈易改過曰：“吾學無他，只‘遷善改過’四字。日日改遷，便是工夫；終身改遷，便是效驗。世間只一顔子不貳過，我輩不免頻復；雖改了復犯，亦無妨，只要常常振刷，眞正去改，久之不免懈怠，但一覺察便又整頓。不知古人如何，我是依此做來。”或訴家變。先生曰：“聖人稱舜爲大孝，他聖其不孝乎？賢人稱曾閔爲孝，諸賢其不孝乎？惟其際變而不失常，故稱耳。處常者無稱焉，此固人子之不幸，亦人子之大幸也。”因勸以負罪引慝。蕭道成言：治國十年，使金玉如糞士。先生曰：“齊王恃其儉素，不貴珍寶爲言耳；使天不廢我，但使民貢本色，十年金玉何用？歷代人皆愚，謂本色費脚價，不知王畿之貢可足朝廷宗廟之用；盈世州郡邊腹皆積倉，何地有事，何地食糧，不用解矣。卽使三五百里近道運盤，或山水阻滯，三鍾致一鍾，一鍾亦可用之一鍾也；今解白金，一金卽致萬金，萬金終無用之萬金也。昔困錦州，五十金易一罏餅，不大可見哉？甚矣，歷代之愚也！吾人得君，必當以稅本色均田爲澤民第一義。”

學須第十三

先生曰：“學須一件做成便有用，便是聖賢一流。試觀虞廷五臣，只各專一事，終身不改，便是聖；孔門諸賢，各專一事，不必多長，便是賢；漢室三傑，各專一事，未嘗兼攝，亦便是豪傑。”謂曹萬初曰：“謹守之士，患其拘執，進以勇，爲不可及矣；豪傑之士，患其粗率，濟之以愼密，莫與敵矣！”爲門人解《屯》、《師》、《訟》諸卦畢，謂曰：“誦聖人之經，須心會其理而力行之，如《師》長子帥師，弟子則輿尸，須知老成可貴。我今日做人，便當鎮重，學老成，去輕佻少年氣；他日爲政，便宜任用老成，勿輕信少年喜事之人。如《訟》卦，便宜思陽屬健，易貴之，常以目君子，如何訟卦便惡之，皆云‘不克訟’？可見君子恥爭，只以柔忍爲德。但健訟刁告，便有告無告矣。如此體會，方是會易；不然與讀時文何殊焉？鹿乾嶽先生曰：“一[1]書說約於爲學修身等俱向身上打照，一部四書方看活，方有用。他人俱看在紙墨上，四書死矣！”“儒者得君爲治，不待修學校、興禮樂，只先去其無用，如帖括詩賦之事。世間才人，自做有用功夫，有人才則有政事，有政事則有太平天地，生民自受其福矣。又不必得君，但遇有位，以此告之；得一人決斷之，乾坤幸矣！”法乾言：“一代之興，宜將同起逐鹿之人皆爲立祠錄後。蓋彼此之起，皆爲生民，請命於天者，我卽得成之彼，彼卽未成之我，非同亂臣、叛將、殺誅、殄滅，最無名義。此典一行，不惟所以勸將來之豪傑，未必非本朝之福也。”剛主佐政桐鄉，將往來拜別。先生贈言曰：“威儀欲莊整，出語貴開明；取人勿求備，看人勿太刻。存憐天下之心，定獨行不懼之志。事必矯俗則人不親行，少隨俗則品不立，二者善用之，其惟君子乎？愛人才所以愛蒼生，矯世儒所以衛聖道，二者交致焉，其惟君子乎？”剛主拜受。“孔子開章第一句，道盡學宗。思過讀過，總不如學過；一學便住也終殆，不如習過；習三兩次，終不與我爲

[1] “一”，疑爲“四”。——編者註

一，總不如時習方能有得。習與性成，方是‘乾乾不息。’”“父母生成我此身，原與聖人之體同；天地賦與我此心，原與聖人之性同。若以小人自甘，便辜負天地之心、父母之心矣！常以大人自命，自然有志，自然心活，自然精神起。”“人須知聖人是我做得，不能作聖，不敢作聖，皆無志也。”“庸人苦無氣，氣能生志；學者患無志，志能生氣。志氣環相生，孟子志氣之說，眞體驗語。”“丹朱、驩、共輩，儘足成一代桀紂君臣，堯一讓舜而氣運虞、夏矣，堯之先天而天弗違也。帝摯荒淫，釀成洪水，堯不能化矣、舉舜、禹而治平之，堯之後天而奉天時也。東遷後，世衰道微，以在田之見龍，教三千人布於天下；使百世相承，斯道不亡，孔子之先天而天弗違也。亂臣賊子有作，王迹竟熄，周遊張皇補偏救弊，孔子後天而奉天時也。”論歷理曰：“古人於必用而不常用之官，多命專家使世修其職。如歷與史之類，一欲其精也，一不欲多費人才於不常用之學也。堯之欽若，非徒推測其纏度次舍之氣候，欲因氣候以行其政令，斯爲敬順昊天也。敬授非徒示人以令節遲早，欲令士順令節以爲學，民順令節以務農也。其所頒月令，必逐年稍有遲早，聖人察天者精，使天人合也。後世全廢，只作吉凶卜日之書。惜哉！”“三皇、五帝、三王、周孔，皆教天下以動之聖人也，皆以動造成世道之聖人也。五霸之假，正假其動也，漢唐襲其動之一二以造其世也。晉宋之苟安、佛之空、老之無、周程朱邵之靜坐，徒事口筆，總之皆不動也。而人才盡矣！聖道亡矣！乾坤降矣！吾嘗言：‘一身動則一身強，一家動則一家強，一國動則一國強，天下動則天下強。’益自信其考前聖而不謬矣，後聖而不惑也。”“儒道亡，亡在誤認文字。試觀帝堯，煥乎文章，固非大家帖括，抑豈四子五經乎？文王經天緯地，周公監二代而制之郁郁。孔子所謂‘在茲’，顏子所謂博我者，是何物事？後世全誤。”“治平之道，莫先於禮。惟自牌頭教十家，保長教百家、鄉長教千家，舉行冠婚喪祭朔望令節禮，天下可平也。”“學者須振萎惰，破因循；每日有善可改，有善可遷，即成湯日新之學也。遷心之善，改心之過，謂之正心；改身之過，遷身之善，謂之修身；改家之過，遷家之善，謂之齊家；改國與天下之過，遷國與天下之善，謂之治平。學者但不見今日有過可改、有善可遷，便是昏惰了一日；人君但不見天下今日有過可改、有善可遷，便是苟且了一日。”張仲誠云：“人言堯舜任其自然，非也，堯舜只有終身競業。譬如鳶飛戾天，儻一斂翅，便從雲際墜下。”景州吳玉衡問學。先生曰：“學者，學爲聖人也。後世二千年學聖有二弊：一在輕視聖人之粗迹細行而不肯爲，曰：‘所以爲聖人不在此。’一在重視聖人之精微大德而不敢爲，曰：‘聖人極詣，非我等常人所可及。’然則聖人斷是天外人矣！僕，下愚也，於聖人大處不敢言，只是向粗迹細小處勉行一二。如齋必變食、居必遷坐、蔬食菜羹必祭必齋，如迅雷、風烈必變等。”“人於六藝，但能究心一二端，深之以討論，重之以體驗，使可見之施行，則如禹終身司空、棄終身教稼、皋終身專刑、契終身專教而已，皆成其聖矣；如仲之專治賦、冉之專足民、公西之專禮樂而已，各成其賢矣！不必更讀一書著一說，斯爲儒者之眞，而澤及蒼生矣！”苗撰文有異母二少弟，撰文篤友愛，教養成人，不私先人遺金，出而公用。其二弟赴府縣試，盤費必倍。曰：“非不知營辦之難也，第恐少弟出門，有不如意，此心不可以對先慈矣！”其子猶任勞瘁，有扳其叔意，便教之思祖母恩。先生曰：“孝友哉！不蓄私財，不聽妻子言，義居可久也。”思人和兄弟，所以孝父母也；和從兄弟，所以孝祖也；和再從兄弟，所以孝曾祖也；和三從兄弟，所以孝高祖也；和疏族，所以孝先祖也。

教及門十四

先生教及門活心之法，只要自檢一念之動，是人欲，便克治之，便剛斷之，則自活，引冉嫗斷指爲法。鋑因述前於內室壁上書："相在爾室，尚不媿於屋漏"以自箴，夜卽夢念此箴以拒邪妄。昨習禮，則夢登孔子之堂，觀顏曾諸賢，講習禮樂。先生曰："子根氣好，充此卽可爲聖爲賢。勉之哉！無負吾教也。"鋑問：行禮，家人多阻撓，奈何？先生曰："然。予之初行禮也，亦然，惟剛毅以持之，講說以曉之，積誠以感之，悠久以化之，自彬彬矣。夫行乎禮，則閨門之內儼若朝廷，不亦貴乎？體乎仁，則萬物皆備，天下歸仁，不亦富乎？是以在我重而世味輕也。"郝公函問：孔子"正誼明道"二句，似卽"謀道不謀食"之旨，先生不取何也？曰："世有耕種而不謀收獲者乎？世有荷網持鉤而不計得魚者乎？抑將恭而不望其不悔寬而不計其得衆乎？這'不謀不計'兩'不'字，便是老無、釋空之根。惟吾夫子'先難後獲'、'先事後得'、'敬事後食'三'後'字無差。蓋正誼便謀利，明道便計功，是欲速欲助長全不謀利謀功，是空寂，是腐儒。"公函曰："悟矣！請問'謀道不謀食？'"曰："宋儒正從此誤，後人遂不謀生。不知後儒之道，全非孔門之道；孔門六藝，進可獲祿，退可以食力，如委吏之會計、簡兮之伶官，可見。故耕者猶有餒，學也必無饑。夫子申結不憂貪，以道信之也；若宋儒之學，不謀食能無饑乎？"又問：勤愼和緩，緩字何義？曰："孔門爲學爲治，皆尚敏，故曰'敏於事而愼於行'、'敏則有功'。孟子曰："民事不可緩。'"曰：近世則反緩，何也？曰："時也。三代氣醇，所生之天才既厚，而學養又素裕，敏則有功。近世人才既劣，而學術又失，忙則敗事矣！”倪鴻寶之弟元瓚，亦進士也。甲申變，棄家偕其妻隱深山，治生同農夫。康熙間，有同年友大貴，同某太守更士人服訪，年已耄，不相識矣。敘往事，久之，有老嫗持箕帚確槮入，其夫人也。貴人曰：“金幣不敢以贈，領供米麥若干石，炭若干包。”元瓚曰：“素不受人餽。卻之恐公弗堪，請爲公施粥以贍貧民。”貴人行後，盡施之；復鍵戶遁，莫知所之。“爲人日行一善，三年可千善。積善何難？人病不爲耳！”“威不足以鎮人而妄夷之，惠不足以感人而妄市之，不智也，禍於是伏焉。仁而得暴，仁者必自反也；暴以招暴，又何異焉？恭者來侮，恭者必自反也；悔者致侮，又何尤焉？”“禮樂，聖人之所貴，經世重典也，而舉世視如今之禮生吹手，反以爲賤矣！兵學，才武聖教之所先，經世大務也，而人皆視如不才寇盜，反皆以爲輕矣！惟袖乎文墨、語錄、禪宗，爲至尊而至貴，是誰爲之也？”“人須常自衡：天之生我，父母之成我，其中人乎？中人以下乎？抑中人以上乎？果中人以下，則鑿井耕田，已無負於生我矣；或中人也，則隨世波流亦何負？儻中人以上也，則上當爲五臣十亂，中當如三傑二十八人，下之亦須主城貳郡，實求輔挽氣運，利濟生民。不然，則負我資性，爲天地父母之罪人矣！”一吳生，氣象端凝。先生謂之曰：“人賦性質愚，耕田鑿井，勤力養家，無負於天矣，亦無負於親矣。賦性聰秀，不能出家自強，以才德見於世，如天之生我何？如親之育我何？故下之爲秀民，中之爲豪傑，上之爲聖賢，在乎人自爲耳。”“人之爲善，得人之感報、人之稱傳，天不必報之矣；人之有長而自表自見，天亦不必祚之矣。天之所祚報者，人不感稱，自不表見，乃所謂陰德也。觀舜之爲子，禹之爲臣，令人愧勵。”“志不眞則心不熱，心不熱則功不緊，故多睡之人無遠圖，立志之子多苦想。”“古人靜中工夫，如洗‘心退藏于密’、‘夙夜基命宥密’，明見於經。吾人宜洗去習染之穢汚，退藏精深，而不粗疎表暴。夙夜勤惕，立定天之予我，常令寬廣，莫令窄狹；常令精密，莫令粗疏。此明德爲一層誠正工夫。”思君子之心坦蕩，則世路無往不寬平；小人之心險窄，則無時無地不戚戚。予天資非君子，而勉學其一二，能於禍福得失之慮，不參於神明；怨天尤人之念，不累於夙夜。或康節所謂‘太平人’乎？“人必能斡旋乾坤，利濟蒼生，方是聖賢；不然，雖矯語性天，眞見定靜，終是釋迦、莊周也！”論郡縣體統，曰：“太守卽古方伯，州縣卽古五等諸侯也；何事分道布按司，又重之以巡撫，加之以總督，倍加六等方伯乎？賢者掣肘多而才能莫展，不肖者効媚多而剥民益重。故曰：‘治世之官詳於下，亂世之官疊於上。’”“《大學》明德之道，無時不可學，無日不可時習，如時時敬其心，卽孔子所謂‘齊’，習禮於心也；時時提撕警覺，莫令昏蔽，卽孔子所謂‘明’，亦習禮於心也。每日正其衣冠，潔淨整齊，非法服不服，卽孔子所謂‘盛服’，習禮於身也；至‘目容端’，習禮于視也；‘口容止’、‘聲容靜’，習禮于言也。至於‘手容恭’、‘立容德’，習禮於持行也。凡九容曲禮，無非習禮於身也，禮眞斯不可去者。”“《盤銘》云：‘苟日新’，振起自滌矣，日豈一日乎？而復云‘日日新’，蓋日新雖上智，不能保其無間斷也。日日已無歇工矣，何必云‘又日’？蓋功雖有常，不能保久而不因循惰息也，其必學曾子之日省，可乎？”與李命侯言：“古今旋乾轉坤開務成物，由皇帝王霸以至秦漢唐明宋，皆非書生也。讀書著書，能損人神智氣力，不能益人才德；其間或有一二書生濟時救難者，是其天資高，若不讀書，其事功亦偉。然爲書損耗非受益也。”命侯問：書可廢乎？曰：“否。學之字句皆益人，讀著萬卷爲累。如‘弟子入則孝’一章，士夫一閱，終身做不盡；‘能行五者於天下’一章，帝王一觀，百年用不了，何用讀著許多？千年大患，只爲忘了孔門‘學而時習之’一句也！”習恭，見壁上書‘小心翼翼，昭事上帚[1]’，思‘小心’難矣，‘翼翼’更難；‘事上帝’難矣，‘昭事’則更難。蓋‘小心’衹事敬畏焉耳，‘翼翼’則終日乾乾，同乎天矣；‘事帝’明旦若臨，仍一敬畏焉耳，‘昭事’則爲人君臣父子，一有不止乎仁敬孝慈者，非上帝命我意矣！視鰥寡孤獨，一不得所，一或欺殘，非上帝降鑒意矣！吾妄從事三十年而一無可自信也；覩各門上‘懍乎上帝’箴，可懼也。教果齋脫俗累。曰：“世人之所怒亦怒之，世人之所憂亦憂之，世人之所苦亦苦之，何以言學哉？故君子無累。”“天無不覆也，吾心有不覆之人，則不能法天之高明；地無不載也，吾心有不載之人，則不能法地之博厚。”

杜生第十五

杜生隨行出里門，先生乃乘因教生曰：“道莫切於禮作聖人之事也，人之不肯爲聖人者，只因視禮之精鉅者曰‘是聖人事，非我輩常人所敢望’；禮之粗小者曰‘但能此，豈便是聖？聖人不在此’。是聖人無從學也。吾願有志者，先其粗厚其小，學得一端亦可，卽如出里門乘，入里門下；出則告，反則面，豈人所不能哉？不爲耳！”聞人讀舉賢才。謂之曰：“我輩士庶，莫謂學不得此句。見人孝弟，便學他孝弟，便到處稱揚他孝弟；見人廉幹，便學他廉幹，便到處稱揚他廉幹。卽吾人在下之舉賢才也。凡書皆宜如此體驗，不可徒讀。”念念向天理上想，心上達也；事事向天理上做，身上達也。若百念百事升天，忽一念一事墮地。前功盡棄矣！

[1] “帚”，當爲“帝”。——編者註

可恃乎？“制欲之法，明以辨之，剛以斷之。”孫瑜字叔禮，奭子也，其傳載毀蔡州吳元濟像，改祀裴度。先生曰：“毀之，改之，是矣。然元濟至三百年，猶廟祀之，則雖竊據一時，亦必有澤及生民處也。今聞青陽縣有張定邊，想亦有不可忘者乎？後世卽一日長民之豪傑，皆當知勉。”“人不辦天下事，皆可爲無弊之論；若身當天下事，雖聖人不能保所用之無僉邪。蓋辦事只以得才爲主，事成後若彼罪著，再爲區處而已。試觀堯用三凶、孔子論衛靈用三臣、忠武用延儀，從來如此。”“‘小魯’、‘小天下’，極贊聖人之高。觀瀾如《中庸》語大莫載；容光必照，如語小莫破。注意在學聖者，如流水不盈一科，不行不成，此章不達。學兵成了片段，方學農；學農成了片段，方學禮、學樂。孟子所見極眞切，不曾岔了孔子路徑，後偶見解全別。”——鋑見先生教幼童數也：語之九數不令知有因，法九數熟而後進之因，因法熟方知有乘，乘法熟方知有歸除，教禮、教樂亦然。所謂盈科後進也，所謂循循善誘也，先生其不岔孔子路徑與！果齋自任有千金不奪之守。先生曰：“噫！何言之易也？嘗以‘不拾遺’一節自勘矣，一錢不拾，未必百也；百金不昧，未必千也；千金不昧於通衢，未必不一金昧於深夜也。又嘗以好色自勘矣，見三分色，目不睨，心不亂，未必保八分也；八分豔嬌而不亂，未必保傾國奇姿也；傾國奇姿不亂於白晝，而野花俗草反溺於隱僻衾枕者，未敢保也。此四十年來，與法乾交相恐懼警切而未敢自信者，何言之易也！”“古者，弟子爲學，先教之事父事兄，服勞奉養；今世爲學，惟教之讀書作文，逸惰其身，而奴隸其父兄。此時文取士之害，讀作爲學之弊也！”“人之志道德也，君子積年作之而不興；志富貴也，俗人一言動之而輒起。甚矣，志道者之鮮也！”或問：“‘一日克己復禮，天下歸仁。’一日甚暫，天下至大；一日纔克復，焉得天下遂稱其仁？”先生曰：“如子今日克己復禮，莫道天下，便左右鄰里，亦求必稱仁，是夢語也。我之本體，原萬物皆備，只因自己失了天理之則，便與父子兄弟皆植藩籬。况天下乎？今能一日復了天理之正，則己仍是萬物皆備本體，民皆吾胞，物皆吾與，普天之下皆入吾愷惻涵育之中。那是一物不歸吾仁中者，只因自己無志無力不克眞復此理耳，故緊接‘爲人由己’二句。”李益溪與陳睿菴習樂舞，每學一舞，詳說而習之。先生喜曰：“此方是‘博學而詳說之’，方見‘不亦說乎’景趣。”益溪言學一次有一次見解，習一次有一次情趣，愈久愈入，愈入愈熟。先生曰：“不實下習工夫，不能咀此滋味。”益溪言：“容貌辭氣，德之符，宜端嚴修整，不可簡率苟且。”“文、武之政，布在方策者，不足言政舉；必其人存實，以之爲天下國家，方是政舉。孔孟之學，布在經傳者，不足言道行；必其人存實，以之見習行經濟，方是道行。道之息者千餘年矣！傷哉！”思以我易天下，不以天下易我，宏也；舉國非之而不搖，天下非之而不搖，毅也。王景萬言看《綱目》。先生曰：“先定志而後看史，則日收益矣。如志則治民，凡古大臣之養民教民、興利黜害者，皆益我者也；志在勘亂，凡古良將之料先策後出奇應變者，皆益我者也。志不定則記故採詞，徒看無益；猶之‘四書’、‘五經’矣！”“人之心，不可令間；間則逸，逸則放。”“今之人，修天爵以要人爵，孟子嘆世道之衰也；而吾正因修之要之者，服周公制法之善。修天爵以要人爵，雖文武盛時，不能保無其人；修之久則習與性成，功名之事，皆性命之事矣。雖至春秋戰國周道衰微之極，人猶修其天爵以要人爵，卽此一修一要，其存天理、成人才者不淺。此所以戰國之人才猶盛後世。今世求一修之要之者，何可得哉！”“羲皇上人亦非異難，但淳朴無機心、無飾雕、無牽繫，穆穆屯屯，便近之所謂‘欲與天地不相似，不可得也’。”“天下人之入此帖括局也，自八九歲便咿唔，十餘歲便習訓詁，套襲構篇，終身不曉習行禮義之事，至老不講致君澤民之道，且無一人不弱不病。滅儒道，壞人才，阨世運，害殆不可勝言也。噫！”謁父生祠。思爲人臣者每朔望謁聖，惕其忠也；吾爲人子，每晨謁父，惕其孝也。可不立吾父之身乎？一日習數，思習功久曠便忘，況不習乎！宋代諸先生，雖天資高，可不習而熟，可久曠而不忘，能保其門下天資皆若之乎？甚矣，孔門“時習”成法不可廢也！“改過遷善，吾人實地功夫也。誠逐日有過可改，有善可遷，即日新之學也。”耨蔬畦草，思草雖甚蕪，去一科終是少一科，揀其大去得一二，蔬隴亦自改觀；吾心之慾，去一分自是少一分，雖未遽能去盡，若將好色好貨大段去得一二，本體亦自光明矣。先生不視非禮，或反嘲之。先生曰：“制之於外以防其內，吾儒之學也。”或曰：“吾見之猶不見然。”先生曰：“汝即不動心，何必訝不視者乎？”曰：“此外面工夫，內必無檢制。”先生曰：“‘四勿’皆從視聽言動上克去，孔子亦騖外乎？”曰：“勿者，心勿之也。”先生曰：“視哉！誰視之乎？”米參兩以憂鬱成疾。先生曰：“兄知天地之性，人爲貴乎？萬物皆所以奉人，故人貴；若以物役人，則不貴。仁者以財發身，不仁者以身發財；非特人君然，學者亦有之。有財足以廣身之施，無財不足以損身之樂，以財發身也；有財適以益身之愚，無財又以戕身之命，又以身發財也。”參兩曰：“莫非命也。桎梏死者，非正命也。”先生曰：“法乾講此書甚寬，不惟桎梏、巖牆之類非正命，凡好色、好貨、好貪食、好爭勝之類以致死者，皆非正命也。以此推之，作無益之憂以損生者，亦非正命也。”參兩悅。

趙盾第十六

先生曰："趙盾不忘恭敬，令人不忍刺、不忍殺民之主而自死，兩者俱難及；然君不義使我刺大臣，亂命也。信之不必全者也，何必死？是謂傷勇。且使其人而知義也，當對晉君曰：'趙氏世有勳勞，於國且忠，賢人也，君無自壞長城。儻患其權過盛，宜稍抑其政柄，何至以千乘作盜行乎？'不聽以死爭之可也，去之亦可也。計不出此而甘承爲盜之令，其人必剛暴小人，偶爲趙卿忠敬感發其良心耳。雖然，甯自殺而不賊民之主，亦足多矣！"同母弟楊，怒其族人。先生曰："毋彼於爾，今稱從親，相戾如此！豈不思於爾祖則兄弟之親，於爾曾祖則一人之身也？譬如一身而分二股，二股而分十指，焉有以此股傷彼股、此指拆彼指者哉？彼相好吾與好，彼不相好吾亦與好。"楊曰："我勞於彼，彼不酬一二。"先生曰："方爾之服勞於彼，即計其酬，是利心也，豈服勞哉？""聖人以一心一身爲天地之樞紐，化其戾，生其和，所謂造命回天者也；其次知命樂天，其次安命順天，其次奉命畏天。造命回天者，主宰氣運者也；知命樂天者，與天爲友者也；安命順天者，以天爲宅者也；奉命畏天者，懍天爲君者也。然奉而畏之，斯可以安而順之矣；安而順之，斯可以知而樂之矣；知而樂之，斯可以造而回之矣。若夫昧天逆天，其天之賊乎？"思天地一我也，我一天地也；萬物一我也，我一萬物也。既分形而爲我爲天地萬物之靈，則我爲有用之天地萬物，非是天地萬物外別有一我也。時而乘氣之高，我宜效靈於全體；時而乘氣之卑，我亦運靈於近股。分形靈之豐嗇，乘氣運之高卑，皆任乎此理之自然，此氣之不得不然，不特我與萬物不容強作其間，亦非天地所能爲也。王法乾云：“有氣數之天，有聖人之天。氣運之天，待補救於聖人之天；聖人之天，却有時隨氣數之天，有時不隨氣數之天。”“朋友議書，雖各是己見，不可遂成嫌隙。聖賢原是說天下公理，豈容以偏私參之？”石鵬妻劉氏，清苑庠生源洙女也，貞節賢孝，出於性成。自八九歲時，未嘗偶立門外，雖姻親無見之者。其來嬪石門也，孝謹端凝，族中女長，咸爲其姑賢。未幾，鵬卒，氏矢共姜之節；其翁姑皆弗忍，擬命服闋別適。及三載，終不可奪，因屬其父諭意。其父曰：“吾子自孩穉知義理，吾信之久矣；此自其眞心，吾當成之。何勸焉？”氏伯翁大感傷，曰：“異哉！此子年方十七，且無子息，爲人所不能爲守、人所不肯守，如若人可令無後乎？”卽以已孫爲之子。氏撫兒歲餘，事翁姑，賢淑謹愼如一日。張文典肫誠懇惻，口不出誕語；身著一長布衫，雖盛暑不解，終日斗室中紡績不輟。人不堪熱，皆乘涼就沼；獨立不出戶，宴如也。雖未入庠，而強記有文。先生曰：“隱君子也！”高三秀才出遊，盜斫於河，被救出，家人以死聞。其妻改適；其妾誓守孤女不嫁，家人逼令出門，備極凌虐。妾知節不能全，至夜，擬後門自縊；將投繯，其夫適歸，呼之。妾疑鬼至，驚且泣曰：“無相厄，少須吾從汝鬼矣！”夫亟呼曰：“汝丈夫也，汝何中夜至此？我人也，非鬼也，可速啓門。”妾曰：“舅親見汝被戕於河，豈復人乎？”其夫語以獲救故，妾終駭愕不敢啓，因疾呼家人視之。家人訢其顛詭詔人耳，妾陳其實，乃秉數炬登垣照之審，乃納之。家人相向哭，已而問其妻，已從人矣。其夫感妾貞烈，終身不娶正室。——鋑聞高生獲救，從爲闖賊李自成僞將一斗谷所虜，奇其文貌，信任之，署爲偵將。生率衆出，官軍營河岸。生故遙候，登一山顛，有關公祠，因入禱，以不忍從逆、欲乘便逃去之志題詩於壁。以自見其副甚恐，生告以朝廷不可負、僞賊不可從之義，乃諭衆士各散而歸。生之忠正如此，而天卽予以貞烈之妾。奇哉！先生所以表而彰之歟！“人有好善的念，是天生秉彝之偶動，不可謂之志；日夜專向一事用力，終身不倦者，乃是志。有一時自得之機，是人心偶現之彷彿，不可謂之樂；時時常如那一念無累，反身而誠者，乃是樂。”“夫子作《春秋》，思學者無日不作《春秋》，無念不作《春秋》，吾身天下也，吾心朝廷也。統四端兼萬善之仁，天子也，喜怒出處、取舍進退、動靜之際，皆自仁上起念，所禮‘樂征伐，自天子出’也；若偏任義禮智，則必有過剛、過柔、過巧之患，所謂‘自諸侯出’也；若血氣用事，如以喜怒爲取舍之類，則‘自大夫出’也。或任耳目四肢之欲，徒以便不便爲喜怒焉，則陪臣執國命矣；甚至一朝之忿，忘身及親，快一喪萬，則展跖、郭解之徒司生殺；甚至酒色忘身，飲食殞命，逐外物不有其身心者，則蠻夷華夏矣！故學者鑿喪之後，而居敬存誠，扶立天君者，春王正月之義也；三月不違，大有年之義也；日至月至，齊侯朝之義也。雖天理澌滅而必欲光大之，天王狩於河陽之義也；雖人欲昌熾而必欲抑絕之，楚人楚子之義也。存養之功，時證疏密，雨不雨之義也；纖私點欲，必謹消長，或螽或蝗之義也。發乎念慮之非常，見乎五官四肢百亂之違和，必加警惕，鷁退飛、宗廟災、日有食之義也。要之，克己復禮，吾人《春秋》之精義也。胡氏之論《春秋》曰：‘遏人欲於橫流，存天理於既滅，眞得《春秋》之旨也夫！’”教人愛兄，曰：“吾盡心以愛兄，兄悅之，人稱之，吾心無愧；吾盡心以愛兄，兄反疑之，人反誚之，吾亦可以無愧於已，無愧於兄，無愧於天地，無愧於祖宗，無愧於九泉之父母，是謂成人。否則，惟人言之是顧，則雖有術局，致兄悅人譽而無愛兄之心，實有媿焉。其於人之成否何如乎？”“凡有所爲，無安坐而獲者，須破死力始得。武侯《出師表》勸後主，全是此意。如讀書作文，原不是學而亦足驗功力。心靜則見理明，必有過人之見；養恬則筆自舒，必有安閒之局；理眞則氣自莊，必有轉折雄宕之致。”

世情第十七

先生曰：“世情任其險阻，君子惟持之以平坦；世情任其刻薄，君子惟將之以忠厚。”謂諸生曰：“世俗讀書者，冋舍飲饌，或不如意輒使氣，此大不可。若等甯有是乎？吾輩爲子弟者，正當勞力，得甘旨以奉父母旣不能矣，且反受食於父母，而安逸讀書，又何驕侮乎？愼勿然也。”孫秉彝言：反心無媿。先生曰：“須自家庭間求之。汝事老祖、寡母、長兄，皆得其歡心，始可云無媿也。往聞爾不率，今後改之。”對曰：“祖年高，悖惑多怒，故人妄傳不孝名耳。”先生曰：“嗟乎！人傳者，不孝之名，子自道其不孝之實矣！子但見祖老悖惑，便是不孝。天地間豈有不是祖父哉？”孫其武見先生盛暑衣冠，曰：“君衣冠終日，不幾夏日飲湯乎？”先生曰：“夏飲水，冬飲湯，是夏葛冬裘類乎？”曰：“然。”曰：“吾夏衣夏冠，殊未暖巾羔裘也。何遠時之有？”曰：“何時去之？”曰：“夜寢去。”曰：“此冠不比前朝，殊壓頭，正如陳無已卻衣凍死微事耳。兄卽垂之簡册，此何足傳？”曰：“簡册不敢問，但人能如陳無已亦佳，常恐第作無已郤衣人耳！”思人欲之動，如媚臣佞士之移人於不覺，如醇醪蒻奓之啖人以難置，如白刃深淵足以奪人之魂，如囹圄桎梏足以挫人之氣，如神龍猛虎之難捉，如孟賁、夏育之難伏，噫！如是而能窒之，非天下之大勇不能也；如是而能寡之，非天下之大賢不能也；如是而能無之，非天下之至聖不能也。可畏也哉！“夫人目之於色，耳之於聲，口之於味，四肢之於安佚，皆欲也，須是強制他，若一任之，將何所不至哉？”子路稱季路，人皆謂因仕季氏之門也。若然則冉子宜稱季有，恐無因其主改姓之理。况大傳明有季子之稱焉，知非仲氏排行乎？“仁者先難，學者須要先難。此理難知，人知之而我不知，恥也；此事難能，人能之而我不能，恥也。若憚其難而止，是自暴棄也。况學若求明求能，只一用力，便可豁然矣！”“氣數所在，雖聖人無如之何。堯舜之子不才，孔子之子先殀，禹三世幾絕嗣，武王八十始立子，氣數何心哉？”——鋑按：先生此言，蓋爲已發也。先生之學德，而並無不才之子與先殀之嗣，則氣數誠何心哉！先生雖云順受君子，不能不爲之悼嘆矣！——《白虎通·四飯》解：天子平旦食、晝食、哺食、暮食凡四，諸侯三，大夫再。余按：三、四、再飯，如今設席，所云幾道飯；其每飯作樂侑食，如今每上一飯，必鼓吹一通。蓋一食而天子四，諸侯三，大夫再也。是以《禮》有“天子一飯告飽”云云。《白虎通》似謂天子終日四飯，諸候終日三，大夫終日再也。然則士將一飯，民將不飯乎？况今惟至貧人，始一日再飯，古之大夫，豈亦如是？恐是天子每日四食，每食又各四飯；其餘皆三食，諸侯則每食三飯，大夫則每食再飯也。“伯夷氣質近清，柳下惠氣質近和，各就所近而便清和，得天理之正，便是聖人。宋儒必欲剛變成柔，似非如是。贊李延平行步近幾里如此行，遠幾里亦如此行；喚人一聲不應，三聲，三聲仍如前，不加大。夫天欲暮，近者緩，遠者自宜急；一聲人不聞，二聲、三聲自和加大。豈可以緩小爲是、急大爲非哉？非可以久則久、可以速則速之道矣。”講“王曰吾惛”一段，謂彭好古曰：“此時齊王不若有志乎？而卒不足有爲者，志一發而莫繼也。故君子日新，推而爲志，則作新一日，不作則不新一日，不新則志萎。先王制禮作樂，正爲此耳。”或問：殺一不辜得天下不爲，恐湯、武革命，不能不殺一無辜。先生曰：“城破殺人，賊也；吾知湯、武無之。順義倒戈，吾知湯、武悲之。逆办者死，則賊黨也，非辜也；不惟南巢、牧野之地，雖滅國五十，其何害爲聖人哉？”“孔子祖述堯舜，孟子言必稱堯舜，正見明新兼至之學，原是學作君相；後世單宗孔子不祖堯舜，雖亦或言孔子卽堯舜，其實是明體不達用之隱病所伏也。所以二千年來，只學孔子講說詩書；將其新民之舉全失，便是做明德處，亦不過假捏禪法。不惟其成就，不堪帝、不堪王、不堪將、不堪相，乃從其立志下功本處，便是於帝王將相之外，世間另做個儒者。噫，豈不可怪也哉！歷代相承，又交相掩護其癖而莫爲之發，是其劄療無日，將殘疾羸疲之儒脈，卒至渝胥以亡而後已也！噫，豈不可哀也哉！”“唐虞之世，學治俱在六府三事，外六府三事而別有學術，便是異端。周孔之時，學治只有個三物，外三物而別有學術，便是外道。”法乾曰：靜中養得明，自會臨事順應。先生曰：“書房習教，入市便差，則學而必習，習又必行固也。今乃謂全不學習經世之事，但明得吾體，自然會經世，是人人皆不勉而中矣。且雖不勉之，聖人亦未有不學禮樂而能之者。今試予生知聖人，一管斷不能吹；況我輩爲學術所誤，寫字習數已不勝昏疲，何與於禮樂乎？”謂馬遇樂曰：“今日四書盡亡矣！如‘學而時習’一句，夫子言之，不是教人講說作文，乃是教人學道習道也。今日有一學而時習者乎？儻以六藝六府取士人，始眞學眞習，四書始有用矣！”“常動則筋骨竦氣脈舒。故曰‘立於禮’，故曰‘制武而民不腫’。宋元來儒者皆習靜，今日正可言習動。”

不爲第十八

先生曰："不爲酒困，看是小事，夫子直恁作重大難能者；虞舜好察邇言，是大聖人偏於瑣細做工夫。故曰：'聖人之心無小事。'此其所以爲聖人歟！吾人改過遷善，無論大小，皆須以全力赴之，方是聖門主忠信、徒義之學。"謂馬遇樂曰："志乎正，不正不敢志焉；志之久，則所志無非正矣。習乎善，不善不敢習焉；習之久，則所習無非善矣。""世甯無德，不可有假德。無德猶可望人之有德，有假德則世不復有德矣！此孔孟所以惡鄉原也。世甯無儒，不可有僞儒。無儒猶可望世之有儒，有僞儒則世不復有儒矣！此君子所以惡乎文人書生也。""極天下之色，不足眩吾之目；極天下之聲，不足淆吾之耳；極天下之豔富貴，不足動吾之心。豈非大勇乎？"或問：月何爲有閏？曰："小盡之積耳。"問：何爲盡有大小而煩置閏？曰："天度三百六十有奇日，行歲一周天而當不齊盡；無小則日速而月數務盈，令節漸差矣。月無閏，則氣遲而時數拘序，春秋不時矣。"問：冬則日短何也？曰："夏之天日非增，冬之天日非減；冬日南行，出地上者少，掩地下者多；夏日北行，出地上者多，掩地下者少。是以晝夜因而長短焉。非天日有長短也。"問：日亦周地下乎？曰："然。固形若卵而轉若輪也。""高賢名士，人中俊傑，學者宜多友而多識，故過其地不交其賢，君子恥之。然過而不交，與交而不能使其人重一也。故孟子曰：'一國之善士，斯友一國之善士；天下之善士，斯友天下之善士。'""天之賦命各異：石崇、王愷致客，紫紗帳四十里，錦帳七十里；若分其五七里所有，幾足貧士衣食半生，然而不可得也。顏、曾盛德在躬，道義充腹；若分其片言節行，亦足譽富貴於千古，然而亦不可得也。雖然，求愷、崇之求五七里帳不可必，求顔、曾之片言節行猶可勉也。亦爲之而已矣！”齊都司泰階在江陵，上令逐客官，齊卽先行，走錢塘，其府守及令獨保留，家人復呼還。人曰：“他官皆逐，令獨保功，宜謝之。”曰：“令已於我無害於地方而留，公也；我以令留而還，亦公也；今謝之，反私矣。”不往。又三載，令休官，乃見之館舍，令感服。思漢唐來至今日，作文者，做某大家也；寫字者，做某名家體也；著書談學者，做某先儒宗旨也。惟體道作事而不做古人之成法，是可異也。做文字書言，人皆愛慕之；做古人之體道作事，人則譏笑之，是尤可異也。而其實不足異，以取士者在文字書言，而不在體道作事也。及其考巧課績，則悖道者斥之，合道者賢之；事治者謂之能，事敗者謂之庸。文字書言，莫之問矣。取非其所考，考非其所取，此唐宋之惑政，而士風之所自壞也。司柄者宜知變計矣。“夫子，乃鄉里道路朝廟之夫子也，其道乃鄉里道路朝廟之道，學乃鄉里道路朝廟之學也。如謂讀書便足處天下事，而不必習行，是率天下而漢儒也；如謂一室主靜敬便足明天下理，而不必歷練，是率天下而禪也。”“天理勝則精神清明，人欲熾則意思昏濁，此理甚明；而人每舍清明而甘昏濁，暴棄孰甚？”“軍者，天地之義氣，天子之強民，達德之勇，天下之至榮也。故古者童子荷戈以衛社稷，必葬以成人之禮，示榮也。明政充軍以罪，疆埸豈復有敵愾之軍乎？”尤西川云：“輕得利，便入得門；輕得色，便升得堂；輕得名，便入得室。”因思好計得失，利也；非嗣之合，色也；譽非所及，名也。學者可不爭自濯洗乎？“治水之法，五要必備，而莫愚於防塞。蓋善治水者，不與水爭地，因其流而導之，卽因以歧爲二，且水利可興也。嘗觀於蠡河，以爲當自上流依古河道分疏；自蠡城西南王哥莊來，又歧爲二，使瀠繞城之左右，至城陰而合；迤邐達楊哥莊，以通白洋淀入於海。一可爲險守，一可來下流魚鹽葦藕之利。且東河勢殺，兩河沿濱灌園植蒲，水利大興，不可盡言也。”錄昏於禮，議昏下更舊文曰：“身及主昏者無喪服，乃可議；大不得已，功緦既葬或可權成。”又補云：“喪家不議，盜家不議，房帷不檢家不議，世有凶人惡病之家不議，曾有父兄讎怨之家不議，指腹童幼不議，爭財無禮不議，倫序乖紊不議。取家法嚴整醇良，取壻賢行才品，一時門第富貴，不足羡也。”或問：兵術獲罪聖門乎？先生曰：“然然否否。今使子治兵三年而後戰，則孫吳之術可黜，節制之兵可有勝而無敗；若一旦命吾爲帥，遂促之戰，則詭道，實中庸也。此陽明子所以破宸濠擒大逆也。何也？率不擇之將以不教之民卑之虎狼之口，覆三軍，喪社稷。曰：‘吾仁義之師，恥陷阱之術。’此不惟聖門之腐儒，而天下之罪人矣！君子何取焉？”

刁過之第十九

刁過之論講學分門角爭之弊。先生曰：“此道之所以不明也。假令古聖人生於後世，伯夷之徒必詆伊尹之五就湯桀爲無恥，伊尹之徒必謗伯夷之不仕不友爲絕物；乃不惟孔孟同尊之，而殷周之際，全無他議。今日不以明道爲事，惟以口舌爭雄，故不相容也。”王法乾曰：“學須要講，只患不明。”先生曰：“道須要行，只患不斷。”法乾每事要裁先生以義，先生每事助法乾以仁。劉煥章曰：“如二君者，眞古之所謂知矣！”夏希舜問：如何是慢？先生曰：“怠也。如汝頭容不直、足容不重，便是慢。吾人要爲君子，凡讀書須向自己身上打照；若只作文字，便妄讀矣！”“人之爲學，心中思想，口內談論，儘有百千義理，不如人上行一理之爲實也。人之共學，印證詩書，規勸功過，儘有無窮道德，不如大家共行一道之爲眞也。”“禮、樂、射、書、數，似苦人事，而卻物格知至心存身修而日壯。讀書講論，似安逸事，而卻耗氣竭精，喪志痿體而日病。噫！非眞知學者，其孰能辨之？”邊海若憒目病誤學，懊憹不已。先生曰：“堯舜以前，聖賢固不讀書；近儒陽明先生亦云：‘雖不識一字，亦須還某堂堂的做人，豈必多讀而後爲學？’且學乃隨人隨分可盡，無論貴賤、貧富、老幼、男女、智愚、聾瞽，只隨分盡道便是學。況汝前此所讀書所受教已自不少，但實體實行之已自足乎？”語法乾曰：“古人於所不可追補者，亟盡力，良有以也！吾後溪祖，今歲便不能與宴矣！故曰：‘親不在，雖欲孝，誰爲孝？年既長，雖欲弟，誰爲弟？’”朔日行禮畢，二生始至，先生斥之，曰：“汝未讀《孝經》乎？‘夙興夜寐，無忝爾所生’，士農工商所同也。予少壯時聞雞必衣冠而起，無事卽坐以待旦；今媿衰疾，然猶昧爽夙興，摘髮沐面，著常服掃拭，更禮服行三禮——謂家祠、家人、學儀三項禮——今禮畢而汝等始至，何無志乎？”與高生言：“事親愉色婉容，性所自有，須著力發示；既發又須頻頻習熟，不是不費力的做。夫子曰：‘庸德之行，不敢不勉。’又言：‘侍親順親，莫謂我不能有此心；此心聖賢庸愚同有，將此心行出來，就是聖賢異人處。’今人可怪，不敢言聖賢，並不敢言爲聖賢。夫不自聖賢可也，若並不爲聖爲賢，成何人？”“敗亡之國，未嘗無謀，但言之不用耳；廢棄之人，求嘗無善，但口言之不力行，心思之而不加功耳。”“賭博之不才，去盜一間耳，皆非其有而取之也。昔先王之治，男女分途而路不拾遺，學者卽不及聖人，何遽不及聖人之民？人能充路不拾遺之心，無所往而不爲義矣！”序《烈香集》略云：“宇宙眞氣，卽宇宙生氣；人心眞理，卽人身生理。求其自全眞理以生，且以撐持宇宙生生之氣者，止數忠臣、孝子、節婦耳。忠臣、孝子復有名心爲之者，眞不眞未易辨；婦人女子，不感之詩書，非激於僚友親戚，率多眞。若滿城花氏女，未嫁殉夫，《雪棠記》已傳布海內，今烈婦其又爲吾保郡一奇蹟乎？其又爲全生氣以撐持宇宙生生之氣者之一人乎？天下後世聞其風，散者日醇，磽者漸厚，復還虞夏。”云云。——烈婦姓許，自縊殉夫。“君子以所不及尊人，小人以所不及疑人，惡人以所不及忌人。”謂士倧曰：“取士之法，洪武初制甚善，第行之欠唐虞三代之意耳。不令而天下從，不教而天下善，其惟選舉乎？”士倧曰：“弊生法滯，是以不永。”先生曰：“法弊滌弊則法常行，弊生變法則法卽弊。如棄選舉取八股，將率天下賢愚而八股矣！天下盡八股中何用乎？故八股行而天下無學術，無學術則無政事，無政事則無治功，無治功則無升平矣！故八股之害，甚於焚坑；一風俗而成治功，莫善於取人以德，其本莫過於謹庠序之教。洪武間學政良法哉！孟子云：‘知者，無不知也，急先務也。一舉而萬善從焉。’小子誌之，他日得君，必先正其先務。”——鋑按：洪武元年設文武科，應文舉者，察之言行以觀其德，考之經術以觀其業，試之書算以觀其能，察之經史時務以觀其政；應武舉者，先之以謀略，次之以武藝，但求實用，不尚虛文。先生以爲良法，信哉！剛主言：“罷人陳利害，有三等人勿聽：一，書生拘古論今；一，僉人懷詐陳事；一，遊惰管見投合。”先生曰：“然則堯舜禹設鞀、鐸、磬等非乎？防此三等而罷陳利害，是亦因饐廢食也。蓋天下之禍莫大於上下蒙蔽，國家之福莫良於上下宣通。卽明知其爲此三項人，聖明德樂聞之。古人訪工瞽，詢芻蕘，皆審達時變，無所爲而爲之者乎？但須詳審察，不可概行其言，概貴其人耳。”彭永年曰：“人之認讀書爲學者，固非孔子之學；以讀書之學解書，并非孔子之書。”先生曰：“確論。”“口言聖賢之言，身冒聖賢之行，而屋漏或有放肆之心，對妻孥或有淫僻之態者，眞人妖也！”“古人制喪須必在大門內、中門外，想有深意。中門外旣與內室有遠嫌之義，又仍在宅中，有隱隱鎭攝一家之意。若後世之入內者，固非禮；廬墓者，亦失禮意矣。”“湯，聖人也。用日新功。吾輩常人，當時新，時時新，又時新。”問果齋自度才智何取？對云：“欲無不知能。”先生曰：“誤矣！孔門諸賢，禮樂兵農，各精其一；唐虞五臣，水火農教，各司其一。後世非資，乃思兼長，如是必流於後儒思著之學矣！蓋書本上見，心頭上思，可無所不及，而最易自欺欺世。究之，莫道一無能，其實一無知也！”田起鳳言：暑月衣冠不去，何堪？先生曰：“婦女居室親竈，而炎熱不袒，男子奉父母遺體乃不及女子乎？朝臣事君，終日不免冠；在野處士，顧諟天命，乃讓禮貴人乎？”起鳳遽冠。《詩》云：“夙夜基命宥密。”夙夜之間，常能宥密，則立受命之基矣。宥者，無不容；密者，無不精。聖賢成法，多用力於無事之時也。居汴思孔子言“三人行，必有我師”，非必同行也。予今見簾外行人，莊者悚然振予萎，恭者惕然警予肆；輕挑躁暴者，起予畏心。覺無一人非師也。“孔門習行禮樂射御之學，健人筋骨，和人血氣，調人情性，長人仁義。一時學行，受一時之福；一日習行，受一日之福；一人體之，錫福一人；一家體之，錫福一家；一國、天下皆然。小之郤一身之疾，大之措民物之安；爲其動生陽和，不積痰鬱色，安內扞外也。”韓子垂問：道卽在六藝乎？曰：“子臣弟友，道之歸宿；禮樂射御等，道之材具。若無之，則子臣徒具忠孝之心而無其作用，如明末死節諸臣，不可見乎？”

學問第二十

先生曰："學問之道，明見《論語》。曰：'學詩。'曰'爲《周南》、《召南》。'豈讀講可混？惟誦《詩》三百，有一誦字。下郤云'雖多亦奚以爲'，正言不學不爲之弊也。"教邊海若以修官忠廉之道，曰："官雖小亦君之臣也，民之主也，只廉能盡職，便自千古。"海若曰："昔椒山先生作狄道典史，設施甚偉。"曰："正欲子法椒山也。"與門人習禮畢，謂之曰："試思周旋跪拜之際，可容急躁乎？可容暴慢乎？禮陶樂淑，聖人所以化人之急躁、暴慢而調理其性情也。致中、致和以位天地、育萬物者，即在此。漢宋誤認聖人之學，羣天下於讀講著作之中；歷代遂以文字取士，而聖人之道已亡；再參以禪宗，遂掃地矣！吾輩與蒼生，烏得蒙聖人之澤乎？"萬初問明理之學。先生曰："治世之民愚，愚正其智也；亂世之民智，智正其愚也。三代之士習行以爲事，日用而不知功績備舉。近之儒，思講以名學，洞悉而大明，精粗俱廢，自以爲操存明理無不知、無不能也，而實無一知能焉，可哀也。"賈易問交。先生曰："擇交宜急也。吾少時納交張石卿、王介祺、刁文孝、張公儀、呂文輔，皆不遠百里以會之；近取諸郭敬公、李孝慤而父事兄事之；而久交不懈，三十年相扶翼，則今王法乾也。吾勉於親君子遠小人，則不及法乾。子慎於斯二者，何患無交？"立春前，硯水連日不冰。因思：吾人天理暗長一分，人欲自暗消一分；正道暗進一分，邪途自暗退一分。以是知吾人皆可爲聖賢，衰世皆可以復三代，不必陡然純陽而後信之，而後爲之也。"孔門之敬，合內外打成一片，即整飭九容是也。故曰：'修己以敬。'百事無不精詳，即堯舜和三事、修六府，周孔之六行、六藝是也。故《堯典》諸事皆欽，孔門曰‘敬事’，曰‘執事敬’。”一日，端坐洗心，思人欲，汚心之塵垢也；天理，洗心之請涼也；而持敬，則淨拭之潤巾也。“當憂不憂，當怒不怒，佛氏之空寂也；儒者而無所憂怒也，何以異於異端乎？憂則過憂，怒則過怒，常人之無養也；學者而爲憂怒役也，何以別於常人乎？惟平易以度艱辛，嫌和以化凶暴，自不爲憂怒累。”觀子路“告過則喜”。常思大舜合人己通天下打成一個善，眞不可及矣！試思子路與禹，則喜則拜，當下是何等了脫，何等謙光，何等愉快！再遡而追思其未告未聞之前，何等工夫，何等心法！再推而進思其既喜既拜之後，是何等奮發，何等力量！吾輩自不容一毫自鬆，一毫自滿，一毫自恕矣。“今世之儒，非兼農圃，則必風鑑醫卜，否則無以爲生。蓋由漢宋儒誤人於章句，復苦於帖括取士，而吾儒之道之業之術盡亡矣！若古之謀道者，自有禮樂射御書數等業可以了生。觀孔子委吏，簡兮碩兮，王良掌乘可見。後儒既無其業，而有大言道德，鄙小道不爲，眞如僧道不務生理者矣！”論律法曰：“順性中度之謂禮，反性賊情之謂律；禮全性於未遷，律制情於已放。故禮導其順性，律惡其反禮，一也。三物八刑，周公何分焉？聖人之世，俗靜民安；而十井一廛，蓋八十家畜馬四匹、革車一乘、甲士三人、步卒七十二人，加以應供，蓋不使一人閒逸也。禮射、鄉射、大射，田苗獮狩，蓋稼穡外，不使一日暇逸也。聖人豈好勞役其民而耗其財乎？恐一旦叛逆竊發，戎翟內侵，狃於逸脆之民，必胥亡也。”謂文升曰：“事變猝來，當下仁智駢集，便看透始終，自然合義者，聖人也；蔽於事物，仁智不及，便欲亂行，忽然覺非，卽遷於義，所論不遠復者，大賢也；當下蒙蔽，行事錯亂，仁智皆傷，悔悟自怨自艾，或師友提撕，卽改前非，更圖新是，所謂聞過則喜、改過不吝者，賢人也；下此，利害判然，能脱其所蔽而勉於仁智，如漢高、世民者，豪傑也；至於始終滯錮，義理利害俱蒙蔽焉，斯爲下矣！”語剛主曰：“立言但論是非，不論異同。是則一二人之見，不可易也；非則雖千萬人不同，不隨聲也。豈惟雖千萬人，雖千百年同迷之局，我輩亦當以先覺覺後覺，不必附和雷同也。”

鐘錂曰：先生勉於唐虞周之政學，孔孟之學尊祖敬宗，老老恤孤，隆師重友，闢邪衛正，改過修慝；務以日新時惕爲功，懔乎上帝降監，期於勿負蒼生。乃抱負未展，鬱鬱以老牖下，惜哉！惟是天吝先生以倫常，使幼無父母，長無君臣，無昆弟，無子息，孑然一身，孤苦莫似；而獨不能限其學德，時進日益，一言一行，皆可作世模範。謹於日譜略摭梗概，以傳於後云。

卷三　四存編

存學

（一）

由道

聖人學、教、治，皆一致也。“民可使由之，不可使知之”，是孔子明言千聖百王持世成法，守之則易簡而有功，失之徒繁難而寡効。故罕言命，自處也；性道不可得聞，教人也；立法魯民歌怨，爲治也。他如“予欲無言無行不與莫我知”諸章，何莫非此意哉？當時及門，皆望孔子以言；孔子惟率之以下學而上達，非吝也，學教之成法固如是也。道不可以言傳也，言傳者，有先於言者也。顏曾守此不失，子思時異端將盛，或亦逆知天地氣薄，自此將不生孔子其人，勢必失性學治本旨，不得已而作《中庸》，直指性天，已近太混。故孟子承之，教人必以規矩，引而不發，斷不爲拙工改廢繩墨。《離婁》方員深造諸章，尤於先王成法致意焉。至宋而程朱出，乃動談性命相推，發先儒所未發。以僕觀之，何曾出《中庸》分毫？但見支離分裂，參於釋老，徒令異端輕視吾道耳！若是者，何也？以程朱失堯舜以來學教之成法也。何不觀精一旨，惟堯、禹得聞，天下所可見者，命九宮十二教所爲而已；陰陽秘旨，文周寄之於《易》，天下所可見者，王政制禮作樂而已。一貫之道，惟曾賜得聞，及門與天下所見者，《詩》、《書》六藝而已。烏得以天道性命嘗舉諸口而人人語之哉？是以當日談天論性，聰明者如打諢猜拳，愚濁者如捉風聽夢，但彷彿口角各自以爲孔、顏復出矣。至於靖康之際，戶比肩摩，皆主敬習靜之人；而朝陛彊埸，無片籌寸績之士。朱子乃獨具隻眼，指其一二碩德，程子所許爲後身者，曰此皆禪也；而末[1]知二程之所以教之者，實近禪。故徒見其弊，無能易其轍，以致朱學之末流，尤之程學末流矣；以致後世之程朱，皆如程學、朱學之末流矣！長此不返，乾坤尚與賴哉？或曰：佛氏託於明心見性，程朱欲救人而擯之，不得不抉精奧以示人。余曰：噫！程子所見，已稍浸入釋氏分界，故稱其彌近理而大亂眞。若以不肖論之，只以"君子之道四"一節指示，雖釋迦惡魁，亦當垂頭下淚，並不必及性命以上也。然則如之何？曰：彼以空言亂眞，若以不肖論之，只以"君子之道四"一節指示，雖釋迦惡魁，亦當垂頭下淚，並不必及性命以上也。然則如之何？曰：彼以其虛，我以其實。程朱當遠宗孔子，近師安定，以六德、六行、六藝及兵農錢穀水火工虞之類教其門人，成就數十百通儒。朝廷大政，天下所不能辦，吾門人皆辦之；險重繁難，天下所不敢任，吾門人皆任之，吾道自尊顯，釋老自消亡矣！今彼以空言亂天下，吾亦以空言與之角，又不斬其根而反授之柄，我無以深服天下之心而鼓吾黨之氣，是以當日一出，徒以口舌致黨禍。流及後世，全以章句誤乾坤！上者只學先儒講著，稍涉文義，卽欲承先啓後；下者但問朝廷科甲，才能揣摩，皆鶩富貴利達。浮言之禍，甚於焚坑，吾道何日再見其行哉！友人刁蒙吉翻孟子之言曰：著之而不行焉，察而不習焉，終身知之而不由其道者衆也。其所慨深矣！吾意上天仁愛，必將篤生聖哲，剗荊棘而興；堯舜以來，《中庸》之道，斷不忍終此元會直如此而已也。

[1] "末"，當爲"未"。——編者註

總論諸儒講學

僕妄謂性命之理，不可講也；雖講，人亦不能聽也；雖聽，人亦不能醒也；雖醒，人亦不能行也。所可得而共講之、共醒之、共行之者，性命之作用，如《詩》、《書》、六藝而已。卽《詩》、《書》六藝，亦非徒列坐講聽，要惟一講卽教習；習至難處來問，方再與講。講之功有限，習之功無已。孔子惟其與弟子今日習禮、明日習射，間有可與言性命者，亦因其自悟已深，方與言。蓋性命非可言傳也，不特不講而已也；雖使有子路問鬼神生死、南宮适問禹稷羿奡者，皆不與答。蓋能理會者，渠自理會；不能者，雖講亦無益。自漢唐諸儒，傳經講誦；宋之周、程、張、朱、陸遂羣起角立，亟亟焉以講學爲事；至明而薛、陳、王、馮因之，其一時發明吾道之功，可謂盛矣！其效使見知聞知者知尊慕孔孟，善談名理；不作惡不奉釋老名號，卽不肖如僕，亦沐澤中之一人矣。然世道之爲叔季自若也，生民之不治自若也，禮樂之不興自若也，異端之日昌而日熾自若也；以視夫孔子明道而亂臣賊子果懼，孟子明道而楊朱墨果熄，何啻天淵之相懸也？僕氣魄小，志氣卑，自揣在中人以下，不足與於斯道。惟願主盟儒壇者，遠遡孔孟之功如彼，近察諸儒之効如此，而垂意於“習”之一字，使爲學爲教，用力於講讀者一二，加功於習行者八九，則生民幸甚，吾道幸甚！僕受諸儒生成覆載之恩，非敢入室操戈也。但以人之歲月精神有限，誦說中度一日，便習行中銷一日；紙墨上多一分，便身世上少一分。試觀朱子晚年，悔枝葉之繁累，則禮樂未明，是在天者千古無窮之憾也。

明觀

《大學》首四句，吾奉爲古聖眞傳。所學無二理，亦無二事，衹此仁義禮智之德，子臣弟友之行，詩書禮樂之文；以之修身則爲明德，以之齊治則爲親民。明矣而未親，親矣而未止至善，吾不敢謂之道也；親矣而未明，明矣而未止至善，吾亦不敢謂之道也。親而未明者即爲親，非《大學》之親也；然用其功於民，皆可曰親。其親而未明者，漢高帝與唐太宗之類也；其親且明而未止至善者，漢之孝文、光武之流也。凡如此者，皆宋明以來儒者所共見，皆謂之非道者也。其明而未親，且親而未止至善者，則儒者未之言也；非不肯言也，堯舜不作，孔孟不生，人無從證其爲道者。一二聰明特傑者出，於道略有所見，粗有所行，遽自爲眞孔孟矣，一時共尊爲孔孟焉。嗣起者，以爲我苟得如先儒足矣，是以或學訓解纂集，或學靜坐讀書，或學直捷頓悟；至所見所爲彷彿於前人而不大殊，則將就冒認。人已皆以爲大儒矣，可以承先啓後矣；或獨見歧異，恍惚道體，則輒稱發先儒所未發，得孔顏樂處矣，又孰知其非“《大學》之道”乎？此所以皆未之言也。天下人未之言，數百年以來之人未之言，吾獨於程、朱、陸、王之外，別有“《大學》之道”焉，豈不犯天下之惡而受天下僇乎？然吾之所懼，有甚於此者。以爲眞學不明，則生民將永被毒禍，而終此天地，不得被吾道之澤，異端永爲鼎峙；而終此天地，不能還三代之舊。是以冒死言之，望有志繼開者之一轉也。夫明而未親，即所謂明，非《大學》之明，然既用其功於德，皆可曰明。明而未親者，莊周、陳摶之類也；其明且親而未止至善者，周、程、朱、陸、薛、王之儔也。何也？吾道有三盛：君臣於堯舜，父子於文周，師弟於孔孟。堯舜之治，卽其學也，教也，其精一執中，一二人秘受而已。百官所奉行、天下所被澤者，如其命九官十二牧所爲耳。禹之治水，非禹一身盡治天下之水，必天下士長於水學者分治之，而禹總其成。伯夷之司禮，非伯夷一身盡治天之禮，必天下士長於禮學者分司之，而伯夷掌其成。推於九官羣牧咸若是，是以能平地成天也。文周之治，亦卽其學也，教也，其陰陽天人之旨，寄之於《易》而已。百官所奉行、天下所被澤者，如其治岐之政，制禮作樂耳。其進秀民而教之者，六德、六行、六藝，仍本唐虞，敷教典樂之法，未之有改，是以太和宇宙也。孔孟之學教，卽其治也。孔子一貫性道之微，傳之顏、曾、端木而已；其當身之學與教，及門士以待後人私淑者，庸言庸德，兵農禮樂耳。仍本諸唐虞成用之法，未有改，故不惟朞月、三年、五年、七年胸藏其具。而且小試於魯，三月大治；暫師於滕，四方歸之；單父武城，亦見分體，是以萬世永遵也。秦漢以降，則著述講論之功多，而實學實教之力少；宋儒惟胡子立經義治事齋，雖分析已差，而其事頗實矣。張子教人以禮，而期行井田，雖未舉用，而其志可尚矣。至於周子得二程而教之，二程得楊、謝、游、尹諸人而教之，朱之得蔡、黄、陳、徐諸人而教之，以主敬致和爲宗旨，以靜坐讀書爲工夫，以講論性命天人爲授受，以釋經、註傳、纂書史爲事業。嗣之者，若眞西山、許魯齋、薛敬軒、高梁溪，性地各有靜功，皆能著書立言，爲一世宗，信乎爲儒者。煌煌大觀，三代後所難得者矣；而問其學其教，如命九官十二牧之所爲者乎？如周禮教民之禮明樂備者乎？如身教三千，令日習禮，明日習射；教人必以規矩，引而不發，不爲拙工改廢繩墨者乎？此所以自爲得孔子眞傳，天下後世亦皆以眞傳歸之。而卒不能服陸、王之心者，原以表裏精粗全體大用，誠不能無歉也。他不具論，卽如朱、陸兩先生，倘有一人守孔子下學以成法，而身習夫禮樂射御書數，以及兵農錢穀水火工虞之屬而精之；凡弟子遊從者，則令某也學禮、某也學樂、某也兵農、某也水火、某也兼數藝、某也尤精幾藝，則及門皆通儒，進退周旋無非性命也，合內外之道也。如此不惟必有一人虛心以相下，而且君相必實得其用，天下必實被其澤。人才既興，王道次舉，異端可靖，太平可期，正《書》所謂“府修事和”，爲吾儒致中和之實地，位育之功，出處皆得致者也。是謂明、親一理，《大學》之道也。以此言學，則與異端判若天淵而不可混，曲學望浩歎而不敢擬。清談之士，不得假魚目之珠；文字之流，不得逞春華之豔。惟其不出於此，故既卑漢唐之訓詁而復事訓詁，斥佛老之虛無而終蹈虛無。以致紙上之性天愈透，而學陸者進支離之譏，非譏也，誠支離也；心頭之覺悟愈捷，而宗朱者供近禪之誚，非誚也，誠近禪也。或曰：諸儒勿論陽明破賊建功，可謂體用兼全，又何弊乎？余曰：不但陽明，朱門不有蔡氏言樂乎？朱子常平倉制與，在朝風度，不皆有可觀乎？但是天資高，隨事就功，非全副力量如周公孔子，專以是學，專以是教，專以是治也。或曰：新建當日韜略，何以知其不爲學教者？余曰：孔子嘗言：“二三子有志於禮者，其於赤乎？”學之如某可治賦、某可爲宰、某達某藝，弟子身通六藝者，七十二人。王門無此，且其擒宸濠、破甬岡，所共事者，皆當時官吏偏將參謀，弟子皆不與焉。其全書所載，皆其門人旁覺贊服之筆，則可知其非素以是立學教也。是以感孫徵君知統錄說，有陸、王效諍論於紫陽之語而敢出狂愚。少抑後二千年周、程、朱、陸、薛、雄諸先生之學，而伸前二千年堯、舜、禹、湯、文、武、周、孔、孟諸先聖之道，亦竊附效諍論之義。而願持道統者，其深思熟計而决復孔孟之前之成法，勿執平生已成之見解而不肯舍，勿拘平日已高之門面而不肯降，以誤天下後世，可也。

上徵君孫鍾元先生書

某髮未燥，已聞容城孫先生名，然第知清節耳。弱冠前，爲俗學枉度歲月，懵懵不知道爲何物。自順治乙未，頗厭八股習，稍閱《通鑑》、性理、諸儒語錄，乃知世間有理學一脈。己亥，在易水，得交高弟五修，乃又知先生不止以節著，連年來與高弟介祺，尤屬莫逆。德駕旋容時，已稟老親，仝王法乾裝裹出門，將進叩；老親復以滯後不諳路，恐遭楊子之悲，阻之。踰年，則聞復南矣。恭祝綾辭，蒙介翁不外，玷賤名其末。迫讀先生《歲寒居文集》，寄介翁札，不知過聽何人之言而儕之郡賢？則見之不勝惶愧！今在天地間已三十有六，德不加修，學不加進，曾不得大君子一提指之，每一念及，恨不身飛其城旁！玆先大母去世服闋矣，幸大父猶康健，欲曲求俞允，今歲中一炙道範，未審得遂否也？敝庠耿師，東郡人也，以告休南歸；去先生七十里，敢以便略吐愚衷於門下。某靜中猛思宋儒發明氣質之性，似不及孟子之言性善最眞。變代氣質之惡，三代聖人，全未道及。將天生一副作聖全體，參雜以習染，謂之有惡，未免不使人去其本無而使人憎其本有，蒙晦先聖盡性之旨，而授世間無志人一口病。又想周公、孔子教人以禮樂射御書數。故曰：以三物教萬民而賓興之。故曰：身通六藝者，七十二人。故性道不可聞，而某長治賦、某長禮樂、某長足民，一如唐虞之廷，某農、某刑、某禮、某樂之舊，未之有爽也。近世言學者，心性之外無餘理，靜敬之外無餘功。細考其氣象，疑與孔門若不相似；然即有談經濟者，並不過說場、話著種書而已。某不自惴，撰有《存性》、《存學》二編，欲得先生一是之，以挽天下之士習而復孔門之舊。以先生之德望卜之，當易如反掌，則孟子不得專美於前矣！論今天下，朱、陸兩派，互相爭辯，先生高見平和，勸解之不暇，豈可又增一爭端也？但某殊切杞人之憂，以爲雖使朱學勝陸而獨行於天下，或陸學勝朱而獨行於天下，或和解成功，朱陸合一，仝行於天下；則終此乾坤亦只爲當時兩宋之世。終此儒運亦只如說話著書之道學而已。豈不堪爲聖道生民長歎息乎？粗陳一二，望先生靜眼一辨；及時發明前二千年之故道，以易後二千年之新轍，則斯道幸甚！斯民辛[1]甚！臨楮南望，不勝想慕戰懼交集之至！某再拜言。

上太倉陸桴亭先生書

某聞氣機消長、否泰，天地有不能自主，理數使然也。方其消極而長，否極而泰，天地必生一人以主之，亦理數使然也。然粵稽孔孟以前，天地所生以主此氣機者，率皆實文、實行、實體、實用，卒爲天地造實績，而民以安，物以阜。雖不幸而君相之人竟爲布衣，亦必終身盡力於文行體用之實，斷不敢以不堯舜不禹皋者，苟且於一時虛浮之局，高談袖手而委此氣數、置此民物、聽此天地於不可知也；亦必終身窮究於文行體用之樂，斷不敢以惑異端背先哲者，肆口於百喙爭鳴之日，著書立說而誤此氣數、壞此民物、負此天地於不可爲也。目漢晉泛濫於章句，不知章句所以傳聖賢之道，而非聖賢之道也；競尚乎清談，不知清談所以闡聖賢之學，而非聖賢之學也。因之虛浮日盛，而堯舜三事、六府之道，周公孔子六德、六行、六藝之學，所以實位天地、實育萬物者，幾不見於乾紳中矣！迨於佛老昌熾，或取天地萬物而盡空之，一歸於寂滅；或取天地萬物而盡無之，一歸於陞脫。莫謂日月星辰、山川草

[1] “辛”，當爲“幸”。——編者註

木、鳥獸蟲魚、人倫世故，舉爲道外，並已身之耳目口鼻四肢，皆視爲累礙贅餘矣！哀哉！倘於此有堯舜周孔，固必囘消爲長，轉否爲泰矣。卽不然，或如端言、卜仲、二冉之流，亦庶幾衍道脈於不墮，續眞宗於不差，而長泰終有日也。奈何趙氏運中，紛躋孔子廟庭者，皆修輯註解之士，猶然章句也；皆高坐講論之人，猶然清談也。甚至言孝弟忠信如何教，氣稟本有惡，甚與老氏以禮義爲忠信之薄，佛氏以耳目口鼻爲六賊者，相去幾何也？故僕妄論宋儒，謂是集漢晉釋老之大成者，則可；謂是堯舜周孔之正派，則不可。然宋儒，今之堯舜周孔也；韓愈闢佛，幾至殺身，况敢議今世之堯舜周孔者乎？季友著書駁程朱之說，發州决杖，况敢議及宋儒之學術品詣者乎？此言一出，身命之虞所必至也。然懼一身之禍而不言，委氣數於終諉，置民物於終誤，聽天地於終負，恐結舌安坐，不援溝瀆，與強暴橫逆、內人於溝瀆者，其忍心害理，不甚相遠也。某爲此懼，著《存學》一編，申明堯舜周孔三事、六府、六德、六行、六藝之道；大旨明道不在詩書章句，學不在穎悟誦讀，而期如孔門博文約禮，身實學之，身實習之，終身不懈者。著《存性》一編，大旨明理氣俱是天道，性形俱是天命；人之性命氣質，雖各有差等，而俱是此善氣質正性命之作用，而不可謂有惡。其所謂惡者，乃由“引蔽習染”四字爲之祟也。期使人知爲絲毫之惡，皆自玷其光瑩之本體，極神聖之善，始自充其固有之形骸。但孔孟沒後二千年，無人道此理；而某獨異又惴惴焉，恐涉偏私自是，誹謗先儒，將舍所見以苟就近世之學，而仰觀三代聖賢，又不如此。二念交鬱，罔所取正。一日遊祁，在故友刁文孝座，聞先生有佳錄，復明孔子六藝之學；門人姜姓，在州守幕實笥之。懽然如久旱之聞雷，甚渴之聞溪，恨不卽沐甘霖而飲甘泉也。曲致三四，曾不得出。然亦幸三千里外有主張此學者矣！猶未知論性之相左也。既而刁翁出南方諸儒手書，有云此間有桴亭者，才爲有用之才，學爲有用之學；但把氣質許多駁惡雜入天命說一般是善，其《性善圖說》中，有“人之性善正在氣質，氣質之外無性”等語，殊新奇駭乎！乃知先生不惟得孔孟學宗，兼悟孔孟性旨，已先得我心矣！當今之時，承儒道嫡派者，非先生其誰乎？所恨家貧親老，不長操杖親灸進身門下之末；茲乘彭使之便，奉尺楮請教，祈以所著並高弟孰長禮樂、孰長射書、孰爲體用兼優？不惜示下，使聾瞽之子，得有所景仰。尊奉倘有寸進，眞一時千載也！山河隔越，不能多寄，僅以《性》、《學》編各一紙、日記第十卷中摘一頁呈正。不勝南望愷切，想慕之至！

學辯一

性亦須有辯，因吾友法乾王子一言，徹底無識毫齟齬，莫有能發吾意者，遂有待今《存學》之說，將偕吾黨身習而實踐之。易靜坐用口耳之習，爲手足頻拮据之業，非存性空談之比，雖賢者不能無顧惜故窠，憚於變革之意。幸相舉辯難，不厭反復，予撮其大略如左。病中亦多遺脫，不能盡述也。

己酉十一月二十六日，予抱病，復患足瘡，不能赴學，惟坐臥榻，謄《存學》稿。聞王子來會，乃強步至齋，出所謄以質王子，甫閱一葉，遽置之几，盛爲多讀書之辯。予曰：“人之精神無多，恐誦讀消耗，無歲月作實功也；倘禮樂嫺習，但略閱經書數本，亦自足否？”王子曰：“誦讀不多，出門不能引經據傳，何以服人？”予曰：“堯舜諸聖人所據何書？且經傳施行之證佐紛紛，亦奚以爲？今《存學》之意若行，無論朝廷宗廟，即明倫堂上，亦將問：孰嫺周旋？孰諳竹絲？孰射賢？孰算勝？非猶是稱章比句之乾坤矣！且吾儕自視雖陋，倘置身朝堂，但憂無措置耳，引經據傳，非所憂也。”王子曰：“射御之類，有司事，不足學；須當如三公坐論。”予曰：“人皆三公，孰爲有司？學正是學作有司耳。辟之於醫，《黄帝》、《素問》、《金匱》、《玉函》，所以明醫理也；而療疾救世，則必診脈、製藥、針灸、摩砭爲之力也。今有妄人者，止務覽醫書千百卷，熟讀詳説，以爲予國手矣；視診脈、製藥、針灸、摩砭，以爲術家之粗，不足學也。書日博，識日精，一人倡之，舉世效之，岐、黄盈天下，而天下之人，病相枕死相接也，可謂明醫乎？愚以爲從事方脈、藥餌、針灸、摩砭療疾救世者，所以爲醫也，讀書取以明此也。若讀盡醫書，而鄙視方脈、藥餌、針灸、摩砭，妄人也！不惟非岐黄，並非醫也，尚不如習一科、驗一方者之爲醫也。讀盡天下書，而不習行六府、六藝，文人也，非儒也，尚不如行一節、精一藝者之爲儒也。”王子曰：“棟梁材自别，豈必爲樸樕哉？”予曰：“棟梁亦自拱把尺寸長成，成時亦有皮幹枝葉，世豈有渾成棟梁哉？”王子曰：“藝學到精熟後自見上面，幼學豈能有所見？”余曰：“幼學但使習之耳，必欲渠見何爲哉？”王子曰：“不見上面，何與心性？”余曰：“不然。即如夫子使闕黨童之將命，使之觀賓主接見之禮，有下於夫子，客至則見客求教尊長悚敬氣象；有班於夫子，或尊於夫子，.客至則見夫子温良恭儉讓，侃侃誾誾氣象。此是治童子耳目乎？治童子心性乎？故六藝之學，不待後日融會一片，乃自童齔即身心道藝一致加功也；且既令渠習見無限和敬詳密之理，豈得謂無所見？但隨所至爲淺深耳。講家解一貫章，有謂：曾子平日用功，皆是貫中之一；今日夫子教以從一而貫。夫用功於貫中之一，是夫子所以教三千人者也，豈得曰六藝非心性也？”王子曰：“禮樂自宜學，射御粗下人事。”余曰：“賢者但美禮樂名目，遂謂宜學，未必見到宜學處也；若見到，自不分精粗。喜精惡粗，是後世所以誤蒼生也。”王子曰：“弟見不足爲，若爲自是易事。”余曰：“此正夫子所謂‘智者過之’。且昔朱子謂要補填實是難，今賢弟又謂易；要之，非主難亦非主易，總是要斷盡實學不去爲耳。”王子大笑。予曰：“李晦翁年踰五旬，勤力下學，日與弟子拈矢彎弓，甚可欽也。”王子曰：“晦夫叔嘗言射爲男事，何可不習？”余曰：“宋元來儒者，卻習成婦女態，甚可羞！‘無事袖手談心性，臨危一死報君王’，卽爲上品矣！豈若眞學，一復持有經濟，使乾坤中永享治安之澤乎？”王子曰：“六藝之學，誠有功於乾坤。”予曰：“不但爾也。子產云：‘歷事久，取精多，則魂魄強。’今於禮樂兵農無不嫺，卽終身莫之用；而沒以體用兼全之氣，於天地是謂盡人道而死，故君子曰終。故曰學者學成其人而已，非外求也。”王子又笑。予曰：“此學終無行日矣！以賢弟之有志，且深信予，又入朱學未深，似無可戀惜，而猶難挽回如此，況彼已立崖岸者乎？”因復取首數篇進曰：“幸終觀之！”王子閱畢，喟然曰：“孔子是教天下人爲臣爲子，若都袖手高坐作君父，天下事叫誰辦哉？”撫卷歎息久之。余曰：“某急就‘三存編’，以爲天生某，使復明此學而已，非身之材也。欲進之孫徵君，借以冋天下。”王子曰：“人自爲耳，何必伊？”予曰：“天生材自別。伊尹聖之任，夏季之民，如在水火，何不出而延攬豪傑自爲奉天救民之舉，必待成湯之三聘乎？張良志復韓仇，亦嘗聚衆百餘，何不決於自爲，而終屬沛公乎？蓋天生王者氣，其爲主持世統之氣，乃足繫屬天下，非其人不與也。儒者教世，何獨不然？是其人也，天下附之；非其人也，學卽過人而師宗不立。如龍所至則氣聚成雲，否則不可強也。況愚之庸陋不足數乎？自料則可作名教中一董三老耳！”王子辭行。越十日，予病痊，往會王子，因論所言：復閏十二月有諸？王子曰：“此間亦頗聞。”予曰：“噫！豈非學術不明，吾儒誤於空言無能定國是者乎？使吾黨習諳歷象，何以狐疑如此？因言帝堯命羲和，教以欽天授時，及考驗推步之法，堯蓋極精於歷。因言帝王設官分職，未有不授以成法者。堯命司徒授以匡直勞來等法；舜命士師授以五刑、五服、五流、五宅等法，命典樂授以直温寬栗等理，及依永和聲無相奪倫等法；成王置農官，授以錢鎛經艾耕耦等法。觀命官之典，釐成之詩，是君父亦未有不知六府、六藝之學者。則袖手高坐，徒事誦讀，固非所以爲臣子，亦豈所以作君父哉？”

學辯二

又越旬，王子來會。復曰："周公制禮作樂，且以文、武之聖開之，成、康之賢繼之，太、召、君、陳輩左右之，亦不百年而穆王亂，迨東遷而周不可問矣！漢唐宋明，不拘古法，亦定數百年之天下，何歉於三代哉？”予曰："漢唐後之治道，較之三代，蓋星淵不可語也！吾弟未之思耳。吾弟但見穆、平之衰，而未實按其列國情勢民風也。吾茲不與賢弟論三代盛時，且以春秋之末，其爲周七百年矣；只義姑存魯、展禽拒齊二事，風俗之美，人材之盛，魯可尚也。齊乃以婦人而旋師，聞先王命而罷戰，由此以思，當日風俗人心，豈漢唐後所可彷彿哉？”王子曰："終見藝舉粗，奈何！”予曰："此乃不知止耳，觀《大學》言明親，即言止至善；見道爲粗，是不知至善之止也。故曰：‘知止而後有定。’”王子乃懽忻鼓舞曰："昨子產一段，已深悚我心；自今日當務精此學，更無疑矣！”因述乃父命計田數不清。予曰："計畝，人以爲瑣事矣；然父命而不清，非不能爲子之一乎？”王子曰："無大無小，無不習熟，固也。弟昨言棟梁材，兄不以爲然，恐天下自有可大不可小之材。如龐士元非百里材，曾子教孟敬子持大體，非乎？”予曰：“孔子乘田委吏，無不可爲；若位不稱材，便酣睡廢事。此自豪士之態，非君子之常也。孟敬子當時已與魯政，乃好理瑣小，故曾子教以所貴道三，豈可以此言便謂籩豆之事不宜學乎？況當時學術未失，家臣庶士，無不能理事者；第憂世胄驕浮，不能持大體耳。能持大體，凡事自可就也。”王子曰：“博學乃古人第一義。《易》云：‘多識前言往行以畜德。’子路曰：‘何必讀書然後爲學。’可見古人讀書誦讀亦何可全廢？”予曰：“周公之法，春秋教以禮樂，冬夏教以詩書，豈可全不讀書？但古人是讀之以爲學，如讀琴譜以學琴，讀禮經以學禮。博學之，是學六府、六德、六行、六藝之事也。只只以多讀爲博學是第一義已誤，又何暇計問思辯行也？”王子行。越一日，予過其齋。王子曰：“連日思樂能滌人滓渣，只靜敬以求懲忿窒慾，便覺忿慾全無，不時卻又發動，不如心比聲律，私欲自化也。”余曰：“噫！得之矣！某謂‘心上思過，口上講過，書上見過，都不得力，臨事時依舊是所習者出’，正此意也。夫禮樂，君子所以交天地萬物者也，位育著落，端在於此。古人制舞而民腫消，造琴而陰風至，可深思也。”王子又問：“道問學之功，卽六藝乎？”予曰：“然。”又問：“如何是尊德性？”予未答。又問：“如何是‘中人以上可以語上也’？”蓋用一程朱好語上，王子欲證語上之爲是也。予曰：“離下無上。明德、親民、尊德性、道問學，只是此事。語上人皆上，語下人皆下。如灑掃應對，下也，若以語上，人便見出；敬絃指徽律，下也，若以語上，人便見出。和某昨‘童子將命’一段，正是道藝一致耳，目性情一滚做也。”王子憮然曰：“至言！”予曰：“此亦就賢弟之問爲言耳。其實上有上，下有下；上下精粗，皆盡力求全，是謂聖學之極致矣。不及此者，甯爲一節一端之實，無爲全體大用之虛。如六藝不能兼，終身止精一藝可也；如一藝不能全，數人共學一藝，如習禮者，某冠昏、某喪祭、某宗廟、某會同一可也。夫吾輩姿質，未必是中人以上；而從程朱倒學，先見上面，必視下學爲粗，不肯用力矣。”王子曰：“‘下學而上達’，孔子定法，烏容紊乎哉？”

（二）

性理評

程子曰：“邢明叔明辯有才氣，其於世務練習，蓋美才也。晚溺於佛所謂‘日月至焉而已者’，豈不惜哉!”

朱子云：程子死後，其高弟皆流於禪。豈知程子在時已如此乎？蓋吾儒起手便與禪異者，正在徹始徹終，總是體用一致耳。故童子便令學樂舞勺。夫勺之義大矣！豈童子所宜歌聖人？若曰：自灑掃應對以至參贊化育，固無高奇理，亦無卑瑣事。故上智如顔貢，自幼爲之不厭其淺而叛道；粗疏如陳亢，終身習之亦不至畏其難而廢學。今明叔才氣明辯，練達世務，誠爲美才，但因程子不以六藝爲教，初時既不能令明叔認取，其練習世務，莫非心後，又性無由進於位育，實具不見儒道。結果回視所長者不足戀，前望所求者無所得，便覺無意味無來由，烏得不莫之禦而入於禪也？猶吾所謂明帝之好佛，非明帝之罪，而李躬、桓榮之罪也。

夫日月至焉，乃吾夫子論諸賢不能純仁分寸也。當時曾子、子貢之流俱在其中，乃以此明叔之溺佛，程子不亦易言乎？

明道謂謝顯道曰：“爾輩在此相從，只是學某言語，故其學心與口不相應。盍若行之？”請問焉。曰：“且靜坐。”伊川每見人靜坐，便歎其善學。

因先生只說話，故弟子只學說話，心口且不相應，況身乎？況家國天下乎？措之事業，其不相應者多矣！吾嘗談天道性命，若無甚扞格，一著手算九九數輒差；王子講冠禮若甚易，一習初祝便差。以此知心中醒、口中說、紙上作，不從身上習過，皆無用也。責及門不行，彼既請問，正好教之習禮習樂，卻只云且靜坐。”二程亦復如是。噫！雖曰不禪，吾不信也！

武夷胡氏曰：“龜山天資夷曠，濟以問學，充養有道，德器早成，積於中者純粹而宏深，見於外者簡易而平淡，閒居和而鄙吝之態自不形也。推本孟子‘性善’之說，發明《中庸》、《大學》之道，有欲知方者，爲指其攸趨，無所隱也。當時公卿大夫之賢者，莫不尊信之。”又曰：“先生造養深遠，燭理甚明；混迹同塵，知之者鮮。行年八十，志氣未衰，精力少年殆不能及。朝廷方嚮意儒學，日新聖德，延禮此老，置之經筵，朝夕咨訪，裨補必多。至如裁决危疑，經理世務，若燭照數計而龜卜也。”

無論某他，只“積於中者純粹而宏深”一語，非大賢以上能之乎？其中之果純粹與否、宏深與否，非僕所知，然朱子則已譏其入於禪矣。禪則必不能純粹宏深，純粹宏深則必不禪也。至混迹同塵氣象，五經《論》、《孟》中未之見，非孟子所謂“同流合汚”者。平充此局，以想夷曠、簡易、平淡、和樂、可親諸語，恐或皆孟子所狀鄉原光景也。

陳氏淵曰：“伊川自涪歸，見學者凋落，多從佛教，獨龜山先生與謝丈不變。因歎曰：‘學者皆流於異端矣！惟有楊、謝二君長進。’”

嘗觀孔子歿，弟子如喪父母，哀慟無以加矣；又爲之備禮營葬送路，無以加矣；又皆廬其墓三年，倦戀無以加矣；餘情復見於同門友之不忍離，相向而哭，皆失聲。其師弟情之篤而義之重，蓋如此也。迄後有宋程朱兩門，以師弟著於乾坤，不惟自任以爲眞繼孔子之統，雖當時及門，亦以爲今之孔子矣。後世景仰，亦謂庶幾孔門師弟矣。而其歿也，不過一祭一贊，他無聞焉。僕存此疑於心久矣，亦謂生榮死哀之狀，必別有記載，寡陋未之見耳；殊不意伊川生時，及門已如此其相負也。涪之別也，日月幾何，而遽學者凋落相率而從於佛也？又孰知所稱楊、謝不變者，下此亦流於禪也？然則眞承程子之統者誰也？非因二程失古聖教人成法，空言相結之不固，不如實學之相交者深乎？仰程門弟子之從佛，或亦其師夙昔之爲教者，去佛不遠也。程子闢佛之言曰："彌近理而大亂眞。"愚以爲非佛之近理，乃程子之理近佛也。試觀佛氏立教，與吾儒之理，遠若天淵，判若黑白，反若冰炭；其不相望也，如適燕適越之異其轅，安在其彌近理也？孟子曰："治人不治反其智。"伊川於此，徒歎學者之流於異端，而不知由己失孔子之教，亦欠自反矣！

問龜山晚年出是不可曉，其召也以蔡京，然在朝亦無大建白。朱子曰："以今觀之，則可以追咎當時無大建白；若自己處之，不知當時所當建白者何事？或云不過擇將相爲急，曰：也只爲說擇將相固是急。然不知當時有甚人可做？當時將只說种師道，相只說李伯紀，然固皆嘗用之矣。又況自家言之，彼亦未必見聽。據當時事勢，亦無可爲者；不知有大聖賢之材，何如耳？"

當時所稱大儒如龜山者，既自無將相材，又無所保舉；異世後追論，亦無可信之人，不過神、季二公而已。然則周、程、張、邵，棺木尚新，其所成之人材皆安在哉？世有但能談天說性、講學著書而不可爲將相之聖賢乎？

或言擇將相爲急，何不曰當時龜山便是好將相，惜未信用？乃但云"也只好說擇將相"，蓋身分亦有所不容誣也。噫！儒者不能將不能相，只會擇將相，將相皆令何人做乎？末又云："當時事勢亦無可爲者，不知有大聖賢之材何如耳？”是明將經濟時勢讓與聖賢做，尚得謂之道學乎？至於李公字行，种公名呼，比朱子重文輕武不自覺處，其遺風至今日。衣冠之士，差與武夫齒；秀才挾弓矢出，鄉人皆驚；甚至子弟騎射武裝，父兄便以不才目之。長此不返，四海潰弱，何有已時乎？獨不觀孔門無事之時，弓矢劍佩不去於身也，武舞干戚不離於學也。身爲司寇，墮三都，會夾谷，無不尚武事也；子路戰於衛，冉樊戰於齊，其餘諸賢，氣象皆可想也。學喪道晦，至此甚矣！孔門實學，亦可以復矣！

問龜山當時何以出來？曰：“龜山做人也苟且，是時未免禄仕，故亂就之。”云云。問或者疑龜山爲無補於世，徒爾紛紛；或以爲大賢出處，不可以此議，如何？曰：“龜山此行固是有病，但只後人又何曾夢到他地位？惟胡文定以柳下惠援而止之，而止比之極好。

余嘗謂宋儒是理學之時文也，看朱子前面說：“龜山做人苟且，未免禄仕，故亂就之。”此三語，抑楊氏於鄉黨自好者以下矣！後面或人說“大賢出處不可議”，又引胡氏之言，比之柳下惠，且曰“極好”，又何遽推之以聖人哉？蓋講學先生，只好說體面話，非如三代聖賢，一身之出處，一言之抑揚，皆有定見。龜山之就召也，正如燕雀處堂，全不見汴京亡、徽欽虜，直待梁折棟焚，而後知金人之入宋也。朱子之論龜山，正如戲局斷獄，亦不管聖賢成法，只是隨口臧否，駁倒龜山以伸吾識可也，救出龜山以全講學體面亦可也。

上蔡爲人英果明決，強力不倦，克己復禮，日有課程。所著《論語說》，及門人所記遺語行於世。

要推尊上蔡，便言其克己復禮，日有課程；後面要說程門諸人，見皆不親切之故。又言是無頭無尾，不曾盡心，毋乃自相矛盾乎？此處殊令人疑。

上蔡直指窮理居敬爲入德之門，最得明道教人之綱頒。

朱子稱“上蔡直指窮理居敬爲入德之門，最得明道教人綱領”。僕以爲此四字，正諸先生所以自欺而自誤者也！何也？“窮理居敬”四字，以文觀之甚美；以實考之，則以讀書爲窮理功力，以恍惚道體爲窮理精妙，以講解著述爲窮理事業，儼然靜坐爲居敬容貌，主一無適爲居敬工夫，舒徐安重爲居敬作用。觀世人之醉生夢死、奔走放蕩者，誠可謂大儒氣象矣。但觀之孔門，則以讀書爲“致知”中之一事；且書亦非徒佔畢讀之也，曰爲《周南》、《召南》，曰學《詩》、學《禮》，曰學《易》執禮，是讀之而卽行之也；曰“博學於文”，蓋詩書六藝以及兵農水火，在天地間爍著者皆文也，皆所當學之也；曰“約之以禮”，蓋冠婚、喪祭、宗廟、會同，以及升降、周旋、衣服、飲食，莫不有禮也，莫非約我者也。凡理必求精熟之至，是謂窮理；凡事必求謹愼之周，是爲居敬。上蔡雖賢，恐其未得此綱領也；不然，豈有居敬窮理之人，而流入於禪者哉？

明道以上蔡誦讀多記爲玩物喪志，蓋爲其意不是理會道理，只是誇多鬭靡爲能。若明道看史，不差一字，則意思自別，此正爲己、爲人之分。

謝良佐記問甚博，明道謂之曰：“賢卻記得許多，可謂玩物喪志。”良佐身汗面赤。明道曰：“此便是惻隱之心。”可見大程學教，猶不靠定書本；僕披閱至此，悚然起敬，以爲此正明道優於伊川、紫陽處，又未嘗不愛謝公之有志也。使朱子讀此，亦爲之汗身赤面爲善矣。乃曲爲之說，謂渠是誇多鬭靡，不是理會道理；又引程子看史事證之，總是不欲說壞記誦一道，恐於已讀盡天下書之志有妨也。不知道理不專在書本上理會，貪記許多以求理會道理，便會喪志不得，以程子看史一字不差相混也。

問上蔡說横渠以禮教人，其門人下梢頭低，只溺於刑名度數之間，行得來因無所見處，如何？曰：“觀上蔡說得偏了，這都看不得禮之大體，所以都易得偏。如上蔡說横渠之非，以爲欲得正容謹節，這是目好，如何廢這個得？如專去理會刑名度數，固不得又全廢了，這個也不得。”

宋儒胡子外，惟横渠之志行井田，教人以禮，爲得孔孟正宗。謝氏偏與說壞，譏其門人下梢顛低，溺於刑名度數，以爲横渠以禮教人之流弊。然則教人不當以禮乎？謝氏之入禪，於此可見。二程平昔之所以教楊、謝諸公者，於此可想矣。玩“行得來因無所見”一語，横渠之教法，眞可欽矣！“民可使由之，不可使知之”、“道之以德，齊之以禮”，此聖賢百世不易之成法也。雖周公、孔子，亦只能使人行，不能使人有所見；功候未到，卽強使有所見，亦無用也。孟子曰：“行之而不著焉，習矣而不察焉，終身由之而不知道者，衆也。”此固歎知道之少，而吾正於此服周公、孔子流澤之遠也！布三重以教人，使天下世世守之。後世有賢如孟子者，得由行習而著察；卽愚不肖者，亦相與行習於吾道之中。正《中庸》所謂行而世爲天下法，歷八百年而猶在，幾百餘年而未衰。此周公、孔子之不梢頭，原如是其低也，而其上梢頭，亦未嘗高。制禮作業，遵行徧天下，而周公之心，雖親賢之召公，不盡知也；博文約禮，服習遍三千，而一貫之秘，雖聰穎之端木，未之聞也。相隨半生，尚以多學而識認夫子；然則未聞性道之，前端木子與三千人，不同以文禮爲道乎？則横渠之門人，卽使皆認刑名度數爲道，何害也？朱子旣見謝氏之偏，而知横渠之是，卽宜考古稽今，與門人講而習之，使人接節文、家行典禮，乃其所也。奈何盡力誦讀著述，躭延歲月！迨老而好禮，又只要著《家禮》一書，屢易藁始成；其後又多自嫌不妥，未及改正而沒。其門人楊氏，固嘗代爲致憾矣，考其實，及門諸公，不知式型與否；而朱子家祠喪禮，已多行之未當，失周公、孔子之遺意者矣。豈非言易而行難哉？

伊彥明見伊川後半年，方得《大學》、《西銘》，看此意思好也。有病蓋且養他氣質淘潠，去了那許多不好底意思。如《學記》所謂"未卜禘，不視學，遊其志也"之意，此意思固好，然也有病者：蓋天下有多少書，若半年間都不教他看一字，幾時讀得天下許多書？所以彥明終竟後來工夫少了。

伊川雖失孔子學教成法，猶知不可遽語人以高深，猶知不全靠書册，故遲半年方與門人《大學》、《西銘》看。至朱子則必欲人讀天下許多書，是將道全看在書上，將學全看在讀上，其學教之法，又不逮伊川矣！吾謂《大學》可卽與看；若《西銘》，雖姿性聰敏者，再遲數年與看，未爲晚也。

和靖涪州被召，祭伊川文云："不背其師則有之，有益於師則未也。"因言："學者只守得某言語已自不易，少間又自轉移了。"

吾讀《甲申殉難錄》，至"愧無半策匡時難，惟餘一死報君恩"，未嘗不悽然一泣下也！至覽和靖祭伊川"不背其師有之，有益於世則未"二語，又不覺廢卷浩歎，爲生民愴惶久之。夫周孔以六藝教人，載在經傳。子罕言"仁命不語神，性道不可得聞，予欲無言，博文學禮"等語，出之孔子之言，及諸賢所記者，昭然可考。而宋儒若未之見也，專肆力於講讀，發明性命，閑心靜敬，著述書史。伊川明見其及門皆入於禪而不悟，和靖自覺其無益於世而不悟，甚至求一守言語者亦不可得，其弊不大可見哉？至於朱子追述，似有憾於和靖，而亦不悟也。然則吾道之不行，豈非氣數使之乎？

問："伊川門人如此其衆，後來更無一人見得親切，或云遊楊亦不久親炙。"曰："也是諸人無頭無尾，不曾盡心在上面也。各家去奔走仕宦，所以不能理會得透。如邵康節，從頭到尾，極終身之力而後得之，雖其不能無偏，然就他這道理，所謂成而安矣；如茂叔先生，資稟便較高，他也去仕宦，只他這所學自是合下直到，所以有成。某看來，這道理若不是拚生盡死去理會，終不得解。"

伊川門人甚衆，後更無一人見之親切，非因伊川所教，諸人所學，俱失孔子實學之故乎？朱子乃云："是諸人無頭無尾，不曾盡心在上面。"試觀游楊、謝尹諸公，果是無頭無尾不曾盡心者乎？又云："各去奔走仕宦，所以不能理會透。康節極終身之力，而後有得；茂叔亦去仕宦，只他資稟高，合下直到。"然則必欲人不仕宦不作事，終身只在書室中，方可得道乎？

《與叔文集》煞有好處，他文字極是實說得好處，如千兵萬馬，飽騰伉壯。上蔡雖有過當處，亦自是說得透。龜山文字，卻怯弱，似是合下會得。易、遊、楊、謝諸公，當時已與其師不相似，卻似別一家。謝氏發明得較精彩，然多不穩貼；和靖語卻實，然意短，不似謝氏發越。龜山《語錄》，與自作文不相似，其文大段照管不到，前面說如此，後面又都反了，緣他只依傍語句去，皆不透。龜山年高，與叔年四十七，他文字大綱立得脚來，健多有處，說得好又切，若有壽，必然進。游定夫學無人傳，無語錄。

如何只論人文字言語長短，語錄有無，非失聖門學宗，不實用功於明親，故無實事可稱舉乎？今有人議諸先生專在文字言語用功，或云只在言語文字論人品，必至羣相譁之曰："彼大儒不止是也。"乃考其實，則竟如此。較歐蘇諸公，但多講論性道之語，內地靜敬之功耳。試想三代前君臣奬贊、師弟敍述，或後人論斷前聖賢，曾有此口吻比例否？噫！恐不啻冰玉之相懸也！

上蔡之學，初見其無礙，甚喜之；後細觀之，終不離禪的見解。

予於程朱、陸王兩派學宗正如是。

龜山不見伊川時，先看《莊》、《列》等文字；後來雖見伊川，然而此念熟了，不覺時發出來。游定夫尤甚，羅仲素時復亦有此意。

聖人教人六藝，正使之習熟天理；不然，雖諄諄說與無限道理，至吃緊處，依舊發出習慣俗雜念頭。

一日論伊川門人云："多流入釋老。"陳文蔚曰："只是游定夫如此，恐龜山輩不如此。"曰："只《論語序》便可見。"

朱子論游楊入釋老處，不知何指？但既廢堯舜周孔六府、六藝之學，則其所謂不入釋老者，又果何指也？僕嘗論漢人不識儒，如萬石君家法，眞三代遺風。不以儒目之，則其所謂儒，只是訓詁辭華之流耳！今觀朱門師弟，一生肆力文字光景，恐或不免爲游楊所不屑也。

看道理不可不仔細。程門高弟，如謝上蔡、游定夫、楊龜山輩下梢，皆入禪學去。必是程先生當初說得高了，他們只睥見上截，少下面著實功夫，故流弊至此。

僕意朱子未覺程門教法之失，既覺而復蹈之，何也？倘因此便返於實學，豈非吾道之幸哉？

下面着實功夫，是何物乎？將謂是靜敬乎？程門諸子，固已力行之矣，將謂是禮樂射御書數之屬乎？

朱子已云補塡難，姑不爲之矣，將謂是庸德庸言乎？恐禮樂射御書數，所以盡子臣弟友之職者，既不爲又何者？是其不敢不勉者乎？考其與及其門日征月邁者，則惟訓解經傳，纂修書史，死生以之，或某所謂下面著實功夫者，未必是孔子所云“下學”也。

韓退之云：“孔子之道，大而能博；門弟子不能遍觀而盡識也，故學焉而皆得其性之所近。”此說甚好。看來資質定了，其爲學也，只就他資質所尚處添得些小好而已。所以學者貴公聽並觀，求一箇是當處，不貴徒執己自用。今觀孔門諸子，只除顔、曾之外，其他說話，便皆有病。

平日講學生變化氣質，此處卻云“其爲學也，只就資質所尚處添些小好而已”。蓋諸先生認氣質有惡，不得不說變化；此處要說諸賢各得其性之所近，故又說“氣質已定，只添些小好”。且下云：“學貴公聽並觀，求一箇是當。”如果有此妙法，而諸賢徒執己見求之，固可憾矣！乃吾夫子亦不爲之一指點也。何朱先生之大智，而聖門師弟之大愚乎？則朱子所見之道與所謂之學、所行之教，與聖門別是一家明矣。至於求諸賢之短，又何不著實體驗諸賢之造詣何如？吾輩較之何如？乃只論其說話有病無病乎？僕謂不惟七十子之品詣非可輕議，便是二千九百餘人，既經聖賢陶鎔，亦不易言也。自戰國横議後，重以秦人之焚坑、漢儒之訓詁、魏晉之清談、歷代之佛老、宋元之講讀，而七十子之身分，久不明於世矣！吾嘗謂孔子如太陽當空，不惟散宿衆星不顯其光，即明月五星亦不出色。若當下旬之夜，一行星洞照，四國仰之，如太陽然矣。故孔子奠楹後，羣推有子爲聖人，西河又推卜子爲聖。當時七十子身通六藝，日月至仁，倘有一人出於後世，皆是倡學一代，使人望爲聖人，非周程以下諸先生所可比也。近法乾王子有言：“後儒稍有不純議廟典者，動言黜退聖門。如冉求之聚斂、宰予之短喪，何可從祀？”予曰：“賢弟未之思耳，冉有固有虧欠處，其學卻實如此。案即缺一角，仍是有用之巨器，豈可舍也？故聖門一在政事之科，一在言語之列，不比後人虛言標榜，書本上見完全也。”王子曰："然！"

延年李氏曰："羅先生性明而修，行全而潔，充之以廣大，體之以仁恕，精深微妙，多極其至。漢唐諸儒，無近似者。"

又是一聖人，宋固多聖人乎？

陳氏協曰："先生可謂有德有言之隱君子矣！李公侗傳其學，公歿之後，既無子孫及其遺言，不多見於世。嘉定七年，郡守劉允濟始加搜訪，得公所著《遵堯錄》八卷，進之於朝。其書四萬言，大要謂藝祖開基，列聖繼統；若舜禹遵堯而不變，至元豐改制，皆自王安石作俑，創爲功利之圖。浸致邊疆之悔，是其畎畝不忘君之心，豈若沮溺輩'索隱行怪'之比耶？"

元佑[1]元豐之獄，迄無公論。要之，荆公之欲強宋，本是而術未盡善，苟安者競爲敵。洪水罔績，遂咎崇伯；然使即任濂、洛羣哲，恐亦如四嶽羣牧無如洪水何，未是神禹也。

周氏坦曰："觀先生在羅浮山靜坐三年，所以窮天地萬物之理，切實若此。"

原來是用此功！豈不令孔子哀之乎？但凡從靜坐讀書中討來識見議論，便如望梅畫餅，靠之饑食渴飲不得。

朱子曰："李延平先生屏居山里，結茅水竹之間，謝絕世故四十餘年；簞瓢屢空，怡然自得。"

試觀孔子前有謝絕世故之道學乎？

先生從羅仲素學，謂讀之餘，危坐終日，以驗夫喜怒哀樂未發之前氣象爲何如，而求所謂中者。若是者，蓋久之而知天下之大本，眞有在乎是也。

昔孔門固有講誦，乃誦其所學，講其所學。如誦三代之禮、講

[1] "元佑"，當爲"元祐"。——編者註

三代之禮以學禮，誦樂章、講樂器樂音樂理以學樂，未有專以講誦爲學者。至於危坐終日，以驗未發氣象爲求中之功，尤孔子以前千聖百王所未聞也。今宋家諸先生講讀之餘，繼以靜坐，更無别功，遂知天下之大本眞在乎是。噫！果天下之大本耶？果天下之理無不自是出耶？何孔門師弟之多事耶？

先生資稟勁特，氣節豪邁；而充養純粹，無復圭角。精純之氣，達於面目，色温言厲；神定氣和，語默動靜，端詳閒泰，自然之中若有成法。平居恂恂於事，若無可否；及其應酬事變，斷以義理，則有截然不可犯者。

先生之道德，純備學術通明，求之當時，殆絶倫比。然不求知於世，而亦未嘗輕以語人，故上之人既莫之知而學者，亦莫之識。是以進不獲行於時，退未及傳之於後，而先生方且玩其所與樂者於畎畝之中，悠然不知老之將至。蓋所謂依乎《中庸》遯世不見，知而不悔者，先生庶幾焉。

合二段觀之，則延平先生眞一孔子矣！夫聞惡而信、聞善而疑者，小人也；僕即不肖，何忍以小人自居乎？但似唐虞三代之盛，亦數百年而後出一大聖，不過數人輔翼之。若堯舜之得禹皐，孔子之得顏曾，直如彼其難；而出必爲天地建平成之業，處亦一年成聚、二年成邑、三年成都，或身教三千以成天下之材，斷無有聖人而空生之者。况秦漢後千餘年間氣數乖薄，求如仲弓、子路之輩不可多得，何獨以偏缺微弱、兄於契丹、臣於金元之宋？前之居汴也，生三四堯孔、六七禹顏；後之南渡也，又生三四堯孔、六七禹顏。而乃前有數聖賢，上不見一扶危濟難之功，下不見一可相可將之材，兩手以二帝畀金，以汴京與豫矣！後有數十聖賢，上不見一扶危濟難之功，下不見一可相可將之材，兩以手少帝付海，以玉璽與元矣！多聖多賢之世，而乃如此乎？噫！

先生少年豪勇，夜醉馳馬數里而歸；後來養成徐緩，雖行二三里路，常委蛇緩步，如從容室中也。問先生如何養？曰：“先生只是潛養思索。他涵養得自是別眞，所謂不爲事物所勝者。”

孔子但遇可憫可敬，便勃然變色；忽而久，忽而速，似爲事物所勝，乃是聖人。釋氏父子兄弟亦不動心，可謂不爲事物所勝，卻是異端。

古人云：“終日無疾言遽色。”他眞個是如此，尋常人叫一人一二聲不至，則聲必厲；先生叫之不至，不加於前也。尋常人去近處必徐行，出遠處必行稍急；先生出近處也如此，出遠處亦只如此。又如坐處壁間有字，某每嘗亦須起頭一看；若先生則不然，方其坐固不看也，若是欲看，則必起就壁下看之。其不爲事物所勝，大率如此。

行遠不加急，叫人不至聲不加大，坐處有字必不坐看，天地間豈有此理乎？莫謂可以速則速、可以久則久之孔子不如此，雖伯夷、柳下惠，亦斷非如此氣象。

先生居處有常，不作養力事。

只“不作費力事”五字，不惟贇延平，將有宋一代大儒，皆傑出矣！子路問政，子曰：“先之勞之。”天下事皆吾儒分內事，儒者不費力誰費力乎？試觀吾夫子生知與行之聖，自兒童嬉戲時，卽習俎豆升降；稍長，卽多能鄙事。旣成師望，與諸弟子揖讓進退，鼓瑟、習羽籥、干戚、弓矢、會計，一切涵養心性、經濟、生民者，蓋無所不爲也。及其周遊列國，席不暇煖而輒遷，其作費力事如此，然布衣也。周公，文王之子、武王之弟、成王之叔，身爲上公者也，而亦多材多藝，吐餔握髮以接士，制禮作樂以教民。其一生作費力事又如此，此所以身當國鈞，開八百之祚於宗周。其人材至末流，猶堪爲五霸之用；雖爲布衣，布散三千人於天下，維二百年之國脈，其士風之塌壞，猶足供七雄之用。故曰：“儒者天地之元氣。”以其在上在下，皆能造就人材以輔世澤民、參贊化育故也。若夫講讀著述以明理，靜坐主敬以養性，不肯作一費力事，雖曰口談仁義，稱述孔孟，其與釋老之相去也者幾何？

先生廳屋書室，整齊瀟洒，安物皆有常處；其制行不異於人，亦嘗爲任希純教授延入學作職事，居常無甚異，全頹如也。眞得龜山法門。

常斯世而身任教授，焉得無甚異同乎？又焉得以“頹如也”爲德容乎？其與龜山之混迹同塵一矣！宜朱子稱爲“眞得龜山法門”也。

問先生所作李先生行狀云“終日危坐，以驗夫喜怒哀樂之前氣象爲如何而求所謂中者”，與伊川之說若不相似。曰：“這處是舊日下的，語太重。今以伊川之語格之，則其下功夫處，亦有些子偏。只是被李先生靜得極了，便自見得是，有個覺處，不似別人。今終日靜坐，只是且收斂在此，勝如奔馳；若一向如此，又似坐禪入定。”

看朱子前日所言絲毫未隱，皆不難自駁倒；若有人以不肖性辯及孔子教法，進必豁然改悟。恨吾生也晚，不獲及門矣！

靜極生覺，是釋氏所謂至精至妙者。而其實洞照萬象處，皆是鏡花水月，只可虛中玩弄光景；若以之照臨折載，則不得也。吾聞一管姓者，與吾友汪魁楚之伯，同學仙於泰山中，止語三年。汪之離家十七年，其子往覓之，管能預知，以手畫字曰：“汪師今日有子。”未既而果然。未幾其兄呼還，則與鄉人同也。吾遊北京，遇一僧敬軒不識字，坐禪數月，能作詩；既而出關，則仍一無知人也。蓋鏡中花水中月，去鏡、水則花、月無有也。即使其靜功綿延，一生不息，其光景愈妙，虛幻愈深，正如人終日不離鏡、水，玩弄其花、月一生，徒自欺一生而已！何與於吾性廣大親明之體哉？故予論明親，有云而未親即謂之明，非大學之明也。蓋無用之體，不惟無眞用，並非眞體也。有宋諸先生，吾固未敢量，但以靜極有覺爲孔子學宗，則斷不敢隨聲相和也。

問延平先生："何故驗於喜怒哀樂未發之前而求所謂中？"曰："只是要見氣象。"陳後之曰："持守良久，亦可見未發氣象。"曰："延平亦是此意。"又問："此與楊氏於未發前體驗者異同何如？"曰："這個亦有些病。那體驗字是有個思量了，便是已發；若觀時恁著意看，便是未發。"問："此體驗是著意觀，只恁平常否？"曰："此意是以不觀觀之。"

觀此及前節，則宋儒之不爲禪者鮮矣！而方且攻人曰："近有假佛老之似，以亂孔孟之眞者。"愚謂充此段之意，乃是假佛老之眞，以亂孔孟之似耳！

某舊見先生時，說得無限道理，也曾去學禪。先生云："如恁地懸空理會得許多，而前事卻又理會不得？道亦無奇妙，只在日用間者，實用工夫處理會，便自見得後來，方曉得他說。故今日不至無理會耳！"

原來朱子亦曾學禪宜其濯洗不淨者，自貽伊戚矣！延平謂之曰："汝懸空理會許多，面前卻理會不得。"理會面前者，惟周公、孔子之道。朱子自言不至無理會，以今觀之，日用間還欠理會。蓋二先生之所謂"面前事"，較釋氏之懸空而言耳。若二先生得周、孔而見之，其所以告之者，必仍如李先生之告朱先生也。

猗歟先生！果自得師，身世兩忘，惟道是資。精義造約，窮深極微，凍解冰釋，發於天機。乾端坤倪，鬼秘神彰，風霆之變，日月之光，爰暨山川，草木昆蟲，人倫之至，王道之中，一以貫之，其外無餘；縷析毫差，其分則殊。體用渾全，隱顯昭融，萬變並酬，浮雲太空。仁孝友弟，■講明[1]，清通和樂，展也大成。婆娑邱林，世莫我知，優哉游哉，卒歲以嬉。

前“資稟勁特”二段，已極推崇；此祭文中寫狀尤極酣濃，不遺餘力。延平雖賢，恐未能當之。昔吾寄書於友人任熙宇，因其長力筆[2]事，內有“蕭曹之才，兼慕孔孟之道”二語。任答書云：“凡譽人失實，卽是自已離道；僕之駑下，輕誣以蕭曹，卽道兄須臾之離道。”予當時讀至此，悚然若魂飛，驚愧無地，自謂與任老相交，得力於此書者不淺也。朱子何其見游、楊諸公之明，而推其師之侈也？抑篤服之切，不覺其過情歟？乃於靜坐之說，亦明不以爲然，又可疑也。

朱子曰：“胡文定曰：‘豈有見理已明而不能處事者？’此語好！”

見理已明而不能處事者多矣！有宋諸先生，便謂還是見理不明，只教人明理。孔子則只教人習事，迨見理於事，則已徹上徹下矣。此孔子之學與程朱之學所由分也。《二論》、《家語》中明明記載，豈可混哉？

（三）

性理評

延平謂朱子曰：“渠所論難處，皆是操戈入室；須從源頭體認來，所以爲說話。”

---

❶ “■講明”，疑爲“灑落誠明”。——編者註

❷ “力筆”，當作“刀筆”。歷代文職官員被稱爲“刀筆吏”。蕭何就曾任秦朝刀筆吏。——編者註

從源頭體認宋儒之誤也，故講説多而踐履少，經濟事業則更少。若宗孔子“下學而上達”，則反是矣。

渠初從謙開善處下功夫來，故皆就裏面體認。今既論難，見儒者路脈，極能指其差誤之處。自見羅先生來，未見有如此者。

朱子雖逃禪歸儒，惜當時指其差誤，猶有未盡處；只以補填禮樂射御書數爲難，謂待理會道理通透、誠意正心後方理會，此等便是差誤。夫藝學古人，自八歲後卽習行，反以爲維；道理通透，誠意正心，乃《大學》之純功，反以爲易而先之，斯不亦顛倒矣乎？況舍置道理之材具心意之作用，斷無眞通眞透誠正之理；卽使強以其鏡花水月者，命之爲通透誠正，其後亦必不能理會六藝。蓋有三故焉：一者，游思高遠，自以爲道明德立不屑作瑣繁事；一者，略一講習，卽謂已得未精，而遽以爲精；一者，既廢藝學，則其理會道理誠意正心者，必用靜坐讀書之功，且非猝時所能奏效。及其壯衰已養成嬌脆之體矣，烏能勞筋骨費氣力作六藝事哉？吾嘗目擊而身嘗之，知其爲害之鉅也。吾友張石卿，博極羣書，自謂秦漢以降，二千年書史，殆無遺覽。爲諸少年發書義至力竭，偃息牀上，喘息久之，復起講力竭，復偃息，可謂勞之甚矣。不惟有傷於己，卒未見成起一才，此其時欲學六藝，何以堪也？邪陽、刁蒙吉致力於靜坐讀書之學，晝誦夜思，著書百卷，遺精痰嗽無虛日，將卒之三月前，已出言無聲。元氏一士子，勤讀喪明。吾與法乾年二三十，又無諸公之博洽病，亦病無虛日。雖今頗加憤恨，期易轍而崇實，亦惴惴恐其終不能勝任也。況今天下兀坐書齋人，無一不脆弱爲武士農夫所笑者，此豈男子態乎？差毫釐而謬千里，不知誰爲之祟也？噫！

勉齋黃氏曰：“先生年十四，慨然有求道之志；博求之經傳，徧交當世有識之士，雖釋老之學，亦必究其歸趣。”

今世爲學，須不見一奇異之書嗎，但讀孔門所有經傳，即從之學其所學，習其所習，庶幾不遠於道。雖程、朱、陸三諸先生語錄，亦不可輕看，否則鮮不以流之濁而誣其源之清也。朱子少時，因誤用功於釋老，遂沾其氣味；而吾五百年有功於聖道之大儒，不能滌此歧途之穢，豈非宋元來學者之不幸哉？余細玩《朱子語錄》，亦有恍悟性學本旨處，但無如曾、孟者；從旁一指，終不是判然出彼入此，糊糊塗塗，又仍歸周、程所說。或曰，悟學宗如是其難，吾子天資猶夫人也，而謂獨明孔子學宗，吾滋惑矣！予曰："蓋有由也。吾自弱冠遭家難，頗志於學，兼讀朱、陸兩派語錄，後以心疾無所得而萎塌。至甲辰年三十，得交王子助予，遂專程朱之學。乙巳丙午，稍有日進之勢。丁未，就辛里館，日與童子輩講課時文，學遂退。至戊申，遭先恩祖妣大故，哀毀廬中，廢業幾年；忽知予不宜承重，哀稍殺，既不讀書文，不接人，坐臥地炕。猛一冷眼，覺程朱、季友之罪，而有'存性'、'存學'之說，爲後二千年先儒救參雜之小失，爲前二千年聖賢揭晦沒之本源。倘非丁未廢歇，戊申遭喪，將日征月邁，望程朱而患其不及，又焉暇問其誤否哉？"

至若求道而過者，病傳註誦習之煩。以爲不立文字，可以識心見性；不假修爲，可以造道入德。守虛靈之識，而味天理之眞；借儒者之言，以文佛老之說。學者利其簡便，詆訾聖賢，捐棄經典，猖狂叫呶，側辟固陋，自以爲悟。

此朱子極詆陸門之失處。然由孔門觀之，則除"捐棄經典"、"猖狂叫呶"外，其他失處，恐亦朱門所不能盡免也。

其於讀書也，必使之辨其音釋，正其章句，玩其辭，求其意。研精覃思，以究其所難；平心易氣，以聽其所自得。然爲已務實，辨別義利，毋自欺，謹愼獨之戒，未嘗不三致意焉，蓋亦欲學者窮理反身而持之以敬也。從遊之士，迭誦所習以質其疑，意有未喻，則委曲告之而未嘗倦；問有未切，則反覆誠之而未嘗隱。務學篤則喜見於言，進道難則憂形於色。講論經典，商略古今，率至夜半，雖疾病支離，諸生問辨，則脫然沈疴之去體，一日不講學，則惕然常以爲憂。摳衣而來，遠自川蜀；文辭之傳，流及海外。

可惜先生苦心苦功，此半幅述之悉矣。試問如孔門七十子者，成就幾人？天下被治平者幾世？明行吾道而異端頓熄者幾分？我夫子承周末文勝之際，洞見道之不興，不在文之不詳，而在實之不修，奮筆删定繁文，存今所有經書，取足以明道而學教。專在六藝，務期實用，其與端木、言卜諸子以下最少言語，至於天道性命之言尤少，是以學者用功省而成就多。五季之世，武臣胡先生獨知救弊之道，在實學不在空言。其主教太學也，立經義治事齋，可謂深契孔子之心矣。晦菴先生所宜救正程門末流之失，而獨宗孔子之經典，以六藝及兵農、水火、錢穀、工虞之類，訓迪門人，使通儒濟濟，澤被蒼生，佛老熄滅，乃其能事也。而區區章句如此，謂之何哉？

至若天文、地志、律歷、兵機，亦皆洞究淵微；文詞字畫，騷人才士，疲精竭神，嘗病其難，至先生未嘗用意，而亦皆動中規繩，可爲世法。

天文、地志、律歷、兵機數者，若洞究淵微，皆須日夜講習之力，數年歷驗之功，非此理會文字，可坐而獲也。先生既得其淵微，奈何門人錄記言行之詳，未見其爲如何用功也？況語及國勢之不振，感慨以至泣下，亦悲憤之至矣，則當時所急，孰有過於兵機者乎？正宜誘掖及門，成就數士，使得如子路、冉有、樊遲者，相與共事，則楚囚對泣之態可免矣。乃其居恆，傳心靜坐主敬之外，無餘理；日燭勤勞，解書修史之外無餘功；在朝蒞政，正心誠意之外無餘言。以至乘肩輿而出，輕浮之子，遮路而進厭聞之誚；雖未當要路，而歷仕四朝，在外九考，立朝四旬，其所建白，可概見也。莫爲孔孟之暫效魯、滕，可爲子游、子賤、子路之宰邑光景否？故三代聖賢，躬行政績多實徵；近今道學，學問德行多虛語。則所謂天文、地志、律歷、兵機洞究淵微者，恐亦是作文字理會而已。

先生出而自周以來，聖賢相傳之道，一旦豁然如大明中天，昭晰呈露。

揚子雲曰："古者，楊墨塞路，孟子辭而闢之，廓如也。"韓子駁之云："夫楊墨行正道，廢孟子，雖聖賢不得位，空言無施，雖切何補？"然賴其言而今之學者尚知宗孔氏、崇仁義、貴王賤霸而已。其大經大法，皆亡滅壞爛，所謂存什一於千百，安在其能廓如也？夫孟子闢楊墨而楊墨果熄，尊孔氏而孔氏果尊，崇仁義、貴王賤霸而仁義果崇王果貴霸果賤之。大經大法，如班爵、班祿、井田、學校，王道所必舉者，明則明，行則行，非後世空言之，此正子貢所稱賢者識其大者。子雲贊之一語頗易，文公譏之。今朱子出而氣質之性，參雜於荀、楊靜坐之學，出入於佛老；訓詁繁於西漢，標牓溢於東京。禮樂之不明，自若也；王道之不舉，自若也；人材之不興，自若也；佛之日昌而日熾，自若也。實學不明，言雖精，書雖備，於世何功？於道何補？然賴其講解，朝廷猶以四書五經取士，周孔之文，不至盡沒。有志於學者，承襲其迹，以主敬靜坐求道，不至盡奉釋道名號，與二家鼎峙而已。若問自周以來，聖賢相傳之道，則絕傳久矣。黃氏遽謂一旦豁然，如大明中天；豈惟不足俟聖人於百世，恐後世有文人之雄如韓子者，亦不免其議也。

果齋李氏曰："先生之道之至，原其所以臻斯域者，無他焉，亦曰主敬以立其本，窮理以致其知，反躬以踐其實，而敬者又貫通乎？三者之間，所以成始而成終也。故其主敬也云云，內則無二無適，寂然不動；外則儼然肅然，若對神明云云。其窮理也云云，字求其訓，句索其旨云云。始以熟讀，使其言皆若出於吾之口；繼以精思，使其意皆若出於吾之心。自表而達裏，自流而溯源；索其精微，若別黑白；辨其節目，若數一二云云，而後爲有得焉。若乃立論以驅率聖言，鑿說以妄求新意，或援引以相糾紛，或假借以相混惑云云，以爲學者之大病，不痛絕乎？此則終無入德之期。蓋自孔孟以降，千五百年之間，讀書者衆矣，未有窮理若此其精者也云云。及其理明義精，養深積盛；充而爲德行，發而爲事業云云。入而事君，則必思堯舜其君；生以治民，則必以堯舜其民。”

李氏此贊，體用兼該矣。僕不必詳辨，但願學者取朱子之主敬窮理於孔門一質對，取朱子之事業與堯舜一質對，則其學宗之稍異判然矣。總之，於有宋諸先生非敢苛求。但以甯使天下無學，不可有參雜佛老章句之學；甯使百世無聖，不可有將就冒認標榜之聖，庶幾學則眞學，聖則眞聖云爾。

言論風旨之所傳，政教條令之所布，皆可爲世法；而其考諸先聖而不謬，建諸天地而不悖，百世以俟聖人不而惑者，則以訂正羣書立爲準，則使學者有所依據循守，以入堯舜之道。此其勳烈之尤彰明盛大者。

“考諸先聖而不謬”等語，何其大，而乃歸之訂正羣書乎？夫朱子所以盡力於此，與當時後世所以篤服於此者，皆以孔子删述故也。不知孔子是學成內聚外王之德，教成一班治世之材，魯人不能用，又不能薦之周天子，乃出而周遊，周遊是學教後不得意處；及將老而道不行，乃歸魯删述以傳世，删述又周遊後不得已處。戰國說客置學教而學周遊，是不知孔子之周遊爲孔子之不得已也。宋儒又置學教及行道當時而自幼壯，即學删述教弟子，亦不過是；雖講究禮樂，亦只欲著書垂世，不是欲於吾身親見之，是又不知孔子之删述爲孔子之尤不得已也。況孔子之删述，是删去繁亂而僅取是以明道，正恐後人馳逐虛繁，失其實際也。宋儒乃多爲註解，遽相增益，不幾決孔子之隄防而導汎濫之流乎？此書之所以益盛而道之所以益衰也。

先生蒐輯先儒之説而斷以己意，彙別區分，文從字順：妙得聖人之本旨，昭示斯道之標的。又使學者先讀《大學》以立其規模，次及《語》、《孟》以盡其蘊奧，而後會其歸於《中庸》尺度權衡之既定。由是以窮諸經訂羣史，以及百氏之書，則將無理之不可精，無事之不可處矣。

先生昭明書旨，備勞心力，然所明只是書旨，未可謂得吾身之道也。蓋四書諸經、羣史百氏之書所載者，原是窮理之文，處事之道。然但以讀經史、訂羣書爲窮理處事以求道之功，則相隔千里；以讀經史、訂羣書爲即窮理處事，曰道在是焉，則相隔萬里矣。玆李氏以先生解書得聖人之本旨，遂謂示斯道之標的；以先生使學者讀書有序，遂謂將無理不可精，無事不可處。噫！宋元來效先生之彙別區分妙得聖人之本旨者，不已十餘人乎？遵先生讀書之序，先《大學》次《語》、《孟》，次《中庸》，次窮諸經、訂羣史，以及百氏，不已家家伊吾、戶戶講究乎？而果無理不可精，無事不可處否也？譬之學琴然，詩書猶琴譜也，爛熟琴譜，講解分明，可謂學琴乎？曰以講讀爲求道之功，相隔千里也。更有一妄人，指琴譜曰是即琴也，辯音律，協聲韻，理性情，通神明，此物此事也，譜果琴乎？故曰：以書爲道，相隔萬里也。千里萬里，何言之遠也，亦譬以學琴然。歌得其調，撫嫻其指，絃求中音，徽求中節，聲求協律，是謂之學琴矣，未爲習琴也。手隨心，音隨手，清濁疾徐有常規，鼓有常功，奏有常樂，是之謂習琴矣，未爲能琴也。絃器可手製也，音律可耳審也，詩歌惟其所欲也，心與手忘，手與絃忘，私欲不作於心，太和常在於室，感應陰陽，化物達天，於是乎命之曰能琴。今手不彈，心不會，但以講讀琴譜爲學琴，是渡河而望江也，故曰：千里也。今目不覩，耳不聞，但以譜爲琴，是指薊北而談雲南也，故曰：萬里也。

洙泗以還，博文約禮，兩極其至者，先生一人而已。

“博學於文，約之以禮”，乃孔門祖述堯舜憲章文武之實功，明德親民百世不易之成法也。但孔門曰“博文約禮”，程朱亦曰“博文約禮”，此殊令人不敢辯。然實有不待辯而判者：如孔門之博學，學禮、學樂、學射、學御、學書數，以至易書，莫不曰學也；周南召南曰爲也。言學言爲，既非後世讀講所可認，禮樂射御書數，又非後世章句所可託。況於及門之所稱贊，當時之所推服，師弟之所商榷，若多學而識不試故藝，博學而無所成名，文武之道，未墜於地。文不在茲，游於藝如或知爾，可使從政諸章，皆可接也。此孔門之文、孔門之學也。程朱之文，程朱之博學，則李氏已詳言之，不必贅矣。孔門之約禮，大而冠婚、喪祭、宗廟、會同，小而飲食、起居、衣服、男女間。老聃習大樹下，公西子《曲禮》精熟，夫子遜其能，可謂禮聖。言曾諸賢，識微必謹，以此約身，卽以此約心，出卽以此約天下，故曰“齊之以禮”。此千聖體道之作用，百世入道之賢功。故《中庸》大聖人之道，至於發育萬物，峻極於天，序君子之功，備着尊德性道問學，而其中直指曰“禮儀三百，威儀三千”。且曰：苟不至德，至道不凝，顯是以三千三百爲至道。倘外此而別有率性，別有篤恭，子思亦得罪聖門矣。此孔門之禮、孔門之約也。程朱之約禮，則惟曰“內而無二無適，寂然不動；外而儼然肅然，若對神明”而已。其博約操至與否，未敢易言，願學者，先辨其文與禮焉可也。

朱子言自周衰教失，禮樂養德之具一切盡廢，所以維持人心者惟有書，則宜退求其一切養德之具，而亟亟與同人講習之，以經書爲佐證可也。而乃惟孜孜攻苦於書，其餘不甚重焉。且李氏亦知春秋時患在諸書煩亂而禮樂散亡，孔子删定萬世道德之宗。乃朱子適丁文墨浩繁之時，而不能删削其煩亂，反從而訓之增之何也？夫朱子之所欲學者孔子也，而顧未得孔子之心，未盡合孔子學教之法，吾爲五百年之士子惜其不得爲曾孟，爲五百年之世道惜其不得爲殷周，爲五百年之生民惜其不得蒙教養，故深惜朱子之未得爲孔子！

吳氏曰："先生經史子集之餘，雖記錄雜說，舉輒成誦。"

經史子集，已惜其過用精神，况記錄雜說乎？

北溪陳氏曰："先生道巍而德尊，義精而仁熟；立言平正温潤，清巧的實。"云云。辭約而理盡，旨明而味深；而其心度澄朗，瑩無渣滓。工夫縝密，渾無隙漏，尤可想見於辭氣間。故孔、孟、周、程之道，至先生而益明；所謂主盟斯世，獨先生一人而已。

試觀"道巍德尊，義精仁熟"二語，雖孔子不是過；而下面實指處，卻只是立言之辭約理盡、旨明味深而已。言其"心度澄朗，工夫縝密"，亦不外於辭氣想見之。蓋朱子身分原是如此，黃、李、吳、陳諸公，亦但能於虚字間崇奬，不能於實際上增潤，及總贊"主盟斯世"一語，尤是不覺道出本色。蓋王者不作，五霸疊興，相繼主盟，假仁義以明王章，聖賢亦不得已而取之。故孔子曰："桓公九合諸侯，一匡天下。"孟子曰："今之諸侯，五霸之罪人也。"秦漢而降，聖人不生；楊、韓、王、周、程、朱、陸、薛、王、馮、高諸子，相繼疊興，主盟儒壇。闡詩書以明聖道，天下靡然向風；自好之士，多出其內。故五霸者，實德未修，雖天下服之而不敢帝不敢王，名之曰霸而已。諸儒者實學未至，雖天下宗之而不敢聖不敢賢，渾之曰儒而已。其身分正同。迄今大儒，相繼登壇於東林者，猶皆稱主盟，其取義確矣。

鶴山巍氏曰：“國朝之盛，大儒輩出，聲應氣求，若合符節。曰極，曰誠，曰仁，曰道，曰忠恕，曰性命，曰氣質，曰天理人欲，曰陰陽鬼神，若此等類，凡皆聖門講世之樞要，而千數百年習浮踵陋莫知其說者，至是脫然若沈疴之起，大寐之醒。至於朱文公先生，始以疆志博見，淩高厲空。自受學延平李先生，遏然如將弗勝，於是斂華就實，反博歸約。迨其蓄久而思渾，資深而行熟，則貫精粗合內外羣獻之精蘊、百家之異指，毫分縷析，如示諸掌。張宣公、呂成公同心協力，以閑先聖之道，而僅及中身，論述靡定；惟先生巍然獨在，中更學禁，自信益篤。蓋自《易》、《詩》、《中庸》、《大學》、《論語》、《孟子》，悉爲之推明演繹；以至《三禮》、《孝經》，下追屈、韓之文，周、程、張、邵之書，司馬氏之史，先正之言行，亦各爲之論著。然後帝王經世之規，聖賢新民之學，燦然中興！”

天命、陰陽、鬼神等，僕之愚未見與議；但以大半屬聖人所罕言不語者，而必毫分縷析如示諸掌，何爲也哉？至於推明古人之經書，論著先正之前言往行，此自吾儒學成後餘事。學成矣，則用於世以行之；如不用於世，亦可完吾性分以還天地。不著述，可也；覩其時果有大理未明、大害未除，不得已而有所著述，以望後世之明之除之，亦可也。若文人之文，書生之書解之論之，則不必矣。乃今以此等推演論著之既明，遂爲帝王經世之規、聖賢新民之學，燦然中興，不其誣歟！無實功於道統，既不免堯舜孔孟在天者之歎息，又無實徵於身世，豈能服當日之人心乎？徒以空言相推，駕一世之上，而動擬帝王聖賢，此僞學之名所從來也！僕嘗妄議宋代諸先儒、明末諸君子，使生唐虞三代之世，其學問氣節必更别。若只如此，恐亦不免僞學之禁門黨之誅也。但宋明朝廷既無眞將相，草野既無眞學術，則正宜用稱説詩書標膀清流者，不可廢崇儒重道之典；而悲天憫人，儒者宜存返己自罪之心。故天下有弑君之臣，殺父之子，無與於孔子也，而孔子懼；天下有無父之墨，無君之楊，非孟子爲之也，而孟子懼。蓋儒者之憫天下而厚自責如此，况眞失學宗以誤斯人，則近代之禍，吾儒焉得辭其責哉？

朱子曰："敬夫高明。"他將謂人都似他，纔一説時，便更不問人曉會與否；且要説盡他個，故他門人敏底祇學得他説話，資質不逮，依舊無着摸。某則性鈍，讀書極是辛苦，故尋常與人言，多不敢爲高遠之論。蓋爲是身曾親經歷過，故不敢以是責人耳。學記曰進而不顧其安，使人不由其誠，今教者之病，多是如此。

朱子與南軒一派師友，原只是説話讀書度日。較王何清談，頗用力於身心；較韓歐文字，猶規於理性；李蘇詩酒，既不能做其矜持；佛老空虛，又全不及其讀講。三代後近於儒之學，蹺薄氣運中不易得之豪傑也！然而身分如此，無能強增，故推將處或襯貼以聖賢道統躬行經濟之語，至其比長競短敍實指事；或推人或自見，則皆在言詞讀作之中，而無他也。且其病南軒者，恐亦朱子所以自狀。但其爲失有淺深，遂自以爲得中耳。愚嘗上書刁文孝，其答書亦不問人之疑與否，只自己説盡。想刁公亦非矜情自見，蓋素日所學，原是説話作文，更無他物與人耳。况講讀之學，教即循循有序，亦與學記之言時孫者不同。夫進而不顧其安，使人不由其誠，所謂不學操縵不能安絃，不學博依不能安詩，不學雜服不能安禮，不興其藝不能樂學。苟躁速引進而不顧其安，是教人躐等而不誠也，不時不孫也。故法乾上會，謂其子九數已熟甚悦。予曰："且勿令知有乘歸法，使之小息得一受用，方可再進。”正此意也。學者觀孟子深造之以道，教者必以規矩、諸章，豈誦讀講說之學所可託哉？“南軒伯恭之學，皆疎略。”云云。伯恭說道理與作爲自是兩件事，如云仁義道德與度數刑名介然爲兩途，不可相通。

朱子說禮樂射御書數補填難，且理會道理。詩書非是看道理，詩書與禮樂射御書數介然爲兩途乎？只是不肯說明耳。古人云：“不知其人視其友。”觀此益信。

東業自不合做這大事記，他那時自感疾了，一日要做一年；若不死，自漢武五季，只千來年，他三年自可了此文字。人多云其解題煞有工夫，其實他當初作題目，卻煞有工夫。只一句要包括一段意，解題只現成，檢令諸生寫。伯恭病後，免人事應接，免出做官，若不死，大叚做得文字。

可惜一派師友，都是以作文字度日，死生以之！

朱子於南軒、伯恭皆不諱其短，交友之和而不同，如此，豈惡聞異己之言哉？至今仕學，皆先立黨，此所以道愈微，世愈衰！

問子靜不喜人論性。曰怕只是自己理會不曾分曉，怕人問難；又長大了不肯與人商量，故一截截斷。然學而不論性，不知所學何事？

不喜人論性，本爲不是，但少下學耳。朱子好論性，又教人商量性，謂卽此是學，則誤矣！故陸子對語時，每不與說者中不取也。不取朱子，而不思我所見果是，何以不能服此友也？朱子此等貶斥，尤不取陸子；不取陸子而亦不思我所言果是，何以不能服此友也？子曰：“察言而觀色，慮以下人。”兩先生豈未用此功歟？

子靜之學，看他千般萬般，病只在不知有氣稟之雜。

朱子之學，全不覺其病，只由不知氣稟之善以爲學，可不自六藝入。不知六藝卽氣質之作用，所以踐形而盡性也。

子靜說話，常是兩頭明，中間暗，是如何？曰：“是他那不說破處。他所以不說破，便是禪家所謂‘鴛鴦繡出從君看，莫把金針度與人’。禪家自愛如此。”

禪家無鴛鴦也；不繡鴛鴦，焉得鴛鴦與人看？

子靜說“良知良能”四端等處且成片段，似經語不可謂不是。但說人便能如此，不假修爲存養，此却不得。譬如旅寓之人，自家不能送他還鄉，但與說云，你自有田有屋，大段快藥，何不便回去？那人既無資送，如何便回去？又如脾胃受傷，不能飲食之人，卻硬將飯將肉塞入他口，不問他吃得吃不得，若是一頓便理會的，亦豈不好。然非生知安行者，豈有此理？便是生知安行，也須要學。大抵子思說“率性”，孟子說“存心養性”，大段說破；夫子更不曾說，只說孝弟忠信篤敬。蓋能如此，則道理便在其中矣。

陸子說“良知良能”，人便能如此不假修爲存養，非是言不用修爲存養，乃認孟子“先立乎其大者，則其小者不能奪”二句稍呆。又不足朱子之誦讀訓詁，故立言過激，卒致朱子輕之。蓋先立其大，原是根本；而維持壅培之無具，大亦豈易言立也？朱子“旅寓人”、“傷脾胃人”二喻，誠中陸子之病；但又是乎持路程本當資送，口說健脾和胃方當開胃進食，即是終年持說，依然旅寓者不能回鄉，傷脾胃者不能下咽也。此所以亦爲陸子所笑，而學宗遂不歸一矣！豈若周公孔子三物之學，眞旅寓者之餱糧車馬，傷脾胃者之參朮縮砂也哉？

既知夫子不說破，前乃譏陸子不說破是禪家自愛，何也？

子靜之說無定，大抵他只是要拗。

細檢之，講學先生多是拗，只有多少耳。吾儒之道，有一定不易之理，何用拗？只因實學既失，二千年來只在口頭取勝、紙上爭長，此拗之所從來也。

問象山道“當下便是”。曰：“看聖賢教人，曾有此等語無？聖人教人，皆從平實在做去。”云云。又平時告弟子，也須道是“學而時習，行有餘力，則以學文”。

聖賢教人，原無象山“當下便是”等語。試看聖賢，可曾有先生之學否？“學而時習之，行有餘力，則以學文”，孔門是學靜坐訓解否？

但有聖賢之言，可以引路。

有聖賢之言可以引路，今乃不走路，只效聖賢言，便當走路。每代引路之言增而愈多，卒之蕩蕩周道上鮮見其人也！詩云：“如匪行邁謀，是用不得于道。”此之謂矣！

因說子靜云：“這個只爭些子才差了，便如此他只是差過了。更有一項卻是不及，若是過底拗轉來，卻好，不及底趲向上去，便好。只緣他纔高了便不肯下，纔不及了便不肯向上過的。便道只是就過裏面求個中不及的，也道只就不及裏面求個中；初間只差了些子，所謂‘差之毫釐，謬以千里’。”又曰：“某看近日學問，高者便說做天地之外去，卑者便只管陷溺；高者必入於佛老，卑者必入於管商。定是如此！定是如此！”

看朱子歎息他人，眞是自以爲中居之不疑矣。若以孔門相較，朱子知行竟判爲兩途，知似過，行似不及。其實行不及，知亦不及。又歎近日學者，高入佛老，卑入管商。愚以爲當時沒有眞佛老，必更歎朱子之講讀訓解爲耗神粗跡；有眞管商，必更歎朱子之靜坐主敬爲寂守無用，恐不能出其上，而令兩項人受憐也。若吾夫子，中庸之道，舉其心性，可以使釋道哭；言其作用，可以使管商慚。儻朱子而幸遊其門，見其天高地厚，又豈敢遽自以爲是乎？不得孔子而師，顏曾而友，此朱子之大不幸也！

陸氏會說其精神亦能感發人，一時被他聳動底亦便清明，只是虚更無底箄。思而不學則殆，正而無底箄便危殆也。山上有木，漸，君子以居賢德善俗，有階梯而進不患不到。今其徒往往進時甚鋭，然其退亦速；纔到退時，便如墮千仞之淵。

朱子指陸門流弊處，亦所以自狀。但朱子會説，又加會解會著，是以聳動愈多，頗有底箄。或問讀講著述雖是靠書本，然畢竟經傳是把柄，故頗有底箄否？予曰：亦是讀講經書，身心有所依據，不至縱放；但亦耗費有用精神，不如陸王精神不損，臨事尚有用也。吾所謂頗有底箄者，蓋如講著此一書，若全不依此書行，不惟無以服人，已心亦難以安。故必略有所行，此處稍有箄底；只因原以講解爲學，而以行爲襯貼，終不免掛一漏二。即所行者亦不純熟，不如學而時習，用全副精神，身心道藝，一滚加功。進鋭不得，亦退速不得，即此爲學，即此爲行，即此爲教，舉而措之，即此爲治。眞堯舜宗子，文武功臣，萬世聖賢之規矩也。雖聰明如顔、賜，焉得不歎循循善誘欲罷不能也哉？焉得不初疑爲多學而識，後乃歎性天不可聞也哉？雖退怯如冉求，安得不悦之而終成其藝也哉？儻入程朱之門，七十子皆流於禪林，二千九百人皆習爲訓詁矣！嗚呼！吾安得一聖門徒衆之末而師之也哉！或問宋儒掛一漏二，所行不熟，何處見？予曰：如朱子著《家禮》一書，家中亦行禮；至斬喪墨衰出入，則半禮半俗。既廢正祭，乃又於俗節墨衰行事，此相失周公本意。至於婦人，便不與著喪服杖絰之制，祭時婦人亦不辦祭殽，至求一監視而亦若不得者。此何説乎？商人尚音，周人尚臭，皆窮究陰陽之祕，祭祀之要典也。諸儒語錄，講薰蒿悽愴等語，亦痛切，似知鬼神情狀者。至於集禮，乃將笙磬脂膟等皆削去之，如此類不可勝述，不可見哉！

邵菴虞氏曰："孟子沒千五百年，而周子出河南兩程夫子。"云云。程門學者，篤信師説，各有所奮力以張皇斯道；奈何世運衰微，民生寡佑，而亂亡隨之矣！悲夫！

許多聖賢張皇斯道下，卻繼之曰："而亂亡隨之矣！"是何緣故？何其言而不思如此！

草廬吳先生繼許文正公爲祭酒，云館諸生，以次授業，書退堂後寓舍，則執經者隨而問業；先生懇懇循循，其言明白痛切，因其才質之高下，聞見之淺深，而開道誘掖之。云云。一時皆有所觀感而興起矣。嘗與人曰："天生豪傑之士，不數也。夫所謂豪傑之士，以其知之過人，度越一世，而超出等夷也。戰國之時，孔子之徒黨盡矣，充塞仁義，若楊墨之徒，又滔滔也，而孟子生乎其時。"云云。眞豪傑之士哉！至於周、程、張、邵，一時迭出，非豪傑孰能與於斯？又百年至朱子，集諸子之大成，則中興之豪傑也。以紹朱子之統自任者，果有其人乎？

懇懇循循，講論不倦，每至夜半，且寒暑不廢，其功可謂勤且舍矣！果有益於世乎？果成起一班人材乎？至其自負，亦不過知之過人、度越一世而已。朱子曰："此道不拚生盡死理會，終不解。"是其立志成功，已不過如此。但朱子眼頗高，不肯明以自任；元儒識更下，故直出口而不覺，不足異也。所可異者，所見日小，而以爲孟子亦只如此，則亦淺之乎言豪傑易言道統矣！

（四）

性理評

程子曰："古人雖胎教與保傅之教，猶勝今日庠序鄉黨之教。古人自幼學耳目游處所見人皆善，至長而不見異物，故易以成就。今日自少所見皆不善，纔能言便習穢惡，日日爍銷，便有甚天理？"

既知少時缺習善之功，長时又習於穢惡，則爲學之要在變化其習染。而乃云變化氣質何也？

勿謂小兒無記性，所歷事皆能不忘。

所歷事皆不忘，乃不教之歷事何也？

如養犬者不欲其升堂，則待其升堂而扑之，若旣扑其升堂又復食之於堂，則使孰從？雖日撻而求其不升，不可得也。養異類且然，而况人乎？故養正者，聖人也。

先生倡明道學，病天下之空寂而尚浮文也，乃廢周公孔子六藝而貴靜坐讀書，不幾扑其升堂又食於堂乎？雖日撻而求其不空寂浮文，何可得也？養正之功，或不若是。

朱子曰：“古者初年入小學，只是教之以事，如禮樂射御書數及孝弟、忠信之事；自十六七入大學，然後教之以理，如致知格物，及所以爲孝弟、忠信者。”

旣言此，何不學古人而身見之？要之孔門稱古昔，程朱兩門亦稱古昔，其所以稱者，則不同也。孔門是身作古人，故曰：“吾從周。”二先生是讓與古人。故曰：“是難。”孔門講禮樂，程朱兩門亦講禮樂，其所以講者，則不同也。孔門是欲當前能此，故曰：“禮樂君子不斯須去身。”二先生是僅欲人知有此，故曰：“姑使知之。”

古人自入小學時，已自知許多事了；至入大學時，只要做此功夫。今人全未曾知古人，只去心上理會；至於治天下，皆自心中流出，今人只去事上理會。

朱子歎人全未曾知，恐朱子亦未知之，如渴飲饑食。如所云：“古人入小學，已知許多事；入大學只此功。”何其眞切也？而下文“古人心上理會，今人事上理會”之語，又與上文自相混亂矣！

古人便都從小學中學了，所以大來都不費力；如、禮、樂、射、御、書、數大綱都學了，及至長大，也更不大段學便只理會致知窮理功夫。而今自小失了，要補填，實是難；但須莊敬篤實立其基本，逐事逐物理會道理。待此通透意誠心正了，就切身處理會，漸漸去理會禮、樂、射、御、書、數，也是合當理會的，皆是切用。但不先就切身處理會道理，便教考究得些禮文制度，又干自家身己甚事？

"要補填"三字，見之大快，下卻云"難"，是朱子學教之誤。其初只是畏難而苟安。

古人小學教之以事，便自養得心不知不覺自好了；到待漸長漸更歷，通達事物，將無所不能。令人既會本領，只去理會許多閒骨董，百方措置思索，反以害心。

既如此，何故說上段話？可怪！可怪！

古人自能食能言，便已教了一歲工夫；到二十時，聖人資質已自有二三分。

此周公以人治人，使天下共盡其性之道，所以聖賢接踵太和，在成周宇宙間者也。朱子知之而不學之，豈不可惜？然愚於此二段，深幸《存學》之不獲罪於朱子矣！

如今全失了小學工夫，只得教人且把敬爲主，收斂身心，郤方可下工夫。或云敬當不得小學，某看來小學郤未當得敬。

敬字字面好看，郤是隱壞於禪學處。古人教灑掃卽灑掃主敬；教應對進退，卽應對進退主敬；教禮、樂、射、御、書、數，卽度數、音律、審固、磬控、點畫、乘除，莫不主敬。故曰："執事敬。"故曰："敬其事。"故曰："行篤敬。"皆身心一致加功，無往非敬也。若將古人成法皆舍置，專向靜坐收攝徐行緩語處言主敬，乃是以吾儒虛字面做釋氏實工夫，去道遠矣！或云，敬當不得小學，眞朱子益友，惜其未能受善也。

嘗訓其子曰："起居坐立，務要端莊，不可傾倚，恐至昏怠；出入趨步，務要凝重，不可僄輕，以害德性。以謙遜自牧，以和敬待人，凡事切須謹飭，無故不須出入。少說閒話，恐廢光陰；勿看雜書，恐分精力；早晚頻自檢點所習之業。每旬休日，將一旬內書温習數過，勿令心少有佚放，則自然漸近道理、講習易明矣。"

先生爲學得力處，備見《訓子》一書，故詳錄之。充此氣象，原有非俗儒文士所可及者。然孔門學者，果如斯而已乎？是在有志實學者自辨之。

問小學"載樂"一段，不知今日能用得否？曰："姑使知之。"古人自小即以樂教之，乃是人執手提誨；到得大來，涵養已就，稍能自立，便可。今人既無此，非志大有所立，因何得成立？

孟子曰："我知言。"蓋言者，心聲也，故一言而覘其終身，不可掩也。况朱子大儒，亦不自掩，固昭然可見者。如人問小學"載樂"，不知今日能用之否？何不答曰："書上所有，都是要用；不用，載之何爲？"而乃曰："姑使知之。"然則平日講學，亦不過使人知之而已，亦不過使人謂我知之而已。

因論小學曰："古者教必以樂，後世不復然。"問："此是作樂，使之聽，或其自作。"曰："自作自理會不得，人作何益？古者，國君備樂，士無故不去琴瑟，日用之物，無時不備於前。"

言之親切如此，只不肯自做主意，作後世引路人，不作前聖接迹人。豈知歷代相接，都作引路人哉？此人人說引路之言，而聖人之正路益荒也。

前賢之言，都是佩服躬行，方始有功，不可只如此說過不濟事。

不知是自悔語，是責人語？但將"博學之"改爲"博讀書博作文"，便不似聖門。佩服躬行，若傳受朱子教，則知之真矣，而不行何哉？

東萊呂氏曰：“教小兒先以恭謹，不輕忽，不躐等，讀書乃餘事。”

佳。

先生輩，何爲只作餘事？

臨川吳氏曰：“古之教者，子能食而教之食，子能言而教之言。欲其有别也，而教之異處；欲其有讓也，而教之後長。因其良知良能而導之，而未及乎讀誦也，教之數，教之方，教之日與大學書計學；幼儀則既辨名物矣，而亦非事乎讀誦也。弟子之職，曰孝，曰弟，曰謹，曰信，曰愛，曰親，行之有餘力而後學文。今世童子甫能言，不過教以讀誦而已，其視古人之教何如也？”

草廬敍古教法兩言，非事讀誦。又曰，“今世童子，不過教以讀誦而已，其視古人之教何如也？”其言一若甚厭夫讀誦之習者。五季之餘，武臣司政，民久不見儒生之治世，久不聞詩書之聲。積廢之極而氣數一返，周、程、張、朱適逢其會，以誦讀詩書、講解義理爲倡。又粗文以道德之行，眞不啻周公、孔子復出矣。此所以一樹赤幟而四海望之，一登高呼而數世應之。嗚呼盛哉！而流不可返、壞不可救之禍，實伏於此。吳氏亦猶行宋儒之道者而出言不覺。至是蓋誦讀之焰已熸，而舉世罔覺，又不容不露其幾也。而吾所甚懼，正在此幾也。文盛之極則必衰，文衰之返則有二：一是文衰而返於實，則天下厭文之心必轉而爲喜實之心，乾坤蒙其福矣。達而在上，則爲三代；卽窮而在下，如周末文衰，孔子轉之以實，雖救之未獲全勝，猶稍延二百年吾儒之脈。不然，焚阬之禍，豈待秦政之時哉！一是文衰而返於野，則天下厭文之心，必激而爲滅文之念，吾儒與斯民，淪胥以亡矣！如有宋程朱黨僞之禁，天啓時東林之逮獄，崇禎末獻忠之焚殺，恐猶未已其禍也。而今不知此幾之何向也！《易》曰：“知幾其神乎？”余曰：“知幾其懼乎！”

程子曰：“解義理若一向靠書册，何由得居之安、資之深？不惟自誤，兼亦誤人！”

眞語！

古之學者，優柔饜飫，有先後次序；今之學者，卻只做一場話說，務高而已！

知及此矣，其教及門，乃亦未見古人，先後次序不又作話說一場而已哉！

今之學者，往往以游、夏爲小，不足學；然游、夏一言一事，卻總是實。

程子雖失聖門成法，而胸中所見猶實，故其言如此。朱子去此則又遠矣！

問：如何學可謂有得？曰：“大凡學問，聞之知之皆不爲得；得者，須默識心通。學者欲有所得，須是誠意燭理。”

程朱言學至肯綮處，若特造六藝、六府之學者，何也？如此段言，“聞之知之皆不爲得”，可謂透宗語矣！下何不云“得者，須履中蹈和，躬習實踐，深造以六藝之道，乃自得之也”。乃云“須默識心通”，不仍是知之乎！

進學莫大於致知，養心莫大於理義。古人所養處，多若聲音以養其耳，舞蹈以養其血脈。今人都無，只有義理之養，人又不知求。

學之思，莫大於以理義讓古人做。程朱動言古人如何，今人都無不思，我行之卽有矣。雖古制不獲盡傳，只今日可得而知者盡習行之，亦自足以養人。況因偏求全，卽小推大，古制亦無不可追者乎？若只憑口中所談、紙上所見、心內所思之理義養人，恐養之不深且固也。

學貴乎成，旣成矣，將以行之也；學而不能成其業，用而不能行其學，則非學矣。

程子論學頗實，然未行其言也。夫教者之身，卽所以教也；其首傳所教者，卽教者之身也。試觀程門學成其業乎？用行其學乎？孔子攝相而魯治，冉樊爲將而齊北；二程在朝而宋不加治，龜山就徵而金人入汴，謂之學成用行，吾不信也。

今之學者有三弊：溺於文辭，牽於訓詁，惑於異端。苟無此三者，則必求歸於聖人之道矣。

可歎三弊誤此乾坤！先生濯洗，亦本甚淨，故其流遠而益差也！向嘗謂程朱與孔孟各是一家，細勘之，程與朱亦各是一家。

張子曰：“在始學者得一義須固執，從粗入精也。”又曰：“若始求甚深，恐自茲愈遠。”又曰：“但掃拂去舊日所爲，使動作皆合於禮。”

張子以禮爲重，習而行之以爲教，便加宋儒一等。

旣學而有先以功業爲意者，於學便相害，旣有意便穿鑿創意作起事也。德未成而先以功業爲事，是代大匠斲，希不傷手也。

所學旣失其宗，又將古人成法說壞。武觀“大學之道”，纔言“明德”，卽言“親民”，焉得云無意於功業？且入學卽是要作大匠，烏得謂之代大匠斲？僕教幼學道藝，或阻之曰：不可，今世不如此。予曰：“但抱書入學，便是作轉世人，不是作世轉人；但不可有者，躁進干祿，非位謀政之心耳。”

上蔡謝氏曰：“學須是熟講。學不講用盡工夫，只是舊時人學之不講，是吾憂也。仁亦在夫熟而已。”

子云：“學之不講，是博學矣，又當審問、愼思、明辨以講之。”若非已學，將執何者以講乎？今徒講而不學，誤矣！

顔子工夫，眞百世規範，舍是更無入路，無住宅。

極是！

龜山楊氏曰："今之學者，只爲不知爲學之方，又不知學成要何用。此事體大，須是曾著力來，方知不易。夫學者，學聖賢之所爲也。"云云。若是只要博通古今，爲文章作忠信愿慤，不爲非義之士而已。則古來如此等人不少。然以爲聞道，則不可。且如東漢之衰，處士逸人，與名節之士，有聞當世者多矣，觀其作處，責之以古聖賢之道，則略無毫髮彷彿相似。何也？以彼於道，初無所聞故也。今時學者，平居則曰："吾當爲古人之所爲。"纔有一事到手，便措置不得。蓋其學以博通古今爲文章，或志於忠信愿慤，不爲非義而已。不知須是聞道。

諸先生自負聞道矣，愚以爲責之以古聖賢之道，亦未盡彷彿也。即如先生，當汴京垂亡之際，輕身一出，其所措置，徒見削奪荆公配饗，說道學話而已。

驗之於心而不然，施之於行事而不順，則非所謂經義。今之治經者，爲無用之文，徼倖科名而已！果何益哉？

僕謂爲學者與此較則陋矣！何不與堯、舜、伊、周、孔、孟較？

學而不求諸孔孟之言，亦末矣！《易》曰："君子多識前言往行，以畜其德。"孟子曰："博學而詳說之，將以反說約也。"

多識自不可廢，博學乃只多讀書乎？

顔淵請問其目。學也，請事斯語則習矣；學而不習，徒學也。譬之學射而至於彀，則知所學矣；若夫承挺而目不瞬，貫蝨而縣不絕，由是而求盡其妙，非習不能也。

顔子請問何仍是問，未可謂之學，請事斯語。學也欲罷不進而不止，乃習矣。龜山一字之設，未爲甚差，但說學必宜習之理最透。而未見其習者，無他，習其所習，非孔門所謂習也。

延平李氏曰：“學問之道不在多言，但默坐澄心，體認天理；若眞所見，雖一毫私欲發，亦退聽矣。久久用功於此，庶幾漸明講學，始有力耳。

試觀孔孟，曾有“靜坐澄心，體認天理”等語否？然吾亦非謂全屏此功也。若不失周孔六藝之學，卽用此功於無事時亦無妨；但專用力於此以爲學問根本，而又以講說爲枝葉，則全誤矣！

孔門諸子，羣居終日，交相磋切；又得夫子爲之依歸日用之間，觀感而化者多矣。恐於融釋而脫落處，非言說所及也。不然，子貢何以言“夫子之言性與天道，不可得而聞也”耶？

何不思孔門“羣居終日”是作何事？何不思性天不可聞是何主意？乃動思過子貢以上耶？以孔子之道律之，恐有宋諸先生不免爲智者過之一流。

朱子曰：“今之爲學甚難。緣小學無人習得，如今都是從頭起；古人於小學小事中，便皆存個大學大事。得道理在大學，只是推將開闊去，向來小時做得道理，存其中正，似一個極相似。”

余謂何難之有？只不爲耳！卽將藝之小者，令子弟之幼者習之；藝之大者，令子弟之長者習之。此是整飭身體、涵養性情實務。正心誠意非精，府修事和非粗，乃諸先生只懸空說，存養而不躬習其事，卻說難，卻說今日不學全失，無人習。如此而言格致、誠正、修齊、治平，皆虛而無據矣！然則豈惟小學廢大學，不亦亡乎？而及集小學也，註大學也，何爲也哉？

讀書如煉丹，初時烈火煅煞，然後漸慚慢火養；又如煮物，初時烈火煮了，卻須慢火養。讀書初勤敏着力，子細窮究；後來卻須緩緩温尋，反復玩味，道理自出。又不得貪多欲速，直須要熟，工夫自熟中出。

朱子論學，只是論讀書，但他處多入理會道理、窮理致知等字面，不肯如此分明說。試看此處直言之如此，十分精彩，十分有味，蓋由其得力全在此也。夫讀書乃學中之一事，何如全副精神用在簡策乎？

學者只是不爲己，故日間此心安頓在義理上時少，安頓在閒事上時多；於義理卻生，於閒事卻熟。

只因廢失六藝，無以習熟義理，不由人不習熟閒事也。今若一復孔門之舊，不維好色好貨，一切私欲無從參，博弈詩酒等自不爲，即誦讀、訓詁、著述文字等事亦自無暇。蓋聖人知人不習義理，便習閒事，所以就義理作用處制，如六藝，使人日習熟之。若只在書本上覓義理，雖亦羈縻此心，不思別事，但放卻書本，即無理會。若直靜坐勁使此心熟於義理，又是甚難，況亦依舊無用也。

或問：爲學如何做工夫？曰："不過是切己便的當。此事自有大綱，亦有節目。"云云。然亦須各有倫序。問：如何是倫序？曰："不是安排此一件爲先，此一件爲後，此一件爲大，此一件爲小；隨人所爲，先其易者，闕其難者，將來難者，亦自可理會。且如讀書二《禮》、《春秋》，有制度之難明、本末之難見，且放下未要理會；亦得如詩書，直是不可不先理會。"云云。聖賢言語，何曾誤天下後世，人自學不至耳！

或問爲學如何做工夫，又問如何是倫序，皆最切之問。朱子乃只左支右吾說皮面語，"大綱"、"節目"數語，尚可敷衍；至於"不是安排此一件爲先，此一件爲後，此一件爲大，此一件爲小"，便是糊混。夫古人教法，某年舞勺，某年舞象，某年習幼儀，某年學禮，何嘗不是安排一定，孰先孰後、孰大孰小哉？"知所先後"，大學又明言矣。糊混幾句已，又說歸讀書，讀書又不教人理會制度等事。姑教避難取易。夫理會制度，已畏其難矣，況取其所謂制度者，而身習之、身精之乎？此等語皆出他人口，朱子必灼見其弊而力非之。師望既高，信口說去，不自覺如此。卻說“聖賢言語，何曾誤天下後世”。夫聖賢言語，雖曾誤天下後世，其誤天下後世者，乃是不從聖賢語耳。夫學而時習之，是《魯論》第一言，尚且不從，況其餘乎？

嘗閱《左傳》，至簡子鑄刑鼎，孔子歎曰：“晉其亡乎！失其度矣！以爲晉之亡在任刑威耳，而下文乃曰：“民在鼎矣！”何以尊貴？貴何業之守？”蓋其失，不在刑書，而在鑄刑書於鼎。夫法度操於上，則民知範吾功罪者，吾上也；司吾生死者，吾上也；時而出入輕重以爲平允者，皆吾上也。天下懔王，一國懔君，一獄懔吏，士農工商罔敢愆於職中、逸於職外者，惟吾上是神是嚴也，而上下定賤辨矣，賢德彰矣！今銘在鼎，則國人必將以鼎爲依據，而不知受法於天者王、守法者君、序守者卿矣！貴大夫百執事，是使之忽人而重鼎，民不見所尊，必將不遵其度；不遵其度，必不守其業，故曰“何以尊貴，何業之守”也。貴賤無序，何以爲國？嗟乎！簡子但以刑書鑄於鼎，而孔子知其亡；況漢宋之儒，全以道法摹於書，至使天下不知尊人、不尚德、不貴才，而曰“宰相必用讀書人”，不幾以守鼎吏爲政乎？其所亡又豈止一晉乎？是以至此極也，非孔子至聖孰能見鑄鼎之弊乎？吾願天下急思孔子之言，吾願上天急生孔子之人也。

存性

（一）

駁氣質性惡

程子云：“論性、論氣，二之則不是。”又曰：“有自幼而善，有自幼而惡，是氣稟有然也。”朱子曰：“纔有天命，便有氣質，不能相離。”而又曰：“既是此理，如何惡？所謂惡者，氣也。”可惜二先生之高明，隱爲佛氏“六賊”之說浸亂，一口兩舌而不自覺。若謂氣惡，則理亦惡；若謂理善，則氣亦善。蓋氣卽理之氣，理卽氣之理，烏得謂理純一善而氣質偏有惡哉？譬之目矣：眶、皰、睛，氣質也；其中光明能見物者，性也。將謂光明之理專視正色，眶、皰、睛乃視邪色乎？余謂光明之理，同是天命；眶、皰、睛，皆是天命。更不必分何者天命之性，何者是氣質之性，只宜言天命。人以目之性光明，能視卽目之性善，其視之也，則情之善。其視之詳略遠近，則才之強弱，皆不可以惡言。蓋詳且遠者，固善；卽略且近，亦第善不精耳，惡於何加？惟固有邪色引動障蔽其明，然後有淫視而惡始名焉，然其爲之引動者，性之咎乎？氣質之咎乎？若歸咎於氣質，是必無此目而後可全目之性矣。非釋氏“六賊”之說而何？孔孟性旨湮沒至此，是以妄爲七圖以明之：非好辯也，不得已也。

明明德

朱子原亦識性，但爲佛氏所染，爲世人惡習所混，若無程、張氣質之論，當必求“性情才”及“引蔽習染”七字之分界。而性情才之皆善，與後日惡之所從來判然矣。惟先儒旣開此論，遂以惡歸之氣質而求變化之。豈不思氣質卽二氣、四德所結聚者，烏得謂之惡？其惡者，引蔽習染也。惟如孔門求仁，孟子存心養性，則明吾性之善；而耳目口鼻，皆奉令而盡職。故《大學》之道曰：“明明德。”《尚書》贊堯，首曰：“欽明”；舜，曰：“濬哲”；文，曰：“克明”。《中庸》曰：‘尊德性。”旣尊且明，則無所不照。譬之居高肆望，指揮大衆，當惻隱者則惻隱，當羞惡者卽羞惡。仁不足以恃者卽以義濟之，義不足以恃者卽以仁濟之；或用三德並濟一德，或行一德兼成四德。當視卽視，當聽卽聽，不當卽否。使氣質皆如其天則之正，一切邪色淫聲自不得引蔽，又何習於惡、染於惡之足患乎？是吾性以尊明而得其中正也。六行乃吾性設施，六藝乃吾性材具，九容乃吾性發現，九德乃吾性成就；制禮作樂，燮理陰陽，裁成天地，乃吾性舒張；萬物咸若，地平天成，太和宇宙，乃吾性結果。故謂變化氣質如養性之效則可，如“德潤身”、“睟面盎背”、“施於四體”之類是也；謂變化氣質之惡以復性之效則不可，以其問罪於兵而責染於絲也。知此，則宋儒之言性氣皆不親切。惟吾友張石卿曰：“性卽是氣質之性：堯舜氣質，卽有堯舜之性；呆獃氣質，卽有呆獃之性。而究不可謂性有惡。”其言甚是。但又云傻人決不能如堯舜，則誣矣！吾未得與之辨明，而石卿物故，深可惜也！

棉桃喻性

諸儒多以水喻性，以土喻氣，以濁喻惡；將天地予人至尊至貴至有用之氣質，反似爲性之累者。然不知若無氣質，埋將安附？且去此氣質，則性反爲兩間無作用之虛理矣。孟子一生苦心，見人卽言性善，言性善必取才情故迹一一指示；而直指曰形色天性也，惟聖人然後可以踐形。明乎人不能作聖，皆負此形也；人至聖人，乃充滿此形也。此形非他，氣質之謂也；以作聖人之具，而謂其有惡。人必將賤惡吾氣質，程朱敬身之訓，又誰肯信而行之乎？因思一喻曰：天道渾淪，譬之棉桃：殼包棉，陰陽也；四瓣，元亨利貞也；軋彈紡織，二氣四德流行以化生物也；成布而裁之爲衣，生人也；領袖襟裾，四肢五官百骸也。性之氣質也，領可護項，袖可藏手，襟裾可蔽前後，卽目能視、耳能聽、子能孝、臣能忠之屬也。其情其才皆此物，此物豈有他哉，不得謂棉桃中四瓣是棉，軋彈紡織是棉，而至製成衣衫卽非棉也；又不得謂正幅直縫綿斜幅旁殺卽非棉也。如是則氣質與性是一是二，而可謂性本善、氣質偏有惡乎？然則惡何以生也？則如衣之著塵觸汚，人見其失本色，其厭觀也，命之曰汚衣；其實乃外染所成，有成衣卽被汚者，有久而後汚者，有染一二汚者，有三四分以至什百全汚不可知其本色者。然只須煩撋澣滌以去其染著之塵汚已耳，而乃謂繞去其襟裾也，豈理也哉？是則不特成衣不可謂之汚，雖極垢敝以不可爲衣本汚。但外染有淺深，則撋澣有難易，若百倍其功，縱積穢可以復潔；如莫爲之力，卽蠅點不能復素。則《大學》“明德”之道，“日新”之功，可不急講歟？

借水喻性

程朱因孟子嘗借水喻性，故亦借水喻者甚多，但主意不仝，所以將孟子語皆費牽合來就己說。今即就水明之，則有目者可共見，有心者可共解矣。程子云："清濁雖不仝，然不可以濁者不爲水。"此非正以善惡雖不仝，然不可以惡者不爲性乎？非正以惡如氣質之性乎？請問濁是水之氣質否？吾恐澄淵湛者水之氣質，甚濁之者乃雜入水性本無之土，正猶吾言性之有引蔽習染也；其濁之有遠近多少，正猶引蔽習染之有輕重淺深也。若謂濁是水之氣質，則濁水有氣質，清水無氣質矣。如之何其可也！

性理評

朱子曰："孟子道性善，性字重，善字輕。"非對言也。

此語可詫！"性善"二字，如何分輕重？誰說是對言？若必分輕重，則孟子時人競言性，但不知性善耳。孟子道之之意，似更重善字。

朱子述伊川曰："形既生矣，外物觸其形而動於中矣；其中動而七情出，曰喜怒哀懼愛惡欲，情既熾而益蕩其性矣。

"情既熾"句，是歸罪於情矣，非。王子曰："程子之言，似不非熾便是惡。"予曰："孝子之情濃，忠臣之情盛，熾亦何惡？賢者又惑於莊周矣！"

又曰："動"字，與《中庸》"發"字無異：而其是非眞妄，特決於有節與無節、中節與無中節之間耳。

以不中節，爲非亦可，但以爲惡妄則不可，彼忠義士不中節者，豈少哉？

朱子曰：“人生而静，天之性未嘗不善感物；而動性之欲，此亦未嘗不善。至於物至知誘，然後好惡形焉；好惡無節於內，知誘於外，不能反躬，天理滅矣，方是惡。故聖賢説得惡字煞遲。

此段精確，句句不紊層次；吾之七圖，亦適以發明朱子之意云爾。而乃他處多亂何也？以此知朱子識詣之高，而未免惑於他人之見耳！按朱子此段，是因《樂記》語而釋之，可見漢儒見道，猶勝宋儒。

又述韓子所以爲性者五，而今之言性者皆雜佛老而言之。

先生輩亦雜佛老矣！

張南軒答人曰：“程子之言，謂人生而静，以上更不容説。才説性時，便已不是性。”繼之曰：“凡人説性，只是説繼之者善也。”

玩程子云 “凡人説性，只是説繼之者善也”，蓋以易繼善句，作已落人身言，謂落人身便不是性耳。夫性字從生心，正指人生以後而言；若人生而静以上，則天道矣！何以謂之性哉？

朱子曰：“人之性論明暗，物之性只是偏塞。”

人亦有偏塞，如天啞天閹是也。物亦有明暗，如沐猴可教人戲、鸚鵡可教人言是也。

程子曰：“韓退之説叔向之母，聞楊食我之生，知其必滅宗，此無足怪，其始便稟得惡氣，便有滅宗之理，所以聞其聲而知之也。使其能學以勝其氣，復其性，可無此患。”

噫！楚越椒始生而知其必滅若敖，晉揚食我始生而知其必滅羊舌，是後世言性惡者以爲明證者也，亦言氣質之惡者以爲定案者也。試問二子方生，其心欲弑父與君乎？欲亂倫敗類乎？吾知其不然也。子文問母，不過察聲容之不平而知其氣稟之甚偏，他日易於爲惡耳。今即氣稟偏而即命之曰惡，是指刀而坐以殺人也，庸知刀之能利用殺賊乎？程子云："使其能學以勝其氣，復其性，可無此患。"可爲善論。而惜乎不知氣無惡也！

朱子曰："氣有不存，而理卻常在。"又曰："有是氣則有是理，無是氣則無此理。"

後言不但以己矛刺己盾乎？

孔孟言性之異，略而論之，則夫子雜乎氣質而言，孟子乃專言其性之理。雜乎氣質而言之，故不曰全而曰近。蓋以爲不能無善惡之殊，但未至如所習之遠耳。

愚謂：識得孔孟言性原不異，方可與言性。孟子明言爲不善，非才之罪，非天之降才爾殊，乃若其情則可以爲善。又曰：形色，天性也，何嘗專言理？況曰"性善"，謂聖凡之性全是善耳，亦未嘗謂全無差等。觀言"人皆可以爲堯舜"，將生安學利困勉無不在內，非言當前皆與堯舜全也。宋儒強命之曰"孟子專以理言"，寃矣孔子曰"性相近也，習相遠也"。此二語，乃自罕言中偶一言之，遂爲千古言性之準。性之相近，如眞金，輕重多寡雖不全，其爲金俱相者也。惟其有差等，故不曰全；惟其全一善，故曰近。將天下聖賢豪傑常人不一之姿性，皆於"性相近"一言包括，故曰"人皆可以爲堯舜"；將世人引蔽習染、好色好貨以至弑君弑父無窮之罪惡，皆於"習相遠"一句定案，故曰"非才之罪也，非天之降材爾殊也"。孔孟之旨一也。昔太甲顛覆典刑，如程朱作阿衡，必將曰此氣質之惡；而伊尹則曰茲乃不善，習與性成。大約孔孟而前責之習，使人去其所本無；程朱以後責之氣，使人憎其所本有。是以人多以氣質自諉，竟有"山河易改，本性難移"之諺矣！其誤世豈淺哉？

此理皆聖賢所罕言者，而近世大儒如河南程先生、橫渠張先生，嘗發明之，其説甚詳。

以聖賢所罕言而諄諄言之，至於何年習數、何年習禮、何年學樂，周孔日與天下共見者，而反後之，便是禪宗。

邵浩問曰："趙書記嘗問浩：'如何是性？'浩對以伊川云：'孟子言性善，是極本窮原之性；孔子言性相近，是氣質之性。'趙云：'安得有兩樣？只有《中庸》說："天命之謂性。"自分明白，公當初不曾問他。既謂之善，固無兩般；纔說相近，須有兩樣。'"

善哉書記！認性眞確，朱子不如，大舜舍己從人矣！殊不思夫子言相近，正謂善相近也；若有惡，則如黑白冰炭，何近之有？

孟子言性，只說得本然底，論才亦然。荀、揚、韓諸人，雖是論性，其實只說得氣。

不本然便不是性。

問：氣質之說，起自何人？曰："此起於程張。某以爲極有功於聖門，有補於後學。"

程張隱爲佛氏所惑，又不解惡人所從來之故，遂杜撰氣質一說，誣吾心性。而乃謂有功聖門，有補來學，誤甚！

程子曰："善惡皆天理。謂之惡者，本非惡，但或過或不及，便如此。蓋天下無性外之物，本皆善而流於惡耳。"

玩"本非惡，但或過或不及，便如此"語，則程子本意，亦未嘗謂氣質之性有惡。凡某所謂善惡者，猶言偏全、純駁、清濁、厚薄焉耳，但不宜輕出一"惡"字，馴至有"氣質惡爲吾性害"之說，立言可不愼乎？

"流於惡"，"流"字有病，是將謂源善而流惡，或上流善而下流惡矣。不知源善者流亦善，上流無惡者下流亦無惡；其所爲惡者，乃是他途歧路，別有點染。譬如水出泉，若皆行石路，雖自西海達於東海，毫不加濁；其有濁者，乃虧土染之，不可謂水本清而流濁也。知濁者爲土所染，非水之氣質，則知惡者是外物染乎性，非人之氣質矣。

問："善，固性也，是。若云惡亦不可不謂之性，則此理本善，因氣而鶻突；雖是鶻突，然亦是性也。"曰："他原頭處都是善，因氣偏這性便偏了；然此處亦是性，如人渾身都是惻隱而無羞惡，都是惡而無惻隱，這個便是惡的，這個喚做性耶？不是。如墨子之心，本是惻隱；孟子推其弊，到得無父處，這個便是惡，亦不可不謂之性也。"

此段朱子極力刻畫氣質之惡，明乎此，則氣質之有惡照然矣；大明乎此，則氣質之無惡昭然矣。夫"氣偏性便偏"一言，是程朱氣質性惡本旨也。吾意偏於何物？下文乃曰："如人渾身都是惻隱而無羞惡，都羞惡而無惻隱，便是惡。"嗚呼！世豈有皆惻隱而無羞惡、皆羞惡而無惻隱之人耶？豈有皆惻隱而無羞惡、皆羞惡而無惻隱之性耶？不過偏勝者偏用事耳。今卽有人偏勝之甚，一身皆是惻隱，非偏於仁之人乎？其人上焉而學以至之，則爲聖也，當如伊尹；次焉而學不至，亦不失爲屈原一流人。其下頑不知學，則輕者成一姑息好人，重者成一貪溺昧罔之人；然其貪溺昧罔，亦必有外物引之，遂爲所蔽而僻焉；久之相習而成，遂莫辨其爲後起爲本來。此好色好貨，大率偏於仁者爲之也。若當其未有引蔽，未有習染，然指其一身之惻隱，曰此是好色、此是好貨，豈不誣乎？卽有人一身皆是羞惡，非偏於義之人乎？其人上焉而學以至之，則爲聖也，當如伯夷；次焉而學不至，亦不失爲海瑞一流人。其下頑不知學，則輕者成一傲岸絕物，重者成很毒殘暴之惡人。然其很毒殘暴，亦必有外物引之，遂爲所蔽而僻焉；久之相習而成，遂莫辯其爲後起爲本來。大率殺人戕物，皆偏於義者爲之也。若當其未有引蔽，未有習染，而指其一身之羞惡者，曰此是殺人、此是戕物，豈不誣乎？墨子之心原偏於惻隱，遂指其偏於惻隱者謂之無父，可乎？但彼不明其德，無晰義之功，見此物亦引愛而出，見彼物亦引愛而出，久之相習卽成一兼愛之性。其弊至視父母如路人則惡矣！然亦習之至此，非其孩提卽如此也。卽朱子亦不得不云“孟子推其弊至於無父”，則下句不宜承之曰“惡亦不可不謂之性”也。

朱子曰：“濂溪說性者剛、柔、善、惡、中而已矣。濂溪說性，只是此五者，他又自有說仁、義、禮、智底性時。若論氣質之性，則不出此五者；然氣稟底性，便是那四端底性，非別有一種性也。”

卽云氣稟之性，卽是四端之性，別無二性，則惡字從何加之？可云惡之性卽善之性乎？蓋周子之言善惡，或亦如言偏全耳！然偏不可謂爲惡也，偏亦命於天者也，雜亦命於天者也，惡乃成於習耳。如官然，正印固君命也，副貳獨非君命乎？惟山寨、僭僞非君命耳。如生物之本色然五色兼全，且均勻而有條理者，固本色也，獨黄獨白非本色乎？卽色有錯雜，獨非本色乎？惟灰塵、污泥、薰漬、點染非本色耳。今乃舉副貳雜職與僭僞左誅，以偏色錯彩與污染并厭，是惟正印爲君命，純美爲本色，惟堯舜孔孟爲性善也。烏乎可？周子《太極圖》原本之道士陳希夷、禪僧壽涯，豈其論性亦從此誤而諸儒遂皆宗之歟？

言若水之就下處，當時只是滚說了，蓋水之就下，便是喻性之善。如孟子所謂“過顙在山”，雖不是順水之性，然不謂之水不得。這便是前面“惡亦不可不謂之性”之說。

竭盡心力，必說性有惡，何爲？弑父弑君，亦是人，然非人之性；過顙在山，亦是水，然非水之性。

水流至海而不污者，氣稟清明，自幼而善，聖人性之而全其天者也；流未遠而已濁者，氣稟偏駁之甚，自幼而惡者也；流旣遠而方濁者，長而見異物而遷焉，失其赤子之心者也。濁有多少，氣之昏明純駁有淺深也；不可以濁者，不如水惡，亦不可不謂之性也。

水流未遠而濁，是水出泉卽遇易虧之土，水全無與也，水亦無如何也。人之自幼而惡，是本身氣質偏駁易於引蔽習染，人與有責也，人可自力也。如何可倫？人家牆卑，易於招盜，牆誠有咎也；但責牆曰“汝卽盜也”，受乎哉？

因言舊時人嘗裝惠山泉去京師，或時臭了。京師人會洗水，將沙石在筧中，上面傾水從筧中下去，如此十數番，便漸如故。

此正洗水之習染，非洗水之氣質也。

而今講學用心，著力都是用這氣去尋個道理。

然則氣又有用，如此而謂其有惡乎？

或問：形而後有氣質之性，其所以有善惡之不全，何也？勉齋黃氏曰：“氣有偏正，則所受之理隨而偏正；氣有昏明，則所受之理隨而昏明。木之氣盛，則金之氣衰，故仁常多而義常少；金之氣盛，則木之氣衰，故義常多而仁常少。若此者，氣質之性有善惡也。”

是以偏爲惡矣！則伯夷之偏清，柳下惠之偏和，亦謂之惡乎？

愚嘗質之先師，答曰：“未發之前，氣不用事，所以有善而無惡。至哉此言也！”

未發之前，可羨如此，則已發可憎矣，宜乎佛氏之打坐入定空卻一切也。黃氏之言，不愈背誕乎？

氣有清濁，譬如著些物，蔽了發不出；如柔弱之人，見義不爲。爲義之意，卻在裏面，只是發不出，如燈火使紙罩了光，依舊在裏面，只是發不出來。拆去了紙，便自是光。

此紙原是罩燈火者，欲燈火明，必拆去紙；氣質則然，氣質拘此性，卽從此氣質明此性，還用此氣質發用此性。何爲拆去？且何以拆去？拆而去之，又不止孟子之所謂“戕賊人”矣！

以人心言之，未發則無不善，已發則善惡形焉。然原其所以爲惡者，亦是此理，而發非是別，有個惡與理不相干也。若別有個惡與理不相干，卻是有性外之物也。

以“未發爲無不善，已發則善惡形”，是謂未出土時純是麥，既成苗時即成麻與麥，有是理乎？至謂“所以爲惡”，亦自此理而發，是誣吾人氣質，並誣吾人性理。其初尚近韓子“三品”之論，至此，竟同荀氏性惡、揚氏善惡混矣！

北溪陳氏曰：“自孟子不說到氣稟，所以荀[1]子便以性爲惡，揚子便以性爲善惡混，韓文公又以爲性有三品，都只是說得氣。近世東坡蘇氏，又以爲性未有善惡；五峯胡氏，又以爲性無善惡，都只含糊云云。至程子於本性之外，又發出氣質一段，方見得善惡所從來。”又曰：“萬世而下學者，只得按他說，更不可改易。”

程張於衆論無統之時，獨出氣質之性一論，使荀、揚以來，諸家所言，皆有所依歸；而世人無窮之惡，皆有所歸咎。是以其徒如空谷聞音，欣然著論垂世。而天下之爲善者愈阻，曰我非無志也，但氣質原不如聖賢耳；天下之爲惡者愈不懲，曰我非樂爲惡也，但氣質無如何耳。且從其說者，至出辭悖戾而不之覺，如陳氏、程子於本性之外發出氣稟一段。噫！氣稟乃非本來者乎？本來之外乃別有性乎？又曰：“方見得善惡所從來。”惡既從氣稟來，則指漁色者氣稟之性也，黷貨者氣稟之性也，弒父弒君者氣稟之性也。將所謂引蔽習染反置之不問，是不但縱賊殺良幾於釋盜寇，而囚吾兄弟子姪矣。異哉！

潛室陳氏曰：“識氣質之性善惡，方有著落，不然，則惡從何處生？孟子專言義理之性，則思無所歸，是論性不論氣不備，孟子之

[1] “苟子”，當爲“荀子”。——編者註

説爲未備。”

觀告子或人之説，是孟子時已有荀、揚、韓、張、程、朱諸説矣，但未明言“氣質”二字耳。其未明言者，非其心思不及，乃去聖人之世未遠；見習禮、習樂、習射、習書數，非禮勿視聽言動，皆以氣質用力，卽此爲存心，卽此爲養性。故曰：“志至焉，氣次焉。”故曰：“持其志，無暴其氣。”故曰：“養吾浩然之氣。”故曰：“惟聖人然後可以踐形。”當時儒者視氣質甚重，故雖異説紛紛，已有隱壞吾氣質、誣吾性之意，然終不敢直誣氣質以有惡也。魏晉以來，佛老肆行，乃於形體之外，别狀一空虚幻覺之性靈；禮樂之外，别作一閉目靜坐之存養。佛者曰入定，儒者曰吾道亦有入定也；老者曰內丹，儒者曰吾道亦有內丹也。借四子五經之數，行《楞嚴》參仝之事，以躬習其事爲粗迹，則自以氣骨血肉爲分外。於是始以性命爲精、形體爲累，乃敢以有惡加之氣質，相衍而莫覺其非矣。賢如朱子而有“氣質爲吾性害”之語，他何説乎？噫！孟孔於百説紛紛之中，明性善及才情之善，有功萬世；今乃以大賢諄諄，然罷口敝舌，從諸妄説辯出者，復以一言而誣之。曰：“孟子之説，原不明不備，原不曾拆倒告子。”噫！孟子果不明乎？果未備乎？何其自是所見，妄議聖賢，而不知其非也。

問：目視耳聽，此氣質之性也。然視之所以明，聽之所以聰，抑氣質之性耶？抑義理之性耶？曰：“目視耳聽，物也；視明聽聰，物之則也。來問可施於物，則不可施於言性；若言性，當云好色好聲氣質之性，正色正聲義理之性。

詩云“天生烝民，有物有則；民之秉彝，好是懿德。”孔子曰：“爲此詩者，其知道乎？有物必有則，民之秉彝也，故好是彝德。”詳《詩》與子言，物則非性而何？況朱子解“物“則亦云“如有父子則有孝慈，有耳目則有聰明”之類，非謂孝慈卽父子之性、聰明卽耳目之性乎？今陳氏乃云“來問可施於物，則不可施於言性”，是謂物則非性矣。又云“若言性，當云好色好聲氣質之性，正色正聲義理之性”，是物則非義理之性，並非氣質之志矣。則何者爲物之則乎？大約宋儒認性，大端旣差，不惟證之以孔孟之旨不合，卽以其說互參之，亦自相矛盾，各相牴牾者多矣。如此之類，當時皆能欺人，且以自欺。蓋空談易於藏醜，是以舍古人六府、六藝之學而高談性命也。予與友人法乾王子初爲程朱之學，談性天，似無齟語；一旦從事於歸除法，已多艱誤，況禮樂之精繁乎？昔人云：“畫鬼容易畫馬難。”正可喻此。

臨川吳氏曰：“孟子道性善，是就氣質中挑出其本然之理而言，然不曾分別性之所以有不善者。因氣質之有濁惡而污壞，其性也，故雖與告子言而終不足以解告子之惑。至今人讀《孟子》，亦見其未有以折倒告子而使之必服也。”

孟子時雖無氣質之說，必有言才不善情不善者，故孟子曰：“若夫爲不善，非才之罪也。”“非天之降才爾殊也。”“人見其禽獸也，以爲未嘗有才焉者，是豈人之情也哉？”凡孟子言才情之善，卽所以言氣質之善也；歸惡於才情氣質，是孟子所深惡，是孟子所亟辯也。宋儒所自恃以爲備於孟子、密於孟子，發前聖所未發者，不知其蹈告子二或人之故智，爲孟子所詞而闢之者也，顧反謂孟子有未備，無分曉。然猶時有囘護語，未敢遽處孟子上。至于元儒，則公然肆口以如程朱言未備，指孟子之言性而言也。言不明指荀揚世俗之論性者言也，是夷孟子於荀揚世俗矣。明言氣質濁惡，污吾性、壞吾性，不知耳、目[1]、鼻、手、足、五臟、六腑、筋骨、血肉、毛髮俱秀且備者，人之質也，雖蠢，猶異於物也；呼吸

[1] “目”字後疑缺一“口”字。——編者註

克周榮潤，運用乎五官百骸粹且靈者，人之氣也，雖蠢，猶異於物也。故曰："人爲萬物之靈。"故曰："人皆可以爲堯舜。"其靈而能爲者，卽氣質也，非氣質無以爲性，非氣質無以見性也。今乃以本來之氣質而惡之，其勢不混本來之性而一之不已也。以作聖之氣質而視爲汚性、壞性、害性之物，明是禪家"六賊"之説，其勢不混儒釋而一之不已也。能不爲此懼乎？是以當此普地狂瀾汎濫東奔之時，不度勢，不量力，駕一葉之舟，而欲挽其流，多見其危也，然而不容已也。觀至"雖與告子言，終不足以解告子之惑；至今讀《孟子》，亦見其未有以折倒告子而使之心服"，嘆曰：吳臨川何其似吾童時之見也！吾十餘歲讀《孟子》至"義內"章，見敬叔、敬弟之説，猶之敬兄酌鄉人也，公都子何據而遽瞭然不復問乎？飲湯、飲水之喻，猶之敬叔、敬弟也，孟季子何見而遂憮然不復辯乎？至"後從長之者義乎"句悟出，則見句句是義內矣。今觀《孟子》辯性諸章，皆據人情物理指示，何其痛快明白！告子性甚執，不服，必更辯；今既無言，是已折倒也。吳氏乃見爲不足解惑，見爲未折倒告子，是其見卽告子之見，而識又出告子下矣！

朱子曰："孟子終是未備，所以不能杜絕荀、揚之口。"

程、朱志爲學者也，卽所見異於孟子，亦當虛心以思，何爲孟子之見如彼？或者我未之至乎？更研求告子、荀、揚之所以非與孟子之所以是，自當得之。乃竟取諸説統之爲氣質之性，別孟子爲本來之性，自以爲新發之祕、兼全之識，反視孟子爲偏而未備是，何也？去聖遠而六藝之學不明也。孟子如明月出於黄昏，太陽之光未遠，專望孔子爲的，意見不以用，曲學邪説不以雜。程朱，則如末旬之半夜，偶一明色睒爍之星出，一時暗星既不足比光，而去日月又遠，卽儼然太陽而明月亦不知尊矣！又古者學從六藝入，其中涵濡性情，歷練經濟，不得獵等，力之所至，見斯至焉。故聰明如端木子，猶以孔子爲多學而識，直待垂老學深，方得聞性道。一聞夫子以顔子比之，爽然自失，蓋因此學好大騖荒不得也。後世誦讀訓詁，主靜致良知之學，極易於身在家庭，目遍天下，想像之久，以虚爲實，遂侈然成一家言而不知其誤也。

吳氏曰："程子'性卽理也'云云，張子云'形而後有氣質之性'云云，此言最分曉。而觀者不能解其言，反爲所惑，將謂性有兩種。蓋天命之性，氣質之性，兩性字只是一般，非有兩等性也。"

程、張原知二之則不是，但爲諸子、釋氏、世俗所亂，遂至言性有二矣。既云"天地之性，渾是一善；氣質之性，有善有惡"，非兩種性而何？可云惡卽理乎？

問："子罕言命，若仁、義、禮、智、信五常皆是天所命，如貴賤、死生、壽夭之命有不仝，如何？"曰："都是天所命。禀得精英之氣，便爲聖爲賢，便是得理之全、得理之正；禀得清明者曰英爽，裏得敦厚者曰温和，禀得清高君便貴，禀得豐厚者便富，禀得長久者便壽，禀得衰頽薄汚者便爲愚不肖、爲貧、爲賤、爲夭。天有那氣，生一個人出來，便有許多物隨他來；天之所命，固是均一，而氣禀便有不齊，只看其禀得來如何耳。"

此段甚醇，愚第三圖大意正仿此。

三代而上，氣數醇濃，氣清者必厚必長，故聖賢皆貴且富且壽，以下反是。

愚謂有囘轉氣運法，惟行選舉之典，則清者自高自厚矣。

程子曰："性無不善，其所以不善者，才也。受於天之謂性，禀於氣之謂才。才之善不善，由氣之有偏正也。"

罪氣因罪才，故曰孟子時人，言才情不善，卽氣質之說；程、張氣質之性，卽告子二或人之見也。

告子所云，固是爲孟子問他，他說便不是也。

愚謂程朱卽告子之說，猶屬遙度之語。茲程子竟明許告子所言，是且日爲孟子問他，他說便不是以憾告子，辭不達意者。不知諸先生正不幸不遇孟子問，故不自知其不是也。

朱子曰："性者心之理，情者心之動，才便是那情之會。恁地者情與才絕相近，但感是遇物而發；路陌曲折，恁的去底，才是有氣力去做底。要之千頭萬緒，皆是從心上來。"

此段確眞，乃有才情惡、氣質惡，程子密於孟子之語何也？

伊尹[1]所謂才，與孟子說才小異，而語意尤密，不可不考。

伊川明言'其不善乃是才也'，與孟子之說如冰炭之異性、燕越之異轅矣。尚得謂之小異乎？

氣質之性，古人雖不曾與人說，考之經典，卻有此意。如《書》云"人惟萬物之靈，亶聰明作元后"，與"堯天乃錫王智勇"之說，皆此意也。孔子說"性相近也，習相遠也"，孟子辯告子生之謂性，亦是說氣質之性。

"氣質之性"四字，未爲不是，所差者，謂性無惡，氣質偏有惡耳。茲所引經傳，乃正言氣質之性善者，何嘗如程張之說哉？朱子方惑於其說，遂視經傳皆是彼意矣。若僕曲爲援引，較此更似。"道心惟微"，義理之性也；"人心惟危"，氣質之性也；"命也，有性焉"，義理之性也；"性也，有命焉"，氣質之性也。然究不可謂之有惡。

問：天理人欲仝體異用之說如何？曰："當然之理。人合恁地底便是體，故仁、義、禮、知爲體。如五峯之說，則仁與不仁，禮與不禮，智與不智，皆是性。如此，則性乃一。"

個大人欲窠子，其說乃與東坡、子由相似，是大鑿脫，非小

[1] "伊尹"，當爲"伊川"。——編者註

失也。

以氣質之性爲有善有惡，非仁與不仁、禮與不禮皆性乎？非説性是天私欲窠子乎？朱子之言乃所以自駁也。

（二）

《性圖》

竊謂朱儒皆未得孟子“性善”宗旨，故先繪朱子圖於前，而繪愚妄七圖於後，以請正於高明長者。

《朱子性圖》

性善	性無不善	惡	惡不可謂從善中直下來，只是不能善，則偏於一端而爲惡。
		善	發而中節，無性不善。

上圖解云：發而中節，無性不善，竊謂雖發而不中節，亦不可謂有性不善也。此言外之弊也。“惡”字下云“惡不可謂從善中直下來”，此語得之矣。則“惡”字不可與“善”字相比爲圖，此顯然之失也。又云，只是“不能善”，此三字甚惑，果指何者不能爲善也？上只有一性，若以性不能爲善，則誣性也；若謂才或情不能爲善，則誣才與情也；抑言別有所爲而不能爲善，則不明也。承此云，則“偏於一邊而爲惡”，但不知是指性否？若指性則大非“性善”二字，更無脱離。蓋性之未發，善也；雖性之已發而中節，與不中節皆善也。謂之有惡，又誣性之甚也。然則朱子何以圖也？反覆展玩，乃曉然見其意，蓋明天命之性與氣質之性之別。故上二字註之曰“性無不善”，謂其所言天命之性也；下二字善惡並列，謂其

言氣質之性也。噫！氣質非天所命乎？抑天命人以性善，又命人以氣質惡，有此二命乎？然則程、張諸儒氣質之性愈分析，孔、孟之性旨愈晦蒙矣。此所以敢妄議其不妥也。

妄見圖凡七

僕自顏知學，嘗讀宋先儒書，以爲諸先正眞堯、舜、孔、孟也；故於通書稱其爲二論，後僅見之文，尊周子爲聖人。又謂得《太極圖》則一以貫之，大程子似顏子，於小學稱朱子爲聖人，於家禮尊如神明。曰："如有用我者，舉此而措之。"蓋全不覺其於三代以前之學，有毫釐之差也。惟至康熙戊申，不幸大故，一一式遵文公家禮，罔敢隕越；身歷之際，微覺有遠於性情者，哀毀中亦不能辨也。及讀記中喪禮，始知其多錯誤。卒哭。王子法乾來弔，謂之曰："信乎非聖人不可制作，非聖人不可刪定也！朱子之修禮，猶屬僭也；蓋始知其非聖人也。"至練後哀相殺，又病不能純哀思，不若於哀不至時略觀書。於是檢《性理》一册，至朱子《性圖》，反覆不能解。久之，猛思朱子蓋爲氣質之性而圖也；猛思堯、舜、禹、湯及周、孔諸聖，皆未嘗言氣質之性有惡也；猛思孟子性善才情，皆可以爲善之論，誠可以建天地質鬼神。考前王俟百世而諸儒不能及也，乃爲《妄見圖》凡七，以申明孟子本意。此則其總圖也，大圖，天道統體也，上帝生宰其中，不可以圖也。左陽也，右陰也，合之則陰陽無間也。陰陽流行而爲四德，元亨利貞也；橫豎正畫四德，正氣正、理之達也；四角斜畫四德，間氣、間理之達也；交斜之畫，象交通也；滿面小點，象萬物之化生也；莫不交通，莫不化生也，無須是氣是理也。知理氣融爲一片，則知陰陽二氣，天道之良能也；元享利貞四德，陰陽二氣之良能也；化生萬物元享利貞，四德之良能也。知天道之二氣，二氣之四德，四德之生萬物，莫非良能，則可以觀此圖矣。萬物之性，此理之賦也；萬物之氣質，此氣之凝也。正者，此理此氣也；間者，亦此理此氣也；交雜者，莫非此理此氣也。高明者，此理此氣也；卑暗者，亦此理此氣也；清厚者，此理此氣也；濁薄者，亦此理此氣也；長短、偏全、通塞，莫非此理此氣也。至於人則尤爲萬物之粹，所謂得天地之中以生者也。二氣四德者，未凝結之人也；人者，已凝結之二氣四德也。存之爲仁、義、禮、智，謂之性者，以在內之元亨利貞名之也；發之爲惻隱、羞惡、辭讓、是非，謂之情者，以及物之元亨利貞言之也。才者，性之爲情者也，是元亨利貞之力也。謂情有惡，是謂已發之元亨利貞，非未發之元亨利貞也；謂才有惡，是謂蓄者元亨利貞，能作者非元亨利貞也。謂氣質有惡，是元亨利貞之理，謂之天道；元亨利貞之氣，不謂之天道也。噫！天下有無理之氣乎？有無氣之理乎？有二氣四德外之理氣乎？惡其發者，是卽惡其存之漸也；惡其力者，是卽惡其本之漸也；惡其氣者，是卽惡其理之漸也。何也？人之性，卽天之道也，以性爲有惡，則必以天道爲有惡矣；以情爲有惡，則必以元亨利貞爲有惡矣；以才爲有惡，則必以天道流行乾乾不息者亦有惡矣。其勢不盡取三才而毀滅之不已也。嗚呼！漢魏以來，異端昌熾，如洪水滔天；吾聖人之道，如病蠶吐絲，迫於五季而倍微。當此時，而以惑於異端者誣聖，曰聖人之言性本如是也，必諸先正之所不忍。天道昭布，現前如此，聖經賢傳指示親切如此，而必以惑於世俗者誣天，曰天生之氣質本有惡也，亦必諸先正之所不敢。其爲此論，特如時諺所云“習俗穢人，賢者不免”耳！是圖也，正就程、張、朱發明精確者，一推衍之，非敢謂於先儒之見有加也，特不雜於荀揚、佛老而已矣。正卽氣質之性一門釋之，非謂無氣質之性也，轉不雜以引蔽習染而已矣。意之不能盡者，仍詳說於各圖下，無非欲人共見乎天道之無他，人性之本善，使古聖賢性習之原旨，昭然復明於世。則人知爲絲毫之惡，皆自黠其光瑩之本體，極神聖之善始；自踐其固有之形骸，而異端重性輕形，因而滅絕倫紀之說，自不得以惑人心喜靜惡動；因而廢棄六藝之妄，自不得以蕪正道。諸先正之英靈，必深喜其偶誤頓洗而大快乎？聖道重光，僕或幸可以告無罪矣。其辭不副意，未足闡天人之祕，或反汨性理者，庸陋亦不敢自保其無也，願長者其賜教焉。陰陽流行而爲四德。順者，如春德與夏德順也；逆者，如春德與秋德逆也；交者，二德合或三四合也；通者，自一德達一德，或中達正間、正間達中、正達間、間達正、正正達、間間達之類也；錯者，陰陽剛柔彼此相對也；綜者，陰陽、剛柔上下相穿也；熏者，如香之熏物，居此及彼以處洽，實不必形接而臭至之也；烝者，如烝食，如天地絪緼，下漸上也，一發而普遍也；變者，化也，有而無也，無而有也，或德相變，或正間斜相變也，如田鼠化駕、雀化爲蛤之變也；易者，神也，往來也，更代也，治也，陽乘陰、陰承陽也；感者，遙應也，如感月光、感蒼龍、感流星之類是也；觸者，邂逅也，不期遇也，如一流復遇一流，舟行遇山火發、遇雨雲集、遇風之類是也；聚者，理氣結也，一德聚，或二、三、四德共聚也；散者，散其聚也；舒者，縷長直去也；卷者，迴其舒也。十六者，四德之變也，德惟四而其變十六，十六之變不可勝窮焉。爲運不息也，止有常也：照臨薄食也，燦列流隕進退隱見也，吹噓震盪也，高下平陂土石毛枯也，會分燥濕流止也，稺老彫萏材灰也，飛潛蠕植不可紀之狀也。至於人清濁、厚薄、長短、高下，或有所清、有所濁，有時厚、有時薄，大長、小長，大短、小短，時高、時下，參差無盡之變，皆四德之妙所爲也。世固有妖氛瘴厲，亦因人物有所激感而成，如人性之有引蔽習染，而非其本然也。或謂既已感激而成妖瘴，則稟是氣而生者，卽爲惡氣惡質。不知雖極汚穢，及其生物仍返其元，猶是純潔精粹二氣四德之人，不卽汚穢也。如糞中生五穀瓜蔬，俱成佳品，斷不臭惡，穢朽生芝鯀腴全聖，此其彰明較著者也。

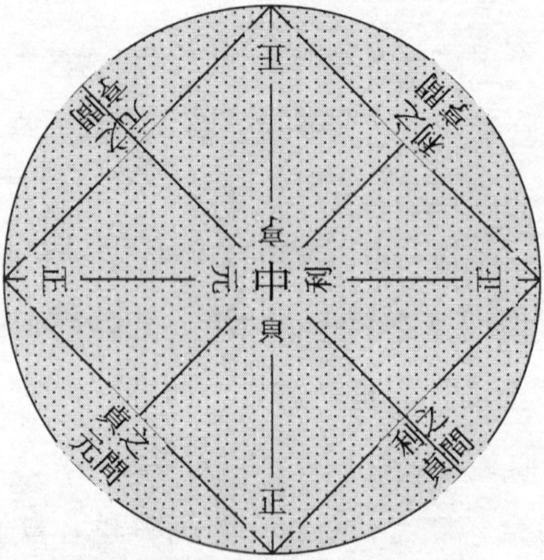

渾天地間二氣四德化生萬物之圖

以下三圖，卽就總圖中摘出論之。

四德之理氣，分合交感而生萬物。其稟乎四德之中者，則其性質調和，有大中之中，有正之中，有間之中，有斜之中，有中之中。其稟乎四德之邊者，則其性質偏僻，有中之邊，有正之邊，有間之邊、斜之邊、邊之邊。其稟乎四德之直者，則性質端果，有中之直、正之直、間之直、斜之直、直之直。其稟乎四德之屈者，則性質曲折，有中之屈，有正之屈、間之屈、斜之屈、屈之屈。其稟乎四德之屈[1]者，則性質板棱，有中之方、正之方、間之方，有斜之方、方之方。其稟乎圓者，則性質通便，有中之圓、正之圓、間之圓、斜之圓、圓之圓。其稟乎四德之衝者，則性質繁華，有中之

[1] “屈”，當爲“方”。——編者註

衝，有正之衝，有間之衝，有斜之衝，有衝之衝。其稟乎僻者，削[1]其性質閒靜，有中之僻、正之僻、間之僻，有斜之僻，有僻之僻。其稟乎四德之齊者，性質漸鈍；稟乎四德之銳者，性質尖巧，亦有中、正、間、斜之分焉。稟乎四德之離者，性質孤疎；稟乎四德之合者，性質親密，亦有中、正、間、斜之分焉。稟乎四德之遠者，則性質奔馳；稟乎四德之近者，則性質拘謹，亦有中、正、間、斜之分焉。其稟乎違者，性質乖左；稟乎遇者，性質湊濟，亦有中、正、間、斜之分焉。稟乎大者，性質廣闊；稟乎小者，性質狹隘，亦有中、正、間、斜之分焉。至於得其厚者敦龐，得其薄者磽瘠，得其清者聽明，得其濁者愚蠢，得其強者壯往，得其弱者退諉，得其高者尊貴，得其下者卑賤，得其長者壽固，

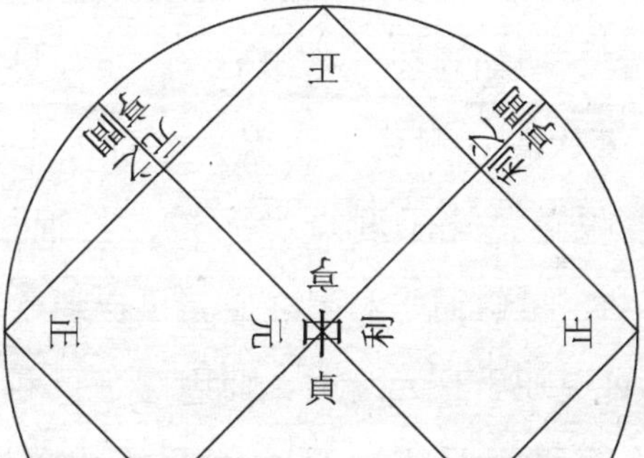

二氣四德順逆交通錯綜熏烝變易感觸聚散卷舒以化生萬物之圖

得其短者夭折，得其疾者早速，得其遲者晚滯，得其全者充滿，得其缺者破敗，亦莫不有中、正、間、斜之別焉。此三十二類者，又十六變之變也；三十二類之變，又不可勝窮焉。然而不可勝窮

[1] "削"，當爲"則"。——編者註

者，不外於三十二類也；三十二類，不外於十六變也；十六變，不外四德也；四德不外於二氣，二氣不外於天道也。舉不得以惡言也。昆蟲、艸木、蛇蠍、豺狼，皆此天道之理之氣所爲，而不可以惡言；况所稱受天地之中，得天地之粹者乎？

既有《萬物圖》，復摘繪其一隅者，全圖意有所不能盡，復即一隅以盡其曲折也。此上黑點，亦象萬物。姑以人之性質言之：如中角半大點，理氣會其大中，四德全體無不可通，而元亨爲尤盛，得其理氣以生人，則惻隱辭讓多。或裏元而表亨，則中惠貌莊之人也；或裏亨而表元，則中嚴貌順之人也。然以得中也，四德無不可通也，則有爲聖人者焉，有爲賢人者焉，有爲士者焉；以通元亨之間去利貞之濟遠也，則亦有爲常人者焉，皆行生之自然不可齊也。仁之勝者，聖如伊尹，賢如顔子，士如黄憲，常人如里巷中温厚之人；禮之勝者，聖如周公，賢如子華，士如樊英，常人如里巷矜持之人。南一邊大點，則偏享用事，禮勝可知也。凖中之禮盛例，而達乎元者頗難，達乎利貞者尤難。然而可通乎中以及乎貞，可邊通乎元利，可斜通乎利亨之交，可邊通乎亨利之間：而因應乎元貞之間，可邊通乎亨元之間；而因應乎貞利之間，可斜通乎亨元之交。故雖禮勝而四德皆通，無不可爲樊英、子華、周公也。東邊一大點，則偏元用事，仁勝可知也。凖中之仁勝例，而達乎亨者難，達乎貞利者更難。然而可通乎中以及於利，可邊通乎貞亨，可斜通乎貞元之交，可邊通乎元貞之間：而因應乎利亨之間，可邊通乎元亨之間；而亦因應乎利貞之間，可斜通乎元亨之交。故雖仁勝而四德皆通，亦無不可爲叔度、顔子、伊尹也。東南隅一大點，元亨之間也。然直通元亨之斜以達於中，而與貞利之間爲正應，雖間而用力爲之，亦無不可爲黄、樊、顔、西、伊周也。隅中一大點，居元亨斜間之交，而似中非中。然斜中達於大中，而通及貞利，雖間斜而用力爲之，亦無不可爲黃、樊、顏、西、伊、周也。其隅中若干小點，或大或小，或方或圓，或齊或銳，或疎或密，或衝或僻，或近中或近正，或近間或近斜，或近元或近亨，蓋亦莫不以一德或二德總含四德之氣理，而寓一中，所謂人得天地之中以生也。是故通塞正曲，雖各有不同，而盈宇宙無異氣、無異理。苟勉力爲之而勿刻以行其惻隱，不傲以行其恭敬，亦無不可爲黃、樊、顏、西、伊、周也。故曰：人皆可以爲堯舜，然而全體從可知矣！

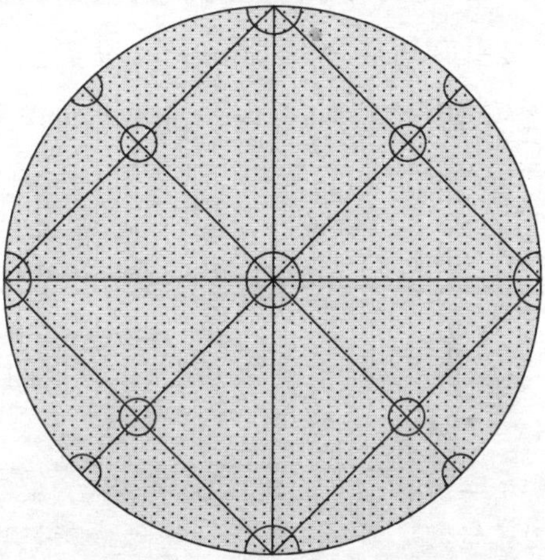

萬物化生於二氣四德中邊直屈方圓衝僻齊銳離合
遠近違遇大小厚薄清濁強弱高下長短疾遲全缺之圖

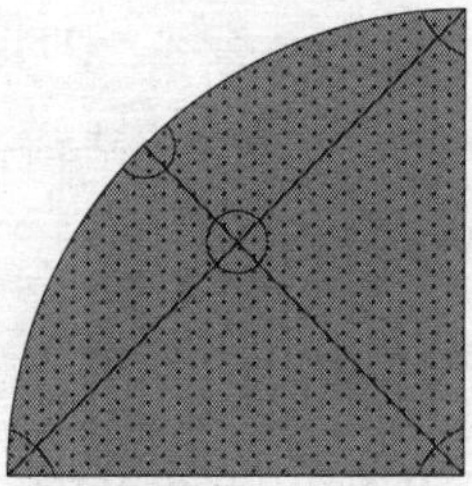

單繪一隅即元亨以見意之圖

圈，心也，仁、義、禮、智性也。心一理而統四件者，非塊然有四件也。既非塊然四件，何由而名爲仁、義、禮、智也？以發之者知之也，則惻隱、羞惡、辭讓、是非也。發者，情也；能發而見於事者，才也。則非情才無以見性，非氣質無所爲情才，即無所爲性。是情非他，即性之見也；才非他，即性之能也；氣質非他，即性、情、才之氣質也，一理而異其名也。若謂性善而才情有惡，譬則苗矣，是謂種麻而積實，遂雜麥也；性善而氣質有惡，譬則樹矣，是謂內之神理屬柳，而外之枝幹乃爲槐也。自有天地以來有是理乎？後儒之言性也，以天道人性攙而言之；後儒之認才情氣質也，以才情氣質與引蔽習染者雜而言之。以天道攙人性未甚害乎性，以引蔽習染雜才情氣質則大誣乎才情氣質矣！此無他，認接樹作本樹也。嗚呼！此豈樹之情也哉？

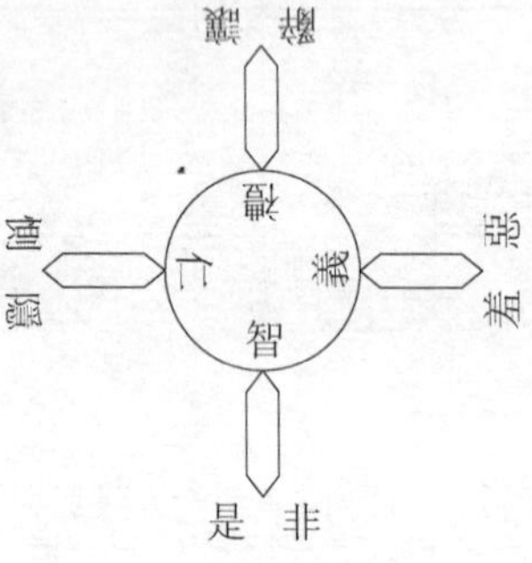

孟子性情才皆善之圖

中渾然，一性善也。見當愛之物，而情之惻隱能直及之，是性之仁；其能惻隱以及物者，才也。見當斷之物，而羞惡能直及之，是性之義；其能羞惡以及物者，才也。見當敬之物，而辭讓能直及之，是性之禮；其能辭讓以及物者，才也。見當辨之物，而是非能直及之，是性之智；其能是非以及物者，才也。不惟聖賢與道爲一，雖常人率性亦皆如此，更無惡之可言，故孟子曰“性善”。乃若其情可以爲善者爲不善，非才之罪也。及世味紛乘，貞邪不一，惟聖人稟有全德、大中、至正、順應而不失其則。下此者，財色誘於外，引而之左，則蔽其當愛而不見愛，其所不當愛而貪營之，兩惡出焉；私小據於己，引而之左，則蔽其當愛而不見愛，其所不當愛而鄙吝之，柔惡出焉；以至羞惡被引而爲侮奪殘忍，辭讓被引而爲僞飾諂媚，是非被引而爲奸雄小巧，種種之惡所從來也。然種種之惡，非其不學之能，不慮之知，必且進退齟齬，本體時見不純，爲貪營鄙吝諸惡也，猶未與財色等相習而染也。斯時也，惟賢士豪傑稟有大力，或自性覺悟，或師友提撕，知過而善反其天。又下此者，賦稟偏駁，引之既易而反之甚難，引愈頻而蔽愈遠，習漸久而漸深，以至染成貪汚鄙吝之性之情，而本來之仁不可知矣；染成侮奪殘忍之性之情，而本來之義不可知矣；染成僞飾諂媚之性之情，與奸雄小巧之性之情，而本來之禮、智俱不可知矣。嗚呼！禍始引蔽，成於習染。以耳目、口鼻、四肢、百骸可爲聖人之身，竟呼之曰禽獸；猶幣帛素色而既汚之後，呼之曰赤帛、黑帛也。而豈其材之本然哉？然人爲萬物之靈，又非幣帛所可倫也。幣帛既染，雖故質尚在，而驟不能復素；人則極凶大憝，本體自在，止視反不反、力不力之間耳。嘗言盜蹠，天下之極惡矣，年至八十，染之至深矣；儻乍見孺子入井，亦必有怵惕惻隱之心，但習染重者，不易反也。蠡一吏婦，淫奢無度，已踰四旬，疑其習性成矣；丁亥城破產失歸田，朴素勤儉，一如農家。乃如繫蹠囹圄數年而出之孔子之堂，又數年亦可復善。吾故曰：不惟有生之物，不可謂氣質有惡；卽習染凶極之餘，亦不可謂氣質有惡也。此孟子夜氣之論，所以有功於天下後世也！程朱未識此意，而甚快夜氣之說，則亦依稀之見而已矣！

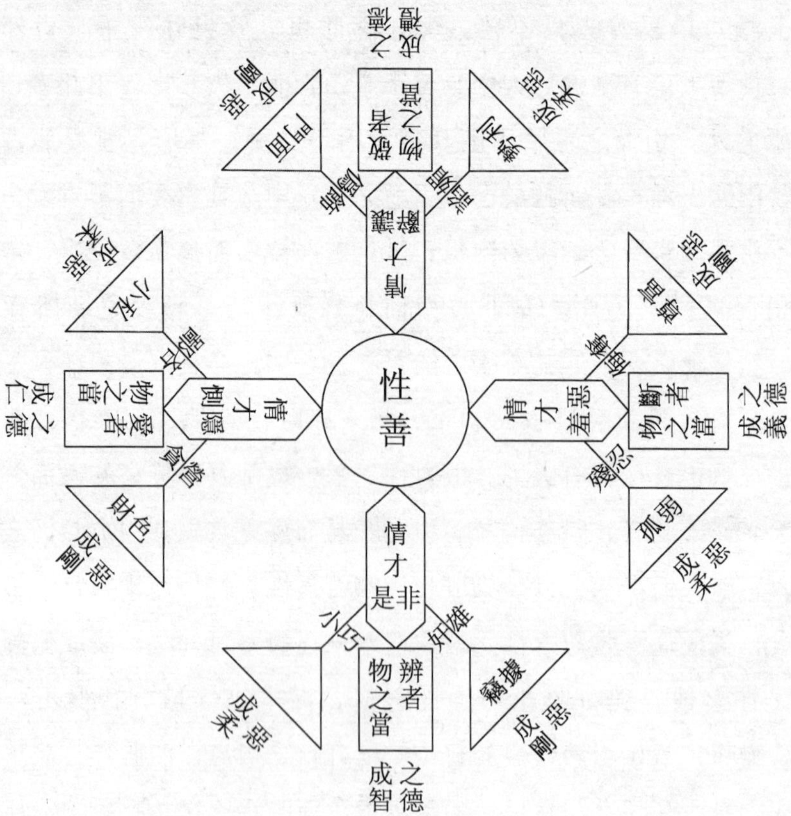

吾之論引蔽習染也，姑以“仁之一端”觀之：性之未發則仁，既發則惻隱。順其自然而出，父母則愛之，次有兄弟，又次有夫妻、子孫則愛之，又次有宗族、戚黨、鄉里、朋友則愛之。其愛兄弟、夫妻、子孫，視父母有別矣；愛宗族、戚黨、鄉里，視兄弟、夫妻、子孫又有別矣；至於愛百姓又別，愛鳥獸草木又別矣。此乃天地間自然有此倫類，自然有此仁，自然有此差等，不由人造作，不由一人意見。推之義、禮、智，無不皆然。故曰：“渾天地間，一性善也。”故曰：“無性外之物也。”但氣質偏駁者易流，見妻子可愛，反以愛父母者愛之，父母反不愛焉；見鳥獸草木可愛，反以愛人者愛之，人反不愛焉：是謂貪營鄙吝。以至貪所愛而弑父弑君，吝所愛而殺身喪國，皆非其愛之罪，誤愛之罪也，又不特不仁而已也。至於愛不獲宜而爲不義，愛無節文而爲無禮，愛昏其明而爲不智，皆一誤爲之也，固非仁之罪也，亦豈惻隱之罪哉？使篤愛於父母，則愛妻子非惡也；使篤愛於人，則愛物非惡也。如火烹炮、水滋潤、刀殺賊，何咎？或水灼人、水溺人、刀殺人，非火、水、刀之罪也，亦非其熱、寒、利之罪也。手持他人物，足行不正塗，非手足之罪也，亦非持行之罪也；耳聽邪聲，目視邪色，非耳目之罪也，亦非視聽之罪也：皆誤也，皆誤用其情也。誤始惡，不誤不惡也；引蔽始誤，不引蔽不誤也；習染始終誤，不習染不終誤也。去其引蔽習染者，則猶是愛之情也，猶是愛之才也，猶是用愛之人之質也。而惻其所當惻，隱其所當隱，仁之性復矣，義、禮、智猶是也，故曰“率性之謂道”也，故曰“道不遠人”也。程朱惟見性善不眞，反以氣質爲有惡而求變化之，是戕賊人以爲仁義，遠人以爲道矣。然則氣質偏駁者，欲使私欲不能引染，如之何？惟在“明明德”而已。存養省察，磨勵乎詩書之中，涵濡乎禮樂之場，周、孔教人之成法固在也。自治以此治人，卽以此使天下相習於善，而預遠其引蔽習染，所謂以人治人也。若靜坐闔眼，但可供精神短淺者一時之葆攝；訓詁著述，亦止許承接秦火者一時之補苴。如謂此爲主敬、此爲致知、此爲有功名物，僕則不敢爲諸先正黨也。故曰：欲粗之於孔、周之道者，大管、小管也；欲精之於周、孔之道者，大佛、小佛也。

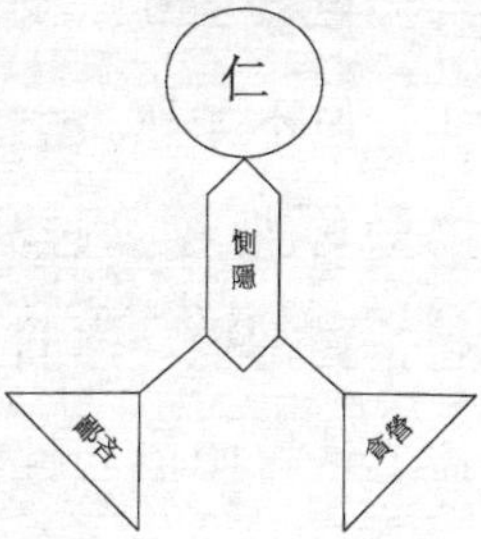

因引蔽習染一端錯誤之圖

又如仁之勝者愛用事，其事亦有別矣，如士、庶人、卿大夫、諸侯、天子之愛，親見諸《孝經》者，仁之中也；有大夫而奉親如士庶者，不及士庶如大夫之奉親者，過而未失乎發之之正也。吾故曰："不中節，亦非惡也。"惟堂有父母，而懷甘旨入私室，則惡矣。若甘旨進父母，何惡？室有妻媵，而辱恩情於匪配，則惡矣。若恩情施妻媵，何惡？故吾嘗言竹節或多或少，皆善也，惟節外生蛀，乃惡也。然竹之生蛀，能自主哉？人則明德，明而引蔽自不乘，故曰：先立乎其大者，則其小者不能奪也。全體者，爲全體之聖賢；偏至者，爲偏至之聖；賢下至椿津之友恭、牛宏之寬恕，皆不可謂非一節之聖。宋儒乃以偏爲惡，不知偏不引蔽，偏亦善也，未可以引蔽之偏誣偏也。木、火一隅，圖中"仁勝"之説，可玩也。或疑仁勝而無義，則泛濫失宜，將愛父母爲路人，對盜賊而欷歔，豈不成其不宜之惡乎？仁勝而無禮，則節文不敷，將養父母仝犬馬，踰東家摟處子，豈不成其不檢之惡乎？仁勝而不智，則可否無辨，將從井救人，莫知子惡，豈不成其迷惑之惡乎？予以爲此必不知性者之言也。夫性則必如吾前"仁之一端"之説，斷無天生之仁，而有視父母爲路人諸惡者。蓋本性之仁，必寓有義、禮、智，四德不相離也，但不盡如聖人之全，相濟如攜耳。試觀天下，雖其和厚人，不無能所羞惡、無所辭讓、無所是非，但不如聖人之大中相濟適當耳。其有愛父母仝路人、對盜賊而欷歔等惡者，必其有所引蔽習染，而非赤子之仁也。禮、義、智，猶是也。熟閲《孟子》而盡其意，細觀赤子而得其情，則孔、孟之性旨明而心性非精，氣質非粗。不惟氣質非吾性之累害，而且舍氣質無以厚養心性，則吾所謂三事、六府、六德、六行、六藝之學是也，是"明明德"之學也。卽謂爲變化氣質之功，亦無不可。有志者，倘實以是爲學爲教，斯孔門之"博文約禮"、孟子之"存心養性"，乃再見於今日；而吾儒有學術，天下有治平，異端淨掃，復覩三代乾坤矣！

圖跋

嗟乎！性不可以言傳也，而可以圖寫乎？雖果見孔孟所謂性，且不可言傳圖寫，而況下愚不足聞性道如僕者乎？但偶爾一綫悟機，似有髣髴乎方寸者，此或僕一人之所謂性，尚非孔孟所謂性，未可知也。況僕所見，尚有不能圖盡者乎！語云：“理之不可見者，言以明之；言之不能盡者，圖以示之；圖之不能畫者，意以會之。”吾願觀者尋其旨於圖間，會其意於圖外，假之以宣自心之性靈，因之以察僕心之愚見，庶不至以佛氏“六賊”之說誣吾才情氣質，或因此而實見孔孟之所謂“性”，亦未可知也。若指某圈曰此性也、畫曰此情也、某點曰此氣質也、某形勢曰此性情才質之皆善無惡也，則“膠柱鼓瑟”，而於七圖無往不扞格背戾，且於僕所謂一綫者而不可得，又安望由此以得孔孟所謂性乎？恐此圖之爲性害更有甚於宋儒之說者矣！雖然，卽使天下後世，果各出其心意以會乎僕一綫之意，遂因以見乎孔孟之意，猶非區區苦心之所望也。僕所望者，明乎孔孟之性道，而苟[1]、揚、周、程、張、朱、釋、老之性道可以不言也；明乎孔孟之不欲言性道，而孔孟之性道亦可以不言也，而性道始可明矣。或曰：“孔子罕言矣，孟子動言性善，何言乎？不欲言也。”曰：“有告子二或人之性道，孟子不得已而言性善也；猶今日有荀、揚、佛、老、程、張之性道，吾不得已而言才情氣質之善也。試觀答告子諸人，但取足以折其詞而止，初未嘗言性善所由然之，故猶孔子之罕言也。宋人不解，而反譏其不備，誤矣！”或曰：“吾儒不言性道，將何以體性道、盡性道？余曰：吾儒日言性道，而天下不聞也；日體性道，而天下相與也；日盡性

❶ “苟”，當爲“荀”。——編者註

道，而天下相忘也。惟言乎性道之作用，則六德、六行、六藝也；惟各究乎性道之事業，則在下者師若弟，在上者君臣及民，無不相化乎德與行、藝，而此外無學教、無成平也。如上天不言，而時行物生，而聖人體天立教之意著矣。”性情之本然見，氣質之能事畢矣，而吾之七圖亦可以焚矣。故是編後次之以《存學》、《存治》云。

附錄古人[1]語

上谷石卿張氏曰：“性卽是氣質底性，堯舜底氣質，便有堯舜底性；呆獸底氣質，便有呆獸的性。而究不可謂性惡。”

又曰：“人性無二，不可從宋儒分天地之性、氣質之性。”

先生賜教，在未著《存性》前，惜當時方執程朱之見，與之反覆辯難。及喪中悟性，始思先生言性眞確；期服闋入郡相質，而先生竟捐館矣。嗚呼！安得復如先生者而與之言性哉！

督亢介祺王氏曰：“氣質卽是這身子，不成孩提之童性善，身子偏有不善！”

又曰；“天生人來，渾脱是個善。”

又曰：“氣質、天命，分二不得。”

書後

孟子曰：“性善”，卽《魯論》之“性相近”也，言本善也。晏子曰：“汨俗移質，習染移性”，卽《魯論》之“習相遠”也，言惡

[1] “古人”，疑爲“同人”。——編者註

所由起也。後儒不解，忽曰氣質有惡而性亂矣，聖賢之言背矣。先生辭而辯之，功豈在禹下哉？特先生《性圖》入太極、五行諸説，則於後儒誤論當時尚有未盡洒者。塨後質先生曰：“周子《太極圖》，眞元品道家圖也；《易》有太極、兩儀，指揲著言，非謂太極爲一物而生天地萬物也。五行爲六府之五，乃流行於世，以爲民物用者，故箕子論鯀罪曰：‘汨陳其五行。’非謂五行握自帝天，而能生人生物也。生剋乃鄒衍以後方家粃説，聖經無有。”先生曰：“然。吾將更之。”及先生卒後，披其編，則更者十七而未及卒業，於是承先生意而湔洗之如右。

康熙乙酉，三月，上浣蠡吾門人李塨書

存治

唐虞三代，復見於今日乎？吾不得而知也。唐虞三代，不復見於今日乎？吾不得而知也。謂復見於今，則漢、唐、宋、明以來，政術風俗，奚爲而日降？謂不復見於今，彼古聖賢之所謂“人定勝天”、“挽回氣運”者，果何物哉？宜吾習齋先生俯仰而三嘆也！七制而後，古法漸湮，至於宋明，徒文具耳！一切教養之政不及古帝王，而其最堪搤腕者，尤在於兵專而弱、士腐而靡，二者之弊，不知其所底。以天下之大，士馬之衆，有一強寇猝發，輒魚爛瓦解不可收拾。黄巢之起，洗物淘城；李自成、張獻忠如霜風殺草，無當其鋒者。官軍西出，賊已東趨；川陝楚豫，至于數百里人煙斷絕。三代田賦出甲，民皆習兵，雖承平日久，禍起倉卒，亦斷不至如此其慘也。士子平居誦詩書，工揣摩，閉戶榻首如婦人女子，一旦出仕兵刑錢穀，渺不知爲何物。曾俗吏之不如，尚望其長民輔世耶！三物賓興之世，學卽所用，用卽所學，雖流弊不至于此，又何怪乎先生之俯仰而三嘆也！先生自幼而壯，孤苦備嘗，隻身幾無棲泊，而心血屏營，則無一刻不流注民物。每酒闌燈灺，抵掌天下事，輒浩歌泣下。一日與瑛語“胞與”淋漓，堘不覺亦墮淚。先生躍起曰：“此仁必也，吾道可傳矣！”是以比年從遊，勤有啓示。堘因得粗知其略，以爲賢君相用之自有潤澤，而大綱所在，足爲萬世開太平者，則百憲不易也。使先生早有爲于世，唐虞三代，于于然而來也，不甯快甚？乃今雙鬢頒白，尚託空言，豈天未欲治平耶？抑將用之于衰老時耶？亦使先生開其端而更待夫後人耶？吾復不能知之矣！

康熙二十八年，己巳，孟夏，吉旦；

蠡吾門人李堘頓首拜撰

王道

昔張横渠對神宗爲“治不法三代，終苟道也”。然欲法三代，宜何如哉？井田、封建、學校，習斟酌復之，則無一民一物之不得其所，是之謂王道。不然者，不治。

井田

或問於思古人曰：“井田之不宜於世也久矣，子之存治尚何執乎？”曰：噫！此千餘載民之所以不被王澤也！夫言不宜者，類謂亟奪富民田，或謂人衆而地寡耳！豈不思天地間田，宜天地間人共享之。若順彼富民之心，卽盡萬人之產而給一人所不厭也。王道之順人情固如是乎？况一人而數十百頃，或數十百人而不一頃，爲父母者，使一子富而諸子貧，可乎？又或者謂：畫田生亂，無論至公服人情自輯也。卽以勢論之，本朝之圈占，幾半京輔，誰與爲亂者？且古之民四，而農以一養其三；今之民十，而農以一養其九。未聞墜粟於天，食土於地，而民亦不饑死，豈盡人耕之而反不足乎？雖使人餘於田，卽減頃而十，減十而畝，吾知其上糞倍精用自饒也。况今荒廢至十之二三，墾而井之，移流離無告之民，給牛種而耕焉，田自更餘耳。故吾每取一縣，約其田丁，知相稱也，嘗妄爲圖以明之。所慮者溝洫之制，經界之法，不獲盡傳；北地土散，恆恐損溝，高低墳邑，不便均畫。然因時而措，觸類而通，在乎人耳。溝無定而主乎水，可溝則溝，不可則否；井無定而主乎地，可井則井，不可則均。至阡陌廬舍，古雖有之，今但可植分草以代阡陌，爲窩鋪以代廬舍；横各井一路以便田車，中十井一房以待田畯可也。有聖君者出，推此意而行之，搜先儒之格議，盡當代之人謀，加嚴乎經界之際，垂意於釐成之時，意斯日也，孟子所謂“百姓親睦”，咸於此徵焉。遊頑有歸，而士愛心臧；不安本分者無之，爲盜賊者無之，爲乞丐者無之，以富凌貧者無之。學校未興已養而兼教矣，休哉蕩蕩乎！故吾謂教以濟養，養以行教；教者養也，養者教也。非是謂與？

孟子云“方里而井，井九百畝”，吾所以明井制必明里制也。周制，三百步爲一里，百步爲一畝，六尺爲一步；每步長今步一尺，則三百步爲里者，卽今三百六十步之數也。然考之文，問之獻，又多異説，且謂周尺僅今七寸强。要之，不若卽以今里、今畝、今步尺爲凖爲甚明，且亦夫子從周之義也。以今理推之，方里之地，合該十二萬九千六百步；周之九百畝，當今五百四十畝，每區六十畝，內公外私。若田饒處，除公田內六畝給八家爲場圃廬舍，田窄給三畝爲窩鋪，其地亦可桑；又通各井兩端爲田車之路，宜縱者縱，宜横者横，隨邑人出入之便；十里一房，以處田畯，不云廳堂者，蓋田畯宜遊井以勸，此直暫息不成其所也。

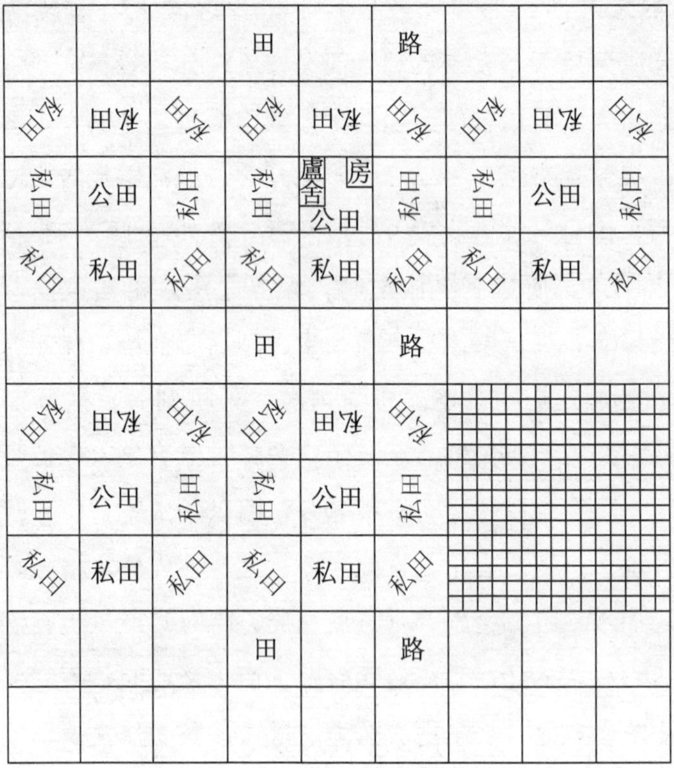

井田經界之圖

方一里，圖畫界一小區，方十步；每行長算十里，共三百六十里，該十二萬九十[1]六百步，合五百四十畝。

❶ 當爲“千”。——編者註

方百里圖說

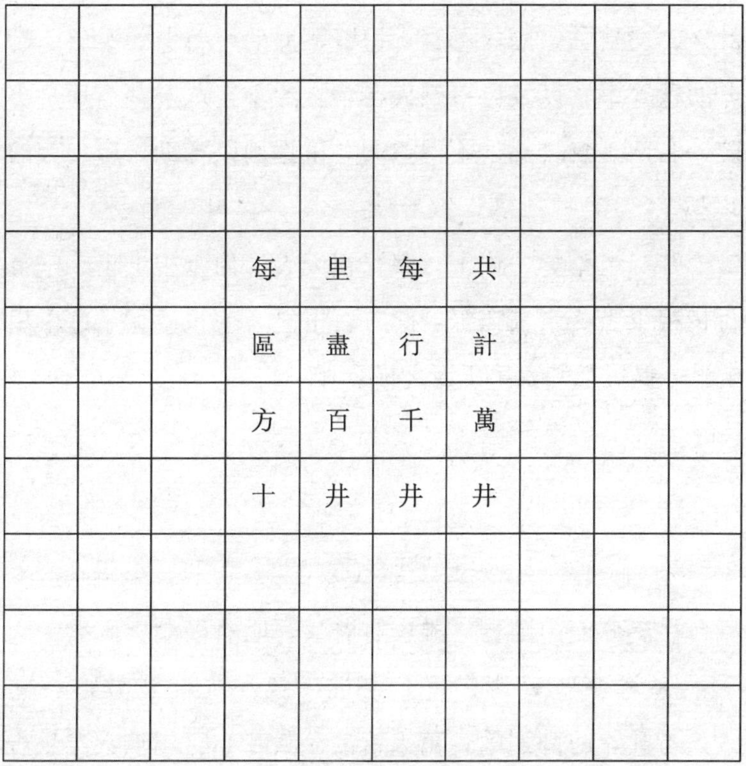

方百里圖

四面皆百里，伯國之封地也。

公侯，皆方百里，古也，何必圖？以古制久湮，人輒謂田少，故圈之以示田足也。一區方十里當百井，一行方十里者當千井，共該一萬井也。卽除墳邑、山川、林路，約天下之大勢，或有山川，或無山川者增補言之；各百里內，亦不減八千井。一井八家，共該六萬四千家，吾知百里內之人民，去二十以下及六十以上者，亦不過六七萬丁而已。卽或人浮於田，一區二夫，一夫受二十七畝，亦足用也。又就孟子註徐氏所識田祿推之，大國之君取三百二十井，卿取三十二井，大夫八，上士四，中士二，下士一，共該三百六十七井。推之大國、三卿、五下大夫、二十七上士，他官府吏悉計之，交隣、宗廟、優賓、禮賢、撫幼、養老、柔旅、勸工、補春、助秋等事，以及邑宰庶人在官，約不至八千井而用足矣。餘則別貯，名曰工倉，諸侯不得擅開，王巡則以補助；慶功大凶，則侯請以賑，三歲一散陳。又十井一長，百井一百長，千井一千長，二千井一邑宰、一佐士；宰祿視大夫，佐士視上士，千長視中士，百長視下士，十長無祿。此方百里之大率也。天子之千里，侯之五十里，俱可推知，第王臣之祿重耳。

治賦

慨自兵農分而中國弱，雖唐有府兵，明有衛制，固欲一之；迨於其衰，頂名應雙，皆乞丐、滑棍，或一人而買數粮。支點食銀，人人皆兵；臨陣遇敵，萬人皆散。嗚呼！可謂無兵矣！豈止分之云乎？卽其盛時，明君賢將理之有法，亦用之一時，非久道也。况兵將不相習，威令所攝，其爲忠勇幾何哉？間論王道，見古聖人之精意良法，萬善皆備：一學校也，教文卽以務武；一井田也，治農卽以治兵。故井取乎八，而陳亦取乎八；考之他書，類謂其法創自黃帝，備於成周，而以孔明之八陳實祖之。但帝王之成法既不可見，武侯之遺意又不得其傳，後世亦焉得享其用哉？竊不自揣，覺於井田法，略有一得，敢詳其治賦之要有九，治賦之便有九。一曰預養饑驤而責千里，則君上宜非供饍、薄稅斂、汰冗費，以足民食；一曰預服嬰兒而役賁育，則將井之賢者爲什，什之賢者爲長，長之賢者爲將，以平民情；一曰預教簡師儒、申孝弟、崇忠義，以保民情；一曰預練農隙之時聚之於場，時宰士一較射藝，月千長一較，十日百長一較，同井習之不時；一曰利兵，甲冑弓刃精利者，官賞其半直，較藝賢者慶以器；一曰養馬，每井馬二公養之，彷北塞餧法，操則習射，閒則便老行，或十百長有役，乘之；一曰治衛，每十長一牌刀，率之於前，九人翼之於後，器戰之法，具《紀效新書》；一曰備羡，八家之中，四騎四步，供役不過各二人，餘則爲羡卒，以備病傷或居守；一曰體民心，親老無靠不卒，老弱不卒，出戍給耕不稅，傷還給耕不稅，死者官葬。九者，治賦之要也。一曰素練，隴畝皆陳法，民恆習之，不待教而知之矣；一曰親卒，同鄉之人，童友日處，聲氣相喻，情義相結，可共生死；一曰忠上，邑宰、千百長無事則教農、教禮、教藝爲王父母，有事則執旗、執鼓、執劍爲之將帥，其孰不親上死長；一曰無兵耗，有事則兵，無事則民，月糧不之費矣；一曰應卒難，突然有事，隨地即兵，無徵擬就求援之待；一曰安業，無逃亡反散之虞；一曰齊勇，無老弱頂替之弊；一曰靖奸，無招募異域無憑之疑；一曰輯侯，無專擁重兵要上之患。九者，治賦之便也。至於陳法，八千長率之於前，四邑將督之於後。左戰而右翼之，則右正而左奇[1]；右戰而左翼之，則右正而左奇。前後之相應，內外之相接，無非前，無非後，無非左，無非右，無非正，無非奇；如循環，如鬼神，如天地。分張之可圍敵之弱，合衝之可破敵之堅；敵攻之不可入，入之不可出；居則爲營，戰則爲陳。亦烏可測其端，烏可窮其用也哉？

---

[1] “右正而左奇”，當爲“左正而右奇”。——編者註

八陳圖說

古伯國，三萬二千，全軍之陳，網目皆井形；表圓象天，裏方象地，中軍象太極，四角象四象，八陳象八卦，旗幟五色象五行。南力火則旗紅。左旗鑲青者，以火之於木相從也；青宜鑲黑而白之者，取易辨之也；黑宜白而紅之者，別於青也。凡千長所率二千卒，每百長一小旗，逆其將旗，中必異色，書長姓，姓同書字。四邑長皆繡絨旗，又各備一方繡旗。一面當敵，則二邑督四路之兵；如四面當敵，則佐士與邑將分督八路之兵。一面當敵，左右者應之，餘則皆否。如“天鳥”出戰，“雲虎”卽爲兩翼，“風龍”、“地蛇”如安其位是也。戰者戰而守者守，如八表皆戰而八裏不動是也。下此而萬六千，或三千二百，或一千六百，神而明之，在乎人耳。

學校

或問於思古人曰：自漢高致牢闕里，歷代優意黌宮，建教訓之官，有臥碑之設，何嘗不存心學校也？似不待子計矣。思古人曰：嗟乎！學校之廢久矣！考夏學曰校，教民之義也，今猶有教民者乎？商學曰序，習射之義也，今猶有習射者乎？周學曰庠，養老之義也，今猶有養老者乎？且學所以明倫耳，故古之小學，教以灑掃、應對、進退之節；大學教以極致誠正之功、修齊治平之務。民舍是無以學，師舍是無以教，君相舍是無以治也。迨於魏晉，學政不修，唐宋詩文是尚，其毒流至今日。國家之取士者，文字而已；賢宰師之勸課者，文字而已；父兄之提示、朋友之切磋，亦文字而已；不則曰詩，已爲餘事矣。求天下之治，又烏可得哉？有國者，誠痛洗數代之陋，用奮帝王之獻，俾家有塾、黨有庠、州有序、國有學，浮文是戒，實行是崇，使天下羣知所向，則人材輩出，而大法行，而天下平矣。故人才、王道爲相生，倘仍舊習，將朴鈍者終歸無用，精力困於紙筆；聰明者逞其才華，詩書反資寇糧，無惑乎？家讀堯、舜、孔、孟之書，而風俗愈壞；代有崇儒重道之名，而其才不出也，可勝嘆哉！

《周禮》："大司徒以鄉三物教萬民而賓興之：一曰"六德"，知、仁、聖、義、忠、和；二曰"六行"，孝、友、睦、婣、任、恤；三曰"六藝"，禮、樂、射、御、書、數。"

《鄉大夫》："三年則大比，約其德行道藝，而興賢者能者。鄉者[1]及鄉大夫，帥其史與其衆寡，以禮禮賓之。厥明，鄉者及鄉大夫，羣吏獻賢能之書於王，王拜受之，登於天府，內史貳之。"

邱氏曰："成周盛時，用鄉舉里選之法以取士。二十五家爲閭，閭有胥，閭胥則書其敬敏、任恤者；百家爲族，族有師，族師則書其孝弟、睦婣、有學者；五百家爲黨，黨有正，黨正則書其德行、道藝；二千五百家爲州，州有長，州長則考其德行、道藝而勸之；萬二千五百家爲鄉，鄉有大夫，則三年大比，攷其果有六德、六行而爲賢，通夫六藝之道而爲能，則是能遵大司徒之教而成材矣。於是鄉老及鄉大夫師胥、師、正、長之屬，合閭、族、州、黨之人，行鄉飲之禮，用賓客之儀以興舉之；書其氏名於簡册之中，獻其所書於天府之上。天子拜而受之，以賢才之生，及上天所遺，以培植國家元氣者也。"

《王制》："命鄉論秀士，升之司徒，曰選士；司徒論選士之秀者而升之學，曰俊士；升於司徒者不征於鄉，升於學者不征於司

---

[1] 本段的兩處"鄉者"，當爲"鄉老".——編者註

徒，曰造士。大樂正論造士之秀者以告於王，而升諸司馬，曰進士；司馬辨論官材，論進士之賢者以告於王，而定其論。論定，然後官之；任官，然後爵之；位定，然後祿之。”

封建

或問於思古人曰：世風遽下，人心日澆，以公治之而害伏，以誠御之而奸出，是以漢之大封同姓，亦成周伯叔諸姬之意，而轉目已成反叛；唐之優權藩鎮，僅古人甥舅伯侯之姒，而李社卽以敗亡；故宋鼎既定，盞酒以敬勳臣；明運方興，亦世官而酬汗馬。非故惜茅土也，誠以小則不足藩維，大則適養跋扈，封建之難也，子何道以處之可使得宜乎？思古人曰：善哉問此，不可以空言論也。先王遺典，封建無單舉之理，大經大法，畢著咸張，則禮樂教化自能潛消反側，綱紀名分皆可預杜驕奢。而又經理周密，師古之意，不必襲古之跡，使十侯而一伯。侯五十里，一卿、二大夫、三士卿，天子命之；伯百里，一卿、三大夫、六士卿與上大夫，亦天子命之。侯畜馬二十五，甲士與稱；伯畜馬五十，甲士亦稱，有命乃起田卒馬。邊侯伯士，馬皆倍其畜，有事乃起田卒焉。侯庶不世爵，祿視其臣，而以親爲差；侯臣不世邑，釆取公田，而以位計數。伯師不私出，列僕不私會。如此者，有事，則一伯所掌二十萬之師，足以藩維；無事，而所畜士馬，不足併犯。封建亦何患之有？況三代建侯之善，必有博古君子能傳之者；用時又必有達務王佐，能因而潤澤者，豈余之寡陋所能悉哉？第妄謂非封建不能盡天下人民之治，盡天下人材之用爾。

後世人臣，不敢建言封建，人主亦樂其自私天下也，又幸郡縣易制也，而甘於孤立，使生民社稷，交受其禍，亂亡而不悔，可謂愚矣！如六國之勢，識者嘗言韓、魏、趙爲燕、齊、楚之藩蔽，嬴氏蠶食，楚、齊、燕絕不之救，是自壞其藩蔽也。侯國且如此，以天下共主，可無藩蔽耶？層層厚護，甯不更佳耶？《板》之詩云："大邦維屏，宗子維城。無俾城壞，無獨斯畏。"道盡建侯之利，不建侯之害矣。如農家度日，其大鄉多鄰，而我處其中之爲安乎？抑吞隣滅比，而孤棲一蕞之爲安乎？况此乾坤，乃自堯、舜、夏、商、周諸聖君聖相，開物成務，遞爲締造而成者也；人主享有成業，而顧使諸聖人子孫無尺寸之土，魂靈無血食之嗣，天道其能容耶？身爲天子，皆其歷世祖功宗德，上邀天眷，顧不能覃恩九族，大封同姓，而僅僅一支私其當貴，宗廟其無怨恫耶？創興之際，攀龍附鳳，或運帷幄，或功汗馬，主臣同憂勞，共生死；一旦大業既成，不與之承天分地，爲山河帶礪之盟，勳舊其何勸耶？凡諸大義，皆不遑恤；而君不主、臣不贊、絕意封建者，不過見夏、商之亡於諸侯，與漢七國、唐藩鎮之禍而忌言之耳。殊不知三代以封建而亡，正以封建而久；漢、唐受分封、藩鎮之害，亦獲分封、藩鎮之利。使非封建，三代亦烏能享國至二千歲耶？夏以有仍再造，商有西伯率叛服殷；周則桓、文主盟尊王，周、召共和不亂。四百也，六百也，八百也，遞慚益長，是皆服衛疊疊，星環碁布，隱攝海外之覬覦，秘鎮朝闕之奸回，有以輔引王家天祚也。以視後日之一敗塗地，歷數日短者，封建亦何有人國哉？即以三代敗亡論，受命者猶然我先王之股肱甥舅也；列辟無恙，三恪世修，失天下者，仍以一國封之。是五帝、三王有數百年之天下，而仍有千萬年不亡之國也。使各修天子禮樂，事則膰之，喪則拜之，客而不臣，是五帝、三王有千萬年不亡之國，即有千萬年不降之帝王也。猗歟休哉！守此不替，有天下者誰不胥受其福乎？且君非桀紂，誰敢犯天下共主來天下之兵耶？侯非湯武，誰能合千八百國而爲之王耶？君非桀紂，其亡難也；侯非湯武，王之難也，故久而後失之也。卽君果桀紂而侯果湯武矣，本國之積倉，自足供輜重，無俟掠人箱囷、炊人粱陳也；一心之虎賁，從王之與國，自足以奉天伐暴，無俟挾虜丁壯因而淫擄婦女也；南巢、牧野，一戰而天命有歸，無俟於數年數十年之兵爭而處處戰場也；耕者不變而市者不止，不至於行人斷絕而百里無煙火也；王幾鼎革，而天下猶有君，不至於聞京城失守，而舉世分崩，千百成羣，自相屠搶，歷數年不能定也；王者綏定萬邦而屢有豐年，不至於耕種盡廢，九有蕩然，上干天和，水旱相仍，歷三二世不能復也。蓋民生大地，咸沐封建之澤，無問興亡，皆異於後世如此。而秦人任智力以自雄，收萬方以自私，敢於變百聖之大法，自速其年世，以遺生民氣運世世無窮之大禍，祖龍之罪，上通於天矣！文人如柳子厚者，乃反爲公天下自秦始之論，是與於不仁之甚者也。可勝嘆哉！

宮刑

或有問於思古人曰：昔漢除宮刑，百世稱其仁，子言王道亦旣詳矣，乃並微聞宮刑亦當復，無以不嚴則易犯，故峻其法以仁斯民乎？思古人曰：否，不然也。夫謂法不嚴則易犯，暴君酷吏假辭以飾其惡耳。吾所謂復古刑者，第以宮壼之不可無婦寺，勢也，卽理也。倘復封建，則大下之君所需婦寺愈多，而皆以無罪之人當之，胡忍哉？且漢之除宮刑，仁而愚者也。漢能除婦寺哉？能除萬世之婦守哉？不能除婦寺而除宮刑，是不忍宮有罪之人，而忍宮無罪之人矣。說者又謂刑童男女，不於民間，惟以官買則是任民之願。嗟乎！狃民甚矣！小民何知，惟知利耳，以利誘民而宮之，豈天爲民立君之意哉？今之貪利爲盜者，惡自民也，上且誅之；若因民之貪誘而宮之，惡自君矣，可勝慨哉！故封建必復宮刑，不封建亦必復宮刑也，惟願爲政者愼用之耳。至肉刑之五，墨、辟今猶用之，劓剕二刑不復可也。

濟時

或曰：若子之言，非王政必不足治天下。顧漢末，非行王道時也，孔明何以出？唐葉無行王道事也，鄴侯何以相？是必有濟時之策矣。况王政非十年經理、十年聚養、十年浹洽，不能舉也，倘遇明主賢相，不忍斯民之水火，欲急起拯之，而人材未集，時勢未可，將舍此無道，則所謂“大用之而大效，小用之而小效”者，又何説也？思古人曰：王道無小大，用之者小大之耳。爲今計，莫要於“九典”、“五德”矣：除制藝、重徵舉、均田畝、重農事、徵本色、輕賦税、時工役、靜異端、選師儒，是謂九典也；躬勤儉、遠馨色、禮相臣、愼選司、逐佞人，是謂五德也。爲之君者，充五德之行，爲九典之施，庶亦駕文景而上之矣！然不體聖學、舉聖法，究非所以致位育追唐虞也，是在爲君者。

重徵舉

嘗讀《禮》，聘則爲妻，奔則爲妾，所以崇禮義，養廉恥也。故女無行媒不相知，名士不爲臣不見。成湯之於伊尹也，三聘莘野；文王之於呂尚也，載旋渭濱。下至衰世，猶有光武就見之子陵，昭烈屢顧之諸葛。如四子者，固有以自重，抑其君知所以重之也。近自唐宋，試之以詩，弄之以文，輒上曰選士、曰較士、曰恩額、曰賜第，士則曰赴考、曰赴科、曰赴選。縣而府，府而京，學而鄉，鄉而會；其間問先、察貌、索結、登年、巡視、搜檢、解衣、跣足，而名而應，挫辱不可殫言。嗚呼，奴之耶？盜之耶？無論庸庸輩不足有爲，卽有一二傑士，迨於出仕，氣喪八九矣！宜道義自好者，不屑就也，而更異其以文取士也。夫言自學問中來者，尚謂有言不必有德，况今之制藝，遞相襲竊，故不知梅棗，便自言酸甜，不特士以此欺人，取士者亦以自欺。彼卿相皆從此孔穿過，豈不見考試之喪氣、浮文之無用乎？顧甘以此誣天下也。觀之宋明，深可悲矣！竊嘗謀所以代之，莫若古鄉舉里選之法。倣明舊制，鄉置三老人，勸農、平事、正風，六年一舉，縣方一人。如此，則東方之三老視德可敦俗、才堪蒞政者，公議舉之，狀簽某某，深知其才德，兼以事實之，縣令卽以幣車迎爲六事佐賓吏人。供用三載，經縣令之親試，百姓之實徵，老人復躋堂言曰某誠賢，則令薦之府，呈簽某令深知其才德，亦兼以事實之，則守以禮徵。至其有顯德懋功者，卽薦之公朝，餘仍留爲佐賓三載，經府守之親試，州縣之實徵，諸縣令集府言曰某誠賢，則府守薦之朝庭，呈簽某守深知其才德，亦兼以事實之，則命禮官弓旌、車馬徵至京。其有顯德懋功者，卽因才德受職不次，餘仍留部辦事，親試之三載。凡經兩舉用不及者，許自辭歸進學。老人令守薦賢者受上賞，薦奸者受上罰，則公論所結，私託不行矣。九載所驗，賢否得眞矣。卽有一二勉強爲善，盜竊聲譽者，焉能九載不變哉？况九載之間，必重目檢飭，卽品行未粹者，亦養而可用矣。爲政者復能九任考最，於九載十二載，或十七八載之後，國家不獲眞才，天下不被實惠者，未之有也。

靖異端

古之善靖異端者，莫如孟子；古之善言靖異端者，莫如韓子。韓子之言曰："人其人，火其書，明先王之道以教之。"善哉，三言盡之矣！愚嘗取而詳推之：目前耕耘，三代之赤子，第自明帝作俑，無恥之民從而效尤，妄談禍福，侈說仙神，枝連蔓及，焚香講道者遂紛紛，其實猶然中國之民也，一旦收爲左道之誅，豈不哀哉？考古謀今，靖之者有九：一曰絕由，四邊戒異色人不許入中國；二曰去依，令天下毀妖像、禁淫祠；三曰安業，令僧道、尼姑以年相配，不足者以妓繼之，俱還族，不能者，入各地籍，許鬻寺觀瓦木以易宅舍，給香火地或逃戶地，使有恆產，幼者還族，老而無告者入養終院，夷人仍縱之去，皆所謂人其人也；四曰清蘖，有爲異地惑衆者誅；五曰防後，有竊佛老等經卷一卷者誅，獻一卷者賞十兩，訐竊者賞五十兩；六曰杜源，令碩儒多著闢異之書，深明彼道之妄，皆所謂火其書也；七曰化尤，取向之各僧長道，令近正儒受教；八曰易正，人給《四書》、《曲禮》、《少儀》、《內則》、《孝經》等，使朝夕誦讀；九曰明法，既反正之後，察其孝行或廉義者旌表顯揚之，察其愚頑不悟者責罰誅戮之，皆所謂明先生之道以教之也。如此，則羣黎不邪慝，家戶有倫理。男女無抑鬱之氣，而天地以和；兆姓無絕嗣之慘，而生齒以廣。徵休召祥，蔑有極矣！且儉土木之浪費，杜盜亡之竄巢，驅遊手之無恥，絕張角等之根苗。風淑俗美，仁昌義明，其益不可禪計。有國者，何憚而不靖異端哉？若惑於禍福之說，則前鑒固甚明也。

書後

先生"三存編"，《存性》、《存學》，皆悟聖學後著；獨《存治》在前，乃壯歲守宋儒學時所作。當是時，仁心布護，身任民物之重已如是，其得聖道也，蓋有由矣。塨從遊後，聞而悅之，著

《瘳忘編》以廣其條件；張鵬舉文升，著《存治翼編》，聚晤考究，歷有年所。及塨出遊四方，辦證益久，謬謂鄉舉里選，行之或亦因時酌取，而大體莫易。井田則開創後土曠人稀之地，招流區畫爲易，而人安口繁，各有定業時行之難。意可井者井，難則均田，又難則限田，與先生見亦頗不參差。惟封建以爲不必復，古因封建之舊而封建，無變亂，今因郡縣之舊而封建，啓紛擾。一，三代德教已久，胄子多賢，尚曰“世祿之家，鮮克由禮”，況今時紈袴，易驕、易淫、易殘忍，而使世居民上，民必殃。二，郡縣卽漢、唐小康之運，非數百年不亂；封建則以文、武、成、康之聖賢治之，一傳而昭王南巡，遂已不返。後諸侯漸次離析，各自爲君，六七百年周制，所謂削地滅國，皆付空言，未聞彼時以不朝服誅何國也。矧於晚近，雖有良法，豈能遠過武周。三，或謂明無封建，故流寇肆毒，遍地邱墟，竊以爲宋明之失在郡縣權輕，若久任而重其權，亦可弭變。且唐立藩鎮，卽諸侯也；而黄巢儼然流寇矣，豈關無封建耶？四，或又謂無封建則不能處處皆兵，天下必弱，竊謂民間出兵，處處皆兵，郡縣自可行，不必封建始可行也。五，則封建之殘民，亦恐不下流寇。不觀春秋乎！列國君卿，尚修禮樂、講信睦，然自會盟朝遇，紛然煩費外，侵伐戰取，一歲數見。其不通魯告魯者，殆又倍蓰。幸時近古，多交綏而退；若至今日，殺人狼藉，盈野盈域，豈減流寇？然流寇之蹙而諸侯亡，遲則將爲數十年殺運，數百年殺運，而禍更烈矣！唐之藩鎮爲五季，金之河北九公，日尋干戈，人烟斷絶，可寒心也。六，天子世圻，諸侯世同，卿大夫獨非伯叔甥舅之裔耶？亦世采，自然之勢也。卽立法曰“世祿不世官”，必不能久行。周之列國，皆世臣巨室可見矣。夫使天下富貴，數百年皆一姓及數功臣享之，草澤賢士，雖如孔孟，無可誰何？非立賢無方之道也，不公孰甚？欲治平何由？七，戊寅，浙中得陸桴亭《封建傳賢不傳子論》，蓋即郡縣久任也，似有當，質之先生，先生曰："可。而非王道也。"商榷者數年於茲，未及合一，先生倏已作古矣。於戲！此係位育萬物、參贊天地之事，非可求異，亦非可強同也。因書於後，以待用者。

康熙乙酉，二月，
蠡吾門人李塨，
書於鄾城寓署

存人*

（一）

喚迷途

第一喚

此篇多爲不識字，與住持雲遊等僧道立說。此項人受惑未深，只爲"衣食"二字，還好勸他，譬如誤走一條路，先喚那近者回來。我們這裏喚，那近的先聽得，故第一先喚平常僧道。

凡人做僧道者，有數項：一項是本人貧寒不能度日，或其父母貧寒不能度日，難於衣食，便度爲僧道；一項是禍患迫身逃走在外，或兵亂離家，無地自容，度爲僧道；一項是父母生子女不

* 此篇駁斥佛教違反人道，言辭頗為激烈，顏習齋主要是爲自己的政治思想和學術思想服務，對佛教亦有誤解之處。——編者註

成，信佛道，在寺廟寄名，遂舍入爲徒；一項是偶因災禍，妄信出家爲脫離苦海，或目觸寺廟傾倒，起心募化，說是建立功果，遂削髮爲僧，或戴髮稱道人。大約是這幾項人，或有不得已，或誤當好事做，不是要惑世誣民，滅倫傷化。便是聖人出世，亦須哀憐而教化之，不忍收爲左道之誅也。但你們知佛是甚麼人否？佛是西域番人，我們是中國好百姓，爲甚麼不做朝廷正經的百姓，却做那西番的弟子？他若是箇好人還可，他爲子不孝他父母，爲臣不事他君王，不忠不孝，便是禽獸了！我們爲甚麼與他磕頭？爲甚麼做他弟子？他若是個正神還可，他是箇西方番鬼，全無功德於我們。我們這房屋，是上古有箇聖人叫有巢氏，他教人修蓋避風雨虎狼之害，我們於今得住；我們這衣食，是上古有個聖人叫神農氏，教民耕種；又有黃帝元妃叫西陵氏，教人蠶桑，我們於今得吃得穿；我們這田地，是陶唐時有箇聖人叫神禹，把橫流的洪水都治了，疏江淮河漢，鑿龍門，通大海，使水有所歸，我們於今得平土上居住；我們這世界，是伏羲、神農、黃帝、堯、舜、禹、湯、文、武、周公、孔子合漢、唐、宋、明歷代帝王聖賢，立禮樂刑罰，治得乾坤太平，我們纔得安穩。所以，古之帝王聖賢廟食千古，今之帝王聖賢受天下供奉，理之當然。佛何人，自何功德，乃受天下人香火！眞可羞也！眞可誅也！你們動輒說賴佛穿衣，指佛吃飯，佛若是箇活的，不忠不孝，尚且不當穿天下人的衣，吃天下人的飯；何况佛是箇死番鬼，與中國全無干涉，你們焉能指他吃穿的？語云：“無功食祿，寢食不安。”你們又動輒念經宣卷，神要那西域邪言做甚麼？人要那西域邪言做甚麼？白白的吃了人家的，活時做箇不妥當的人，死了還做箇帶缺欠的鬼。我勸你有產業的僧人，早早積攢些財物，出了寺，娶箇妻，成家生子；無產業的僧人，早早拋了僧帽，做生意工匠，無能者與人傭工，掙箇妻子，成箇人家。上與朝廷添箇好百姓，這便是忠；下與祖父添箇兒孫，這便是孝。使我上面千百世祖宗有兒孫，下面千百世兒孫有祖父，生作有夫婦、有父子、有宗族親友的好人家，死入祖宗墳墓，合祖宗、父兄、族人埋在一塊土，做箇享祭祀的鬼。思量到此，莫道是遊食僧道與住持僧道，便是那五臺山、京都各寺觀大富貴僧道，也不該貪戀那無意味的財產。你們說那有錢的僧道，像甚麼？就是箇內官家富貴，便是黃金千兩、位享三公，斷了祖父的血脈，絕了天地生機，竟成何用？思之！思之！

老僧人，老道士，見的明白，你們受苦一生，中甚麼用？無徒弟的，再不消度人了，誤了自己，又誤他人，神明也不佑；有徒弟的，早早教他還人倫。你若十分老，便隨徒弟去度日；若不十分老，也尋法娶妻，便不娶妻，也還家。家下有房屋田產的，固好；雖無田產房屋，尋箇手藝生理的也好；就兩者俱無，雖乞食度日，比做僧道也好。好在何處？現有宗族，合他有父兄子姪情分，便病了，他直得照管你；便死了，他直得埋殯你；便做鬼，也得趁祖宗享春秋祭祀。豈不是好？若做僧道，莫說遊僧遊道死在路狼拖狗曳的；便是住持的，若無徒弟也苦；雖有徒弟伏侍的，終是異姓人，比不得我兒女是我骨肉，也比不得我宗族是我祖宗一派。死了，異姓祭祀也無饗理，況世上那有常常住特[1]的寺院？究竟作無祭祀的野鬼，豈不傷哉？

歸人倫事，最宜蚤圖。第一件，先要知前日由平民做和尚，是朝廷的逃民，是父母的叛子，是玷辱親戚朋友的惡事。古人云：“不忠不孝，削髮而捐君親；遊手遊食，易服而逃租稅。”只此四句，斷定和尚不是好人了。今日由和尚做了平民，是朝廷正道百姓，是父

[1] “特”，當爲“持”。——編者註

母歸宗孝子，是從道有親戚、有朋友的好事。古人云：“自新休問昔狂。”伊尹稱成湯改過不吝，自新便成的君子，改過便做的聖人。我之歸也，不忍我祖宗無後而歸也，不忍我父母無子而歸也，是謂之大仁；不願天下人皆有夫妻、我獨爲鰥夫而歸也，不願貴賤賢愚皆爲朝廷效力、我獨爲猾民而歸也，不願昆蟲草木皆爲天地廣生成、我獨腐朽而歸也，是謂之大義。大仁大義之舉，而世人反以爲不美事，名之曰“還俗”。夫謂之俗，必以爲作僧道是聖果事，而今還於俗凡也；必以由是清雅事，而今還於俗鄙也；必以爲新奇事，而今還於俗常也。嗟乎！“名不正則言不順，言不順則事不成”，此尼父之所大慮也！吾今正其名曰“歸人倫”，明乎前此迷往他鄉而今歸家也，明乎前此誤入禽獸之夥而今歸人羣也，明乎前此逸出彝倫之外而今歸子臣弟友之中也。世人去家鄉數千里，見一本土人，輒涕泣不勝；一旦還鄉，則鄰里皆來看望，心安意樂。今之歸倫，何獨不然？僧道有歸人倫而來見吾者，吾必酒食待之，爲之圖謀生理；吾黨有寄尺書口信於吾者，曰“某處某僧道今歸倫於某府州縣某鄉爲某姓名矣”，吾必不遠百里，具儀往賀之。人之好善，誰不如我？鼓動天下救濟生民同志者共勉之！

你父母生你時，舉家懽喜，門左懸弧。懽喜者，以爲他日奉養口體、承宗繼嗣，有所託矣。一旦爲僧道，生不能養，死不能葬，使父母千萬年無掃墳祭主之人，一思赤子懷抱時，你心安不安？懸弧者，男子生下，當爲朝廷應差應甲，平定禍亂；大而爲將，小而爲兵，射獵四方，生人之義也。一旦爲僧道，便爲世間廢人，與朝廷無干，不但不爲朝廷効戰鬭，並不當差納糧以供其上，囘思懸弧之義，甯不自愧？

禽有雌雄，獸有牝牡，昆蟲蠅蟜亦有陰陽，豈人爲萬物之靈，而獨無情乎？故男女者，人之大欲也，亦人之眞情至性也。你們果不動念乎？想欲歸倫，亦其本心也；拘世人之見，以還俗爲不好耳。今無患矣，我將此理與你們説明了，更不可自己躭誤。細思來，你們爲僧道，也只爲吃碗自在飯；豈不思上自天子，下至庶人，皆有所事，早夜勤勞，你們偏偷安白吃，就如世間倉鼠木蠹一般了！是甚麼好？試看世上各行生理手藝，命中有飯吃，自然餓不着，你何必做僧道？你命中若不好，做僧道也受飢寒。況有一種赴苦做活、種地灌園的僧道，一般受苦，爲何廢了人倫？你們都思量思量，不可胡迷到底也。

第二喚

此篇多爲參禪悟道、登高座、發偈律的僧人，與談清静、煉丹火、希飛陞的道士立説。較前項人惑漸深、迷漸遠，喚回頗難。然此等率出聰明静養之人，聰明人易馳高遠，故惑於異端者多。僕以爲聰明人易惑亦易悟，静養人善思又善聽；況吾之俚言，如數一二，如辨黑白，如聞鐘鼓，亦易入者。一悟一思而猛然醒、幡然改，同快人倫之樂，豈不美哉？

佛道説眞空，仙道説眞静，不惟空也，並空其空，故《心經》之旨："無無明，亦無無明盡"；不徒静也，且静之又静，故《道德經》之旨："牝矣又玄，玄矣又屯屯"。吾今以實藥其空，以動濟其静，爲僧道者不我服也。入之深，惑之固，方且望其空静而前進之不暇，又焉能聽吾所謂實與動乎？今姑卽佛之所謂"空"、道之所謂"静"者窮之，而後與之言實與動。佛殊不能空也，卽能空之，益無取；道殊不能静也，卽能静之，益無取。三才既立，有日月則不能無照臨，有山川則不能無流峙，有耳目則不能無視聽。佛不能使天無日月，不能使地無山川，不能使人無耳目，安在其能空乎？道不能使日月不照臨，不能使山川不流峙，不能使耳目不視聽，安在其能靜乎？佛道之空、靜，正如陳仲子之廉，不能充其操者也。即使取其願而如遂子，佛者之心而果入定矣，空之眞而覺之大矣，洞照萬衆矣，此正如空室懸一明鏡，並不施之粉黛妝梳，鏡雖明，亦奚以爲？曰“大覺”，曰“智慧”，曰“慈悲”，而不施之於子臣弟友，方且照不及君父而以爲累，照不及自身之耳目心意而以爲賊，天地間亦何用此洞照也？且人人而得此空寂之洞照也，人道滅矣，天地其空設乎？道者之心而果死灰矣，嗜慾不作，心腎秘交，丹侯九轉矣，正如深山中精怪，並不可以服乘致用，雖長壽亦兩間一蠹！曰眞人，曰至人，曰太上，而不可推之天下國家，方且盜天地之氣以長存，煉五行之精以自保，乾坤中亦何賴有此太上也？且人人而得此靜極之仙果也，人道又絕矣，天地其能容乎？世傳五百年雷震一次，此必然之理，蓋人中妖也，天地之盜也。

請問若輩：聰明人乎？愚蒙人乎？果愚蒙人也，宜耕田鑿井以養父母，以受天子之法制；不應妄爲大言，鼓天下之愚民而立教門。若聰明人也，則以天地粹氣所鍾，宜學爲公卿百執事，以勤民生，以佐王治，以輔扶天地；不宜退而寂滅，以負天地篤生之心。

朝廷設官分職以爲萬民長，立法定律以防萬民欲，人雖賢智，只得遵朝廷法律而行。所謂雖有其德，苟無其位，亦不敢作禮樂也。你們輒敢登高座談禪，使人跪問立聽；輒敢動刑杖，是與天子長吏爭權也；輒敢別定律令，號招士民，謂之受戒，各省直愚民呼朋引類，赴北京、五臺受禪師法戒，是與天子爭民也。堂堂皇王之天下，儼然半屬梵王子之臣民，倘朝廷震怒，或大臣奏參，豈不可懼？猛醒！猛醒！

你們那個是西域番僧？大都是我中國聰明人。欲求道，當求我堯、舜、周、孔之道，堯、舜、周、孔之道，是我們生下來現成的道。此身是父母生的，父母生此身，如樹根長出身幹枝葉，若去父母是樹斷了根，還成甚麼樹？所以堯、舜、周、孔之道，全在於孝，小而養口體、悅心志，大而顯親揚名，再大而嚴父配天。自庶人上至天子，如隨分量，都要完滿，毫釐不盡，便是缺欠，便不可以爲子，不可以爲人。况敢拋卻父母，忍心害理，視爲路人，還了得？此身合兄弟同生，都要相愛，有兄長，又如樹上生的前一節後一節，若離了兄，正如樹枝斷去前截，連後截都壞了。所以堯、舜、周、孔之道，全在於弟，隅坐隨行，尊父母的嫡子，敬之如嚴君，愛父母的遺體，愛之如嬰兒。無貴無賤，如隨分量，都要完滿，分毫不盡，便是缺欠，便不可以爲人弟，卽不可以爲人子。况敢拋卻兄長，忍心害理，視如路人，還了得？父母生下我，我又娶妻，作子孫的父母，他日子孫又長成，作父母。故曰："有夫婦然後有父子，有父子然後有兄弟，有兄弟然後有朋友，有朋友然後有君臣。"故"堯舜之道，造端乎夫婦"，此端字是"端倪"的端字，如織布帛之有頭緒，如生草木之有萌芽；無頭緒則布帛沒處織，無萌芽則草木沒處生，無夫婦則人何處生？一切倫理都無，世界都無矣。且你們做佛弟子的，那一個不是夫婦生來的？若無夫婦，你們都無，佛向那裏討弟子？佛的父親，若無夫婦，佛且無了，那裏有這一教？說到這裏，你們可知佛是邪教了，是異端了。假佛原是正道，原行得，他是西域的師，西域的神；我們有我中國的師，中國的神。自己的師長不尊，爲甚麼去尊人家師長？自己的父母不孝，爲甚麼去孝人家？何况原是邪教，原是異端，由其道，一步行不去，從他做甚？你們最聰明，說到這裏，莫道你們有才料，在世間做的別事；便做個農夫，做個乞丐，也不失爲正人。爲甚麼上高座闔眼並手，跟番鬼談邪，自欺以欺世也？思之！思之！

佛輕視了此身，說被此身累礙：耳受許多聲，目受許多色，口鼻受許多味，心意受許多事物，不得爽利空的去，所以將自己耳、目、口、鼻都看作賊。充其意，直是死滅了，方不受這形體累礙，所以言“圓寂”，言“涅槃”，有“九定”、“三解脱”諸妄説。總之，是要不生這賊也；總之，是要全其一點幻覺之性也。嗟乎！有生方有性，若如佛教，則天下並性亦無矣，又何覺無所謂昭昭，何所謂暗暗？如佛教並幻亦不可言矣，又何佛怪哉？西域異類，不幸而不生中國，未聞我中國聖人之言性也，未見我中國聖人之盡性也。堯、舜、周、孔之言性也，合身言之，故曰“有物有則”。堯、舜性之，湯、武身之，堯、舜率性而出身之所行皆性也，湯、武修身以復性、據性之形以治性也。孔門後惟孟子見及此，故曰：“形色天性，惟聖人然後可以踐形。”形，性之形也；性，形之性也。舍形則無性矣，舍性亦無形矣。夫性者據形求之，盡性者於形盡之，賊其形則賊其性矣。卽以耳目論，吾堯舜“明四目，達四聰”，使吾目明徹四方，天下之形無蔽焉；使吾耳聰達四境，天下之聲無壅焉。此其所以光被四表也。吾孔子“視思明，聽思聽”、“非禮無視，非禮無聽”。明者，目之性也；聽者，耳之性也。視非禮，則蔽其明，亂吾性矣；聽非禮，則壅吾聰，亦亂吾性矣。絕天下非禮之色，以養吾目，賊在色，不在目也；賊更在非禮之色，不在色也。去非禮之色，則目徹四方之色，適以大吾目性之用；絕天下非禮之聲，不在聲也，去非禮之聲，則耳達四境之聲，止以宣吾耳性之用。推之口鼻、手足、心意，咸若是；推之父子、君臣、夫婦、兄弟、朋友，咸若是。救[1]禮樂繽紛，極耳目之娱，而非欲也；位育平成，合三才成一性，而非侈也。彼佛，大之空天地君親而不恤，小之視耳目手足爲賊害，惟闔眼內顧，存養一點性靈。猶瞽目人坐暗室，耳目不接天下之聲色，自心不接天下之

❶ “救”，疑爲“故”。——編者註

人事，而方寸率思無所不妙，可謂妄矣！安在其洞照萬象也哉？且把自身爲賊，絕六親而不愛，可謂殘忍矣！及其大言慈悲，則又苦行雪山，割肉談[1]鷹，舍身餧虎，何其顛倒錯亂也哉？

洞照萬象，昔人形容其妙，曰“鏡花水月”。宋明儒者，所謂悟道，亦大率類此。吾非謂佛學中無此意也，亦非謂學佛者不能致此也，正謂其洞照者無用之水、鏡，其萬象皆無用之花、月也。不至於此，徒苦半生如腐朽之枯禪；不幸而至此，自欺更深。何也？人心如水，但一澄定，不濁以泥沙，不激以風石，不必名川巨海之水能照百態，雖渠溝盆盂之水皆能照也。今使竦起靜坐，不擾以事爲，不雜以旁念，敏者數十日，鈍者三五年，皆能洞照萬象，如鏡花水月。做此功至此，快然自喜，以爲得之矣，或預燭未來，或邪妄相感，人物小有徵應，愈隱怪驚人，轉相推服，以爲有道矣。予戊申前，亦嘗從宋儒用靜坐功，頗嘗此味，故身歷而知其爲妄，不足據也。天地間豈有不流動之水？天地間豈有不着地、不見泥沙、不見風石之水？一動一著，仍是一物不照矣。故管道揚僾，予《存學編》所引出山，便與常人同也。今玩鏡裏花水裏月，信足以娛人心目，若去鏡、水，則花、月無有矣。卽對鏡、水一生，徒自欺一生而已矣；若指水、月以照臨，取鏡、花以折佩，此必不可得之數也。故空靜之理，愈談愈惑；空靜之功，愈妙愈妄。吾願求道者，盡性而已矣；盡性者，實徵之吾身而已矣；徵身者，動與萬物共見而已矣。吾身之百體，吾性之作用也；一體不靈，則一用不具。天下之萬物，吾性之措施也；一物不稱其情，則措施有累。身世打成一片一滾做功，近自几席，遠達民物；下自隣比，上暨廟廊；粗自灑掃，精通燮理；至於盡倫定制，陰陽和，位育徹：吾性

[1] “談”有誤，當爲“餤”。——編者註

之眞全矣。以視佛氏空中之洞照，仙家五氣之朝元，腐草之螢耳！何足道哉？

四徇子曰："談仁義、孝弟、心性，如數家珍，明白愷切，不獨可喚僧道，即吾儒皆當各置一通於座右。"

第三喚

此篇是喚醒西域番僧者。我中國人誤走迷途，固皆呼之使轉矣；西域番僧，獨非同生兩間者乎？他既各具人形，便各有人性。予嘗自謂生遇釋迦，亦使之垂頭下淚，固以其人形必之也。況今番僧，亦不幸而生乎西域，爲其習俗所染、邪教所誤耳，何可不救之使歸人倫耶？你若識中國字，自讀而自思之；若不識字，能解中國語，可求人講與你們聽。

你雖不幸而不生中國，你獨無父母耶？你父母生下你，你便不做人，父母生人可乎？是釋迦誣了你。你求人講上兩喚聽，便惺的釋迦是邪說了。你看天地是個大夫婦，天若無地，也不能化生萬物；天不能無地，夫豈可無婦？你看見婦人，果漠然不動念乎？這一動念，卻是天理不容滅絕處，只我中國聖人，就這天理上修了禮義，定好婚姻禮法，使天理有節制以別於禽獸。然禽獸雖無一定配偶，而游牝以時也，是禽獸的天理；若人無配偶，是禽獸的天理也無了，豈非天地父母惡物乎？你們也當從我中國行婚禮配夫婦，有一定配偶，這便是人道了。力不能回家的，便在中國娶妻，學中國人手藝，做個過活，成個人家，生下子女，萬萬世是你們後代了。力能回家的，將這《喚迷途》帶去，講解與你國人聽，教他人人知釋迦是邪教，也學我中國聖人的道理，孝、弟、忠、信，你們就是正道的祖師了，你們就是你國的聖賢了。與你國添多少人類，添多少親戚，添多少禮義，便是大有功德，天神必加福祉，你們子孫爲官、爲宦、爲帝、爲王，都是有的。你們看我中國爲帝爲王的、爲國公侯伯的官宦，多是羲、農、黃帝、堯、舜、周公、孔子子孫。我教你歸人倫，是慈悲乎？釋迦教你斷子絕孫，做個枯寂的鬼，是慈悲乎？你思量思量！

你們凡往中國來的，都不是庸俗人，或奉你本國王命進來妄說做國師的，或差來納貢的，或差來觀中國虛實的，或彼處豪傑自拔要到中國顯才能的，或彼國不得志求逞於中國的，大都是聰明人。且說你國也有夫妻否？也有兒女否？也有鄰里鄉人否？也有君臣上下否？夫妻也相配合否？生兒女也愛他否？兒女愛父母否？兒女同生也彼此擡敬否？鄰里鄉人也相交好否？君臣上下也有名分否？吾知其必夫婦相配也，必父子相愛也，必兄弟同生者相敬也，必鄰里相好也，必上下有分也。這便是凡爲人類者自然的天性，必有的道理。我中國聖人，只因人自然之性，教人必有之道；因人有夫妻相配，便教他以禮相合。夫婦必須“父母之命，媒妁之言”，六禮備而後成，成後還要相敬如賓、相成如友、夫義婦順。這叫做“夫婦有別”。那佛斷絕夫婦的好，還是“夫婦有別”的好？因父子捐愛，便教他父慈子孝。父慈，不但幼時懷抱養育，大時還教他仁義，管他幹正事；子孝，不惟衣食奉養，還要和敬，並盡朔望節令還行參拜禮文，沒後還有許多喪祭道理。這叫做“父子有親”。那佛斷絕父子的好，還是“父子有親”的好？因人兄弟相敬，便教他兄友弟恭，無論男兄弟女兄弟，都是兄愛其弟，弟尊其兄，一坐一行，都是體法，不得欺侮，不得僭越。這叫做“長幼有序”。那佛兄弟無情的好，還是“長幼有序”的好？因人鄰里相好，便教他同類相交謂之朋，同志相愛謂之友，以實心相與，以實言相告。這叫做“朋友有信”。那佛棄絕人類入深山的好，還是“朋友有信”的好？因人上下有分，便教他“君使臣以禮，臣事君以忠”，這叫做“君臣有義”。那佛斷絕君臣的好，還是“君臣有義”的好？我中國道理，只有這五件，制許多刑政法度之文、禮樂兵農之具、水火工虞之事，都是要節宣這個，維持這個。當東漢時，有幾個沙門，傳佛道入中國，釀成無窮大禍；鳩摩羅什等，又番譯西域經文，傳有許多邪說以惑中國之民。這都是天地的罪人，你們更不可效尤。若能醒解我的言語，把我中國聖人的道理傳往西方，將《喚迷途》番譯成西方的言語，使人都歸人倫，都盡人倫，莫說父盡父道、子盡子道、君盡君道、臣盡臣道，你西方諸國亨[1]福無窮，只人也多生幾千萬，豈不是眞善果？勉哉！

（二）

喚迷途

第四喚

前三篇《喚迷途》之人已畢，此篇又專爲名儒而心佛者立說。雖在五倫之中，而見涉禪寂，如宋蘇東坡、王弇洲之徒，小有聰明，見聞濫博，啓口成辯，舉筆成文，不惟詞壇之雄，而無識之人且尊如儒者。其實邪正不明，得罪名教，一生學力，萬卷文章，只此一誤，舉無足觀。惜哉！

歐陽文忠與蘇文忠，人品學問，俱難軒輊，只佞佛一節，蘇斯下矣！佛之爲邪，易明易見，長公之才，把筆何等氣力？立朝何等風節？到《大悲閣記》、《四菩薩記》等文，便卑鄙不堪！迷惑如田間村婦語，何其於堯舜周孔之道頓忘，四書五經之理遠萬里也？必是自幼生長川蜀之地，習見僧人，多讀佛書，入鮑魚肆不覺其臭

[1] “亨”，當爲“享”。——編者註

矣。文人看書，可不慎哉！

老泉傳家，原是文人伎倆，雖好讀《孟子》，只要討出文法，不是明道。故其夫妻皆佞佛，並其聰明子亦誤之矣。豈不可惜？

歐陽文忠公大有過人論頭，如說聖人教人，性非所先，其識高於程朱一派。蓋聖人教人，只是六德、六行、六藝，端木子明言："夫子文章可得而聞，性道不可得聞。"程朱一派，好談性道，置起聖門時習事功不做，蓋亦隱爲禪惑，不覺其非卻說永叔爲誤，異矣！如作本論，勝於柳、蘇諸人，但他亦是從文字起見，只作一篇好文字耳，亦不是全副力量衛聖道、闢異端的人。公若向此處做工夫，與子瞻相交最深，自可一言而救正之，何至聽其惑迷而不返也？且與鄭公同在政府，若常講明邪正之理，鄭公亦必相感而化，以二公之賢而不能化，亦未聞辯論救正之語，固知其非用功於闢異者矣。且與韓、富二公，三賢秉政，大權在手，正當舉其所謂禮樂者實行之矣，乃亦全不掛口，益見其爲文字之見，非孟子本領矣！

本論亦非確當之理，醫書云："急則治其標，緩則治其本。"今佛氏之害，彌天漫地，如人遍體瘡瘍，若是而言從容調理血氣乎，抑急須針膏擦洗之方也？佛之害中人，便昏亂狂顛發作，便窒氣絕生，正如風痰急症，風不散則立刻癱瘓，火不解則立刻譫語，痰不吐不下則立刻喪命。如是而言從容補陰平陽，抑急須湯丸炙薰、散風降火、吐下頑痰之法也？佛之害在一日，則此一日中普天下添多少人爲僧，便斷多少人血脈，如病瘟疫天疱，遲治一日便多傳染幾人。如是而言釆參於朝鮮以補中、斬兕於羌國以解毒乎，抑現用防風荊芥以汗之、苓連惡食金銀花之屬以解之爲當也？公之言曰幸有一不惑者，方艴然怒曰："將揮戈而逐之，有說而排之。"千歲之患，徧於天下，非一人一日所可爲。民之沉酣，入於骨髓，非口舌之可勝，莫若務本以勝之。嗟乎！公第甚言當務本耳，不知卻昧醫家“急則治標”及“標本兼治”之法矣。是聖人不生，禮樂不興，便任佛氏之滅倫傷化、戕賊民生而不救乎？不幾如朝鮮之參、羌國之兕不至，遂聽瘟疫天疱之死喪傳染而不治乎？何以爲醫也？乾坤中揮戈逐佛者，著說排佛者，若傅尚書、韓吏部、胡致堂；其表著者，公亦其一人矣，若非有公輩數人不忠不孝數語，《佛骨表》、《原道》本論數文在乾坤，更不知何底矣？非一人所可爲，雖千萬人亦一人之倡也；非一日所可爲，雖千百年亦一日之積也。救得一人是一人，轉得一日是一日，正得一分是一分。又曰：“民之沉酣骨髓，非口舌所可勝。”亦未之思也。積蚊成雷，累畫成册，吾儒在上者則興禮樂以化民，在下者則崇仁義以明道，彼佛何所有哉？徒以口舌簧鼓，轉相惑誘，遂亂天下至此。吾獨不得以口舌救之乎？天相吾道，吾人而在上也，一面興禮樂、謹學校以修其本，一面立法禁施誥命以治其標；天不相吾道，吾人而在下也，一面崇仁義勵躬行以修其本，一面詳辯論著書說以治其標。夫禮樂明則人才出，而操戈排佛者益衆，此本而標之之法也；辯論著則君相悟而禮樂興，此標而本之之法也。庶幾其善醫矣！

愚蒙人爲禿番所欺固可憐，聰明人未聞堯、舜、周、孔之道，見異而遷，亦無怪。所可惡者，柳、富、蘇、王，以絕世之才，讀孔子之書，有目而不分黑白，有耳而不辯鐘磬。時而堂堂正正，談理如海潮河決；時而窒心眯目，迷惑如村婦牧兒：最足以侈愚僧之口，迷俗人之向，此君子所深爲痛恨者也。紙上雄文立，朝氣節，皆孔子所謂“其餘不足觀者”，功不抵其罪也。明之弇州輩特一文士耳，未必有大君子與之交也，柳則友韓矣，富、蘇則友歐陽矣，柳、富、蘇之不虛心受益，韓、歐之不極盡規勸，均可憾也！今世而有韓、歐乎，遇友人之柳、蘇、富者宜極盡其救正，正之不可再，再之不可而三而四，此非小故也。今世而有柳、富、蘇乎，遇友人之如韓、歐者，則宜虛心受益，改轍自新，勿取誅於君子可也。試看賈島，一詩僧耳，從昌黎而歸人倫，尚來千古美談，况吾儒中豪傑，而可自誤乎哉？

三代後，唐之昌黎、宋之程朱、明之陽明，皆稱吾儒大君子，然皆有與賊通氣處，有被賊瞞過處，有夷蹠結社處，有逗遛玩寇處。今略摘一二與天下共商之，非過刻也，恐佛氏借口與儒之佞佛者倚以自解也。昌黎誅佛不遺餘力，死生以之，眞儒陣戰將也！惜其貶潮州時，聞老僧太顛，召至州郭，與之盤桓，及其將行也，又留衣服爲別。夫使太顛可教，則一二見可化之歸儒；不可教，則爲不就撫之猾寇，又何久相盤桓、留衣相贈乎？不幾夷蹠結社乎？及孟尚書聞其事，貽書致問，又稱太顛頗爲明識道理。予閱答書至此，大爲驚異，世豈有爲僧之人而識道理者乎？豈有識道理之人而爲僧者乎？則昌黎之所見之道理，必尚有微異於孔孟者矣；則昌黎交太顛，必尚有微爲瞞過者矣。不幾逗遛玩寇乎？周子《太極圖說》，已多了“無極”二字，極乃房上脊檁，是最上之稱，又加以“太”字，是就無可名處強指之矣，又何所謂“無極”乎？至其言性，又不合加一“惡”字。故程朱由此皆誤，言氣質有惡，又言氣質爲吾性害，是卽爲六賊之意侵過儒道分界矣！朱子盡力與象山辯“無極”二字，是卽爲佛之空、老之無隱蔽矣。至程子作詩說：“道通天地有形外，思入風雲變態中。”又云：“隔斷紅塵三十里，白雲紅葉兩悠悠。”朱子動輒說法門，陽明近禪處尤多，習俗移人，賢者不免，所謂與賊通氣者此也。

儒之佞佛者，大約是小智慧人，看道未貫上下，或初爲儒者而功力不加，畏聖道之費力，半途欲廢，又恥於不如人，遂妄談空虛以誇精微者；或貪名利工文字，名爲儒而實不解聖道爲何物，亦如愚民見異端而驚喜者；至惑地獄禍福之説而從之者，民斯爲下矣！何謂小智慧見道未貫上下者？彼多謂佛之上截與吾儒同，或竟謂佛得其精，吾儒得其粗。此其人學識未大，未能洞見性命之本及吾道體用之全，見宋明儒者之所謂性無能出乎佛氏之上，一聞禪僧之談心性，遂傾心服之，謂上截儒釋原不異也。嗟乎！不幾如吾《存性編》中所云“根麻而苗麥”乎？天地間豈有此理？有上截本仁而下截不愛父母者乎？有上截本義而下截不敬君上者乎？抑其上截之原非仁義也，吾儒以仁義禮智信爲性，而佛以空虛不着一物爲性。以仁義爲性，故忠孝者仁義之發也，仁義者忠孝之源也，後截之忠孝，與上截之仁義，如樹之根與枝一體也。佛之上截總一空，故爲不忠不孝之教，斷絶倫物；下截亦總一空也，又焉得上截同而下截始異哉？此輩猶能見宋明儒者之性者也。至謂“佛得其精，吾儒得其粗”者，又並宋明儒之性未之聞，平日徒以章句目儒業，即粗聞仁民愛物作用，亦第視爲後起事，不知堯舜之“精一”、“執中”、“三事”、“六府”之體也。“三事”、“六府”，“精一”、“執中”之用也；周孔之“一以貫之”，“三物”、“四教”之體也；“三物”、“四教”，一貫之用也。如樹之根本枝幹，通爲一體，未可以精粗分也，故無根本則無枝葉矣，無枝葉則非根本矣。梧檟之根，藏土千年，與穢腐同譏，彼佛氏固未可以精言也，又何者是其精乎？以腐穢爲精，愚之愚者矣！何爲以初爲儒功，半途而廢，妄談靈空以誇精微者？人性皆善，雖甚惡人必有善念，一動之時，雖甚濁世必有特起作聖之士。但吾儒之道，六歲教名數，七歲教別，八歲教讓，九歲教數目，十歲學書計幼儀，十三歲學樂舞，十五歲入大學：凡六德、六行、六藝一切明親止至善者，俱步步踏實地去做。二十歲尚不許教人，到三四十發揮其幼學者，進見之君民，退式乎風俗。今世全錯了路徑，少小無根本，粗者求之章句，精者求之靜敬，則數年或數十年後，全不見古人充實大化之我貺、全體大用之我酬，再進無工程之可據，回顧無基本之可惜，又恥於奔寶山半生作空手回頭之漢，放達者如莊周、李贄之流，謹飭者作龜山、定夫之輩。非以欺世也，略以自塗抹其作聖初心，而不染於禪者鮮矣。不知世降學晦，孔徑久荒，即虛花無果，前路弗憑，正宜返求之實地。雖六德之一德，六行之一行，六藝之一藝，不自失爲儒也。即精力已竭，尺寸莫贖，惟當痛自悔恨，如漢武輪臺之詔，亦自千古共諒，何必益爲虛大而叛背於聖道之外哉？君子思之。何以謂“名如儒而實不解聖道，亦如愚民之見異而喜者”？自幼惟從事做破題捭八股，父兄師友之期許者，入學中舉會試做官而已；自心之悦父兄師友以矢志成人者，亦惟入學中舉會試做官而已。萬卷詩書，只作名利引子，誰曾知道爲何物？故以官長、進士、舉人而聽講於村俗僧人，驚道妙而師事者有之；以秀才而信旁門邪說，入焚香會者有之。豈儒者而喪心至此乎？抑原未嘗於儒道參一解、行一步也！況秀才而貪利肆行爲官長而染指負上，中氣必餒，中心必懼，明懼朝廷之法，幽懼鬼神之禍。一聞佛者顳頊之說，烏得不悦？一聞空名利之談，烏得不服？一聞讖悔消災之技，又烏得不甘心也？況僧道惑世誣民之巧，網亦密矣！地獄報應之說，僅足惑中國之愚民；痘疹送生仙妃之說，僅足惑中國之婦女；士大夫不之信也，又創爲文昌帝君之神，司人間科甲貴賤；又恐其教之淡薄苦寂，士夫未必肯受也，又創爲準提菩薩會，每月只幾日不食酒肉；又許那借以遂其口腹之欲，予之以不得不悦、不得不服、不得不甘心之勢，而又開之以不甚苦而易滋之門，烏得不莫之禦而從於邪也？雖然，天理自在，人心猛一覺照，愚蒙之夫，無不可去邪而歸正，況我輩士夫，聰明傑秀高出尋常萬萬者乎？急出幽壑，返登喬木，是所望於今之君子！

地獄輪迴之説，我中國聖人全未道及。仲子路才一問事鬼神問死，便截斷不與言。蓋人之與天地並大者，盡人道也；盡人道者，方且參天地、贊化育、盡幽明上下而自我治之，又焉得舍生人之理而不義、暇問鬼道乎？故地獄無之乎，君子不道也；有之乎，則君子行合神明，自當上升爲聖、爲賢、爲神。彼滅倫敗類不作生理之佛之僧，生時已背叛人紀，脱離人羣，不可以爲人矣，死後其可對冥府之神乎？不知神之所欽重福利者，其在忠君孝親者乎？其在無父無君者乎？且不忠之臣但愧忠臣耳，不孝之子但愧孝子耳，而猶爲君之臣、父之子也。設冥府果因生前之行而擬之罪，恐視夫舍君而不之臣、舍父而不之子，尚有輕重差等也，况不爲亂臣賊子者乎？故明舍人道而好談幽冥，盡人皆不可，而佛僧更非所當言，奈何反以我輩全人倫之人而聽彼言之妄？可謂愚矣！

禍福懺悔之理，若聽信僧言，更爲可笑。古人云："積善之家，降之百祥；積不善之家，降之百殃。"又云："鬼神福善而禍淫。"《詩》云："永言配命，自求多福。"此禍福正理也。成湯改過不吝，顏子不貳過，此悔過改過正理也。若能日畏天理，日畏王法，不作虧心事，尚矣；卽貪財好色，做出無狀，猛然一醒，痛改昨非，成其今是：孝親、敬長、忠君、愛民、恤孤、濟寡、救難、扶危，其心實力，足以格天地、感鬼神，况於人乎？去卻半生惡，成此半生善；或掃去五分惡，成其五分善。昔伯夷不舊惡，孔子見人一善而忘其百非，吾以爲神明亦當如是。只眞心自新，便如君子，自是朝野欽之，鬼神敬之，又何借佛力僧經作三昧法水哉？今有人罪惡種種，官府將依律定罪；或有言此人素孝、此人素弟，或有言此人素有大功於國君、有大功於生民，則《周禮》"八義"之法可行。若空言"再不敢了"，官其減罪乎？若言出於大聖大賢或忠臣孝子，或朝廷貴人，官府或因少減其辜，亦未可知也。今誦西番邪妄之經，依佛氏不忠不孝之鬼，而求以免禍辟，如作竊盜而求強賊爲之請，詌駡兄嫂而借弑父母者爲之先容，罪不更加之耶？願熟思之！

第五喚

儒名而心禪者，大足爲世道人心之害，旣呼回之矣；世間愚民，信重妖邪，各立教門，焚香聚衆者，固皆俗鄙無足道。然旣稱門頭，亂言法道，羣男女廢業而胡行，誘惑良民，甚至山野里比皆遍，則其爲害亦不小矣。愚民何知，不過不曉念佛看經之爲非，不知左道惑衆之犯律，妄謂修善而爲之耳。若不急急喚醒，恐他日奸人因以起事，則“黄中”、“白蓮”之禍，恐卽在今日之“皇門”、“九門”等會！上廑國家之憂，下阬小民之命，新河之事，不已可爲覆車之鑑哉！此篇各因其愚而開明之，庶迷途上個個喚回，共由蕩平之正路，是予之願也。

吾觀當今天下僧道是大迷途，其迷途中之歧途岔路，或有信佛，或有信仙，或仙佛兼奉，而各立教門，交相誘引，焚香惑衆，各省下蓋多名目，吾未之遍遊而全知也。惟就吾之近地眼見者，一一正其誤而喚之回，則他省府州縣名目雖不同，而凡不遵子臣弟友之道者便是邪說，不安爲朝廷百姓而名爲道人者便是左道，皆可類推而急醒改之。大率你們做頭行的，都說是正道要化人；你們做小道人的，都不肯說是邪，只當是修善。這善字不明，修字不講，是天下大關係也！在位大人，惟《大學》首章三綱領是眞善，實去明德，實去親民，而止至善，自格物以至明德於天下，當先者便先加功夫，當後者便後加功夫，這便是眞修善。外此者，都不是善，都不是修善。實去孝順父母，實去尊敬長上，實去教訓子孫、和睦鄉里，各安生理，勿作非爲，便是眞個修善；若去口中念不忠不孝的佛，聚會講無影無形的經，這不獨犯王法，大是得罪神明。你們聽那邪說久了，迷的深了，如今說是犯王法，你們不解。譬如你們姓張，你們的兒子却說他不是你兒子，我姓李，你們容他不容他？朝廷以道化天下，我們就是他道中人；你們而今另立門頭，說我別是一教，這便是反了教了，便和你兒子不從你姓從人姓一般，朝廷怎麼容的？今日發文，明日發禁，你們不曾見麼？京中剮了甚麼無生老母，殺了許多倡邪道人，你們不曾聽的麼？你們那頭行哄你們說，上頭不是拏持齋念佛的，是恐怕聚衆謀反，不曉的聚衆謀反是別有律條，不與持齋相干。持齋念佛，叫做左道惑衆，是大犯法的，便是一個人持齋立教，也該問罪。又說他若是拏我，我便吃酒肉，不知上面不是爲你不吃酒肉，是爲你另立教門。你如今可醒那犯王法的去處了麼？其得罪神明在何處？我說與你深微道理，你們也不解，且就明白的與你說：你們家下供佛的供仙的三世，再無不得奇禍的，再無不得斷宗絕嗣的，再無不得惡疾的。這是怎說？他是忍心舍世的狼[1]鬼，他是無子孫的絕魂的，你們把那狼鬼、絕魂招到宅上，焉得不作禍，焉得有子孫？且如今人請幾個和尚道士來住在宅內是好不好？且佛亦非以不好事故意加你，譬如一人吃着山藥甜，遇心愛的人，亦必教他吃山藥；又如溺者喜人溺，縊者喜人縊。佛以覆宗絕嗣爲好，你們敬他，以氣相召，也叫你覆宗絕嗣，是必然的了。如你們兒子有酒食，只將去與張三李四吃，反不孝父兄，你心下惱他不惱他、責懲他不責懲他？神明自是不容，加禍來祖先自是不救，此所以得罪神明先靈也。你們如今可醒的了麼？你們當初原是要修好，只差走了路，拏着不好當好修；朝廷官府也還憐憫你們，也還寬待你們，從容曉諭，教你

❶ “狼鬼”，疑爲“狠鬼”。——編者註

改圖。更有一等可惡的，聽見傳下禁旨，官府告示，反說是“刮風裏落病棗”，也把怕王法歸正道的好人，反說是“病棗不耐風”。你們執迷不醒，不遵王法的倒是好麽？把王法比做狂風，而朝廷官府聽的此話，眞個拏起來殺起來，怎麽了得？有識者替你寒心。急醒急醒！

上一段是大概勸諭天下走邪門的，我直隸隆慶、萬歷前風俗醇美，信邪者少，自萬歷末年，添出個皇天道，如今大行。京師府縣以至窮鄉山僻都有其法，尊螺蚌爲祖，每日望太陽參拜，似仙家吐納采煉之術，卻又說受胎爲目連僧，口中念佛，是殆仙佛參雜之教也。其中殊無好奇尚怪、聰明隱僻、大可亂世的人，不過幾個莊家漢，信一二胡謅亂講之人，當就好事做，不知犯王法、亂人道、得罪神明，亦不可不喚醒他。如你們不吃酒肉，古聖人經上說：“爲此春酒，以介眉壽。”又云：“七十非肉不飽。”是聖人制下養老的物，若是不好，聖人便不教人吃了。若有一等性甘淡薄的人，不愛吃的也不妨，但不當胡說亂道。甚麽是胡說胡道？卽如你們喚日光叫“爺爺”、月亮叫“奶奶”，那是天上尊神，我們是百姓，最小最卑，那可加以名號？你看北京纔有日壇月壇，天子纔祭的他，便是都堂道府也不敢祭。況我們愚民，每日三次參拜他做甚麽？我嘗教一皇門道人說：你去一日三次參拜你縣官，看何如？他說：怕竹板打。參拜縣官便怕板打，若去輕瀆朝廷，頭也斫了；你終日輕瀆那天神，還是降災不降災？所以你們多大災，多滅門，這個是犯王法得罪神明的一端。又如你們把日改晌、把月改做節之類也，只說是尊日月，不敢冲犯之意。不知我聖人書上說，非天子不議禮不考文，那官府行文都叫日月，沒有改就晌、節的禮，沒有改就晌、節的文，你們私議私改，是又一天子了。看是小事，卻犯大法。又如你們把天上參宿叫就寒母，又叫三星，不知《天官》書上是七星，上面還有兩大星叫參肩，下而還有兩大星叫參足。你爲甚麼把天神去了他手足？你們把天上房、心二宿合成一座，叫就煖母，不知豎四星是房，橫彎三星是心，你們説雜二宿爲一。律上説，妄談天象者斬，這信口胡説，卻犯了大法，你們那裏知道？又如你們男女混雜，叫人家婦人是二道，只管穿房入室，坐在炕頭上，不知我聖人的禮，男無故不入中門，女無故不出中門。叔嫂尚且不通問，父兄於子女既嫁而歸，尚且以客禮待之，至親骨肉亦必避嫌，那有婦女往異姓無干的人家去上會的禮？那有異姓無干的男子入人內室的禮？這大是壞人道、亂風俗，你們怎麽不顧體面？我不忍細説，你們思量思量。

古人云："天地之性，人爲貴。"我們在萬物中做個人是至尊貴的，怎麽反以蟲類爲祖師？便成個仙佛，也是人妖也！可羞！況你們見成了多少仙多少佛？盡是無影妄談！你們從今莫信他了，回頭做朝廷好百姓，省做會的財物孝父母、敬兄長、養子弟，省上會的工夫作活計過日子。只守王法有天理，便是眞正的善，便受眞正的福；免得官府今日拏明日禁，免得鄉人這個把持那個訐告。

直隸區處，"皇門道"外，"九門"最多；其犯王法得罪神明是一理，何用多言。但你們愚民，若不就名色一一説破那不是處，你們不醒，必有説那門是邪、這門不是邪的，便不肯改邪歸正。九門道，是斂錢給神掛袍上供的，你們思量府縣官長，叫人斂錢做衣穿否？做飯吃否？苟非異様賊官，斷無此理，況於神乎？神要衣食做甚麽！譬如百姓，有人斂錢與官做衣食，必是奸民，官府知道，必是打死。神亦如此，定加你罪。你看你那師傅們，都被惡災，都絶後了，你還不怕麽？又如你們申文上表上帝，你看知府巡道那樣大官，還上不得本，必自巡撫轉本。當初蠡縣道徐某拏了殺官破城的大寇，以爲有大功，差人上本，差官當拏赴刑部，將徐問罪。你們聞知否？道官尚且上本有罪，況你百姓上表於上帝，豈不大得罪麽？又如你們擺幾碗豆腐涼粉，請甚麽玉皇上帝、東嶽天齊、城隍土地，我們聽的大爲寒心，你們擺下那等東西，敢請縣官否？縣官且請不得，許多尊神來做甚做？褻瀆神明，罪必不赦。思量思量！又如你們供養仙佛在宅上，朝夕朔望，焚香叩頭求福，你們思量人家請幾箇和尚道士，常住宅內，何如？定是不好。佛、菩薩、仙師，都是斷子絕孫不忠不孝之鬼，凡招這邪氣在宅，自是不祥。看巫蠱鎮魘之術，但埋藏此骨董物件在宅上，便能釀禍；看那邪祟中惡之疾，但占些眚魅之氣在人身，便能爲祟。況常常供此惡鬼，豈不發凶？所以你們供邪神三世者，斷無不絕，你們想了是如此否？

他若“十門”，專以跪香打七爲修善。你看世間有錢的，叫人跪他幾炷香，便將錢與他，有這理麽？便有之，是好人否？那有神明叫人跪他便給福的，可謂愚矣！世間豈有幾日不吃飯便得了道的？又豈有幾日不吃飯便可得福之理？這都是邪人弄箇奇怪驚哄你們，總不如信奉家宅正神，孝敬自己的祖父，方是正道。又若“無爲”、“大乘”、“飛善”等，名目不一，卽如古之“黃巾”、“白蓮”，一隨時改變名色以欺愚俗。小之哄騙錢財，欺誘婦女；大之貽患於國家，釀禍於生民。前朝白蓮之害，近日新河之事，你們不曾聞乎？何不知懼也？你們陷於邪說者深，初聞吾言，未必不怒，請細細思量，才知我愛你們苦心也。看來也與你們無干，你們本心是修善，我們儒者不自明其道，無人講與你們聽，不知如何是善，卻差走邪路上去，我們殊深可愧也！

聞河南一省白蓮教中人，因自明朝東山某反，朝廷大禁，又改名“清茶會”，又叫“歸一教”，愚民從之者甚衆。其法晝燃燈佛，供室中幽暗處，設清茶爲供獻，閉口卷舌，念佛無聲，拈箸說法，指耳目口鼻皆是心性。你們不知道朝廷法，任你改換多少名色，就如“黄門”、“九門”一般，都是犯禁的。只做好百姓，孝弟忠信是善人。你們供燃燈佛，比人家念的阿彌陀佛、釋迦佛改了箇名色，也不過是西域番人，當不得中國聖人。他們既爲中國人，放著我中國聖人的道不遵、我中國的法不遵，卻奉西番燃燈佛，這就不是了。我們愚民，只可做莊稼、做買賣、孝父母、敬尊長、守王法、存良心，便是本等，胡講甚麽心性？我們書上説：“率性之謂道。”這子臣弟友，便是率性來的：你孝父母，便是爲子的心性；敬尊長，便是爲弟的心性。你們鋤田的人，胡講甚麽心性？胡説甚麽歸一？大凡邪教人，都好説“三教歸一”，或説“萬法歸一”，莫道别的歸不得一，只我儒道祭自己的祖父、自家宅神，你們好祭西番死和尚，這歸一不歸一？要説一是性，你們把率性的子臣理都不知，卻尊他不忠不孝的佛，還歸甚麽一？要説一是空，越發不是了，只看我喚參禪悟道、僧道的便醒的了，不必重敘，只你們要各人散去，務農做生意，莫聚會胡説，便是好人。若有高年識字人，愛隨箇會，就大家相勸：年少做子弟的如何孝、如何做，年老做父兄的如何教子弟，成箇孝慈風俗，和睦鄉里，各安生理，勿作非爲。官府知道，也懽喜。第一件要知焚香聚衆妨你莊農買賣，正是不安生理，正是作非爲了。歷代帝王，優禮儒生，做秀才時便作養禮貌，一切差徭雜役，不以相煩，下自未入流，上至三公，皆用儒生做。而儒生不能身踏道義，以式風俗，可愧一也；不爲朝廷明道，法他愚民，可愧二也；不盡力闢辯佛仙二蠹，以救生民於荆棘，可愧三也。今日儒運恐遭焚坑，清流之禍不遠矣！僕用是憂懼，輒爲俚説，願凡爲孔子徒者，廣爲鈔傳，於以救生民、報國恩、囘天意，庶僕懼心少下也。祝！祝！

（三）

《明太祖高皇帝釋迦佛贊解》

佛之害，至今日尚忍言哉？胥天下之周行而埂塞之，胥天下之人物而斬絶之。家家土偶，而不思野鬼入宅，足以招致不祥；户户誦經，而不知覆宗絶嗣之邪教，陰毒浸染，足以害人禍世。甚哉民乎！愚之可憐也！人徒見高皇帝龍潛皇覺僧道入品，遂謂佛至明朝實崇信之，不知高皇識見力量，爲三代後第一君。眞龍川所謂“開眼運用光如黑漆”者，其一時之誤，特倏爾雲翳耳。今觀是贊，放邪衞正，乃益服其識之高、言之切，於世道人心大有功也。而或者謂佛家有謔贊禮，太祖以之。予以爲不然：謔伯夷者，必謔以陳仲子，斷不謔以盜跖；謔柳下者，必謔以胡廣，斷不謔以黄巢。况此贊之尾，刀斧森嚴，直使佛逃奸無所。世有鐵案殺人以爲謔者乎？卽使姑從人言，謂太祖而果謔此謔也，亦率性之謔矣；不佞痛世之愚，妄爲註釋，用公天下。至於辭則效訓諭俗説，庶使荒村父老子婦皆可聽覩，而不敢從事於筆墨之文也。

這箇老賊貪心不輟！

自有這箇天地，便有這箇人；自有這箇人，便有這箇君臣、父子、夫婦、兄弟、朋友的人倫，佛氏獨滅絶之；自有這箇天地人，便有這箇生生不窮的道理，佛氏獨斬斷之：眞是箇殺人的賊了！高皇命名以此，王言何確也！至“老”之一字，更中其情，賊不老猶或有悔心，猶或不巧於盜，猶或易撲捉。惟是他老，熟於盜，生不回心，死不悔禍，善爲淫詞詭術以欺天下後世，任是聰明伶俐的人，都被他瞞過。吾儒之道，有天地還他箇平成，有父子還他箇慈孝，有民物還他箇仁愛，因物付物不作自私自利心。釋氏全空了不管，只要自己成個幻覺的性便了。眞是食利行私的！又全無悔意，竭力在那幻妄理上去做，盡力在那幻妄途上去走，則此貪心何時是輟？彼自家卻假說些甚麽清淨慈悲，非聖祖箕大眼，誰能指出他這箇“貪”字？

將大地衆生，偷出三界火宅。

釋氏甘空寂，自謂清涼世界，故指兩間爲火宅，不知乾坤中二氣五行，全賴此火。天地非太陽眞火則黑暗，人非命門其火則滅絕；忠臣孝子一副熱腸，愚夫愚婦一段熱情，釀成世界。這大地衆生離了火宅，便過不得日子。且釋氏亦自火宅中生出，卽結成舍利子，亦是火宅中豆大火光，彼自己且偷出不去，又烏得偷出衆生哉？曰“偷出”者，聖祖原老賊一種偷出貪心而定罪耳。火便是世間生生不窮的種子，火宅便是世間君臣、父子、夫歸、兄弟、朋友行走的去處，佛氏盡欲偷出，正名定罪，眞是老賊了！

掩迹則假滅雙林，逃形在微塵刹界。

此是據佛事實而形容老賊之情狀也。謂在雙林之地，託名假死，以掩其迹；又逃其形，在微塵刹界，使人莫得擒捉也。然佛雖善逃善掩，天地如烘爐，日月如明鏡，彼在中間，終是不能逃得一步，止落了一箇賊害天下之物。

五十年談許多非言，三教中頭一箇說客。

佛說法不足五十年，言五十舉成數也。其間如棄絕父母之言，爲非孝；背叛聖人之言，爲非法；如“天上地下惟我爲尊”之言，爲非天地；如耳目口鼻身意“六賊”之言，爲非人。總之，皆非言也。三教者，世俗以儒孔子、宗[1]道宗老子、桑門宗釋迦爲三

[1] “以儒孔子、宗道宗老子”，當爲“以儒宗孔子，道宗老子”。——編者註

教。我夫子祖述堯、舜，憲章文、武，躬行六德、六行、六藝，非徒以口說者；而且爲天地肖子，爲衆生父母，至親也，不可言“客”。即老子玄牝守雌，微異吾儒，然孔子稱其猶龍；老子習於禮，自言以道治世，其鬼不靈，則亦非徒逞口說者。况當時爲周柱下史，亦中國人臣也；生於苦縣，亦中國人子也；凡天下李姓皆祖之，亦中國人父也：不可謂之“客”。飛霞紫氣之説，乃後世道家者流妄託耳。惟釋迦空天地、空萬物，亦空其身，全無一些行實，專事口說，生於伽毗羅國，行於天竺國，與中國全無干涉，其是箇客。且空天地，則天地孛蝕之客氣；空萬物，則萬物遊魂之客忤；自空其身，則此身追命之客鬼。“說客”二字，確乎不可易矣！然“說客”又坐之以“頭一箇”者，何也？如儒之莊、列、儀、秦，道之五利、靈素，釋之佛圖澄、鳩摩羅什，或以口說，或以筆說，皆說客也，而不若釋迦爲最。

普天下畫影圖形，至今捉你不得。

賊與帝王勢不兩立，有賊則帝王之教化不行，宇宙之民物不安，宜急急捉者，故遍天下畫爲影像，圖爲形色。毿毛跣足，明是老賊之狀；破額裸身，明是老賊之體；閉目趺坐，明是老賊好爲佚逸之態。亦易知易見，可一索而速擒者，乃至今捉之不得，則中國之禍何時已乎？

人民何辜遭此土偶作祟？太祖獨曰：“吾將畫影圖形以捉之也。”是大聰明大手段！故末二句，果然捉住。

呵呵呵！沒將說，眉毛不離眼上横，兩耳依然左右側。

此一段，便是高皇捉住佛處。“呵呵呵！”大笑聲也，佛全憑口說，而今笑你，將何說乎？你眉毛依然在眼上横着，你何不空此眉？兩耳依然在左右長着，你何不空此耳？五官百骸是開闢來有的，五倫百行是盡人外不了的，佛空父子，必是空桑頑石生的然後可。然縱生自空桑頑石，而空者猶是桑，頑者猶是石，豈是空得？空君臣，則“普天之下，莫非王土”，天地是天子的父母，四夷是天子的手足，佛若說空，則上不得天，入不得山林，逃不得外國，佛將安之？空兄弟朋友而又廣度生徒，是去絆而戴枷了，豈止不能空乎？空夫婦以絕生生之道，而自己卻欲結舍利子以長存，誰還說是空的？太祖指其易見處，就眉與耳言之，而老賊情狀畢露，伎倆盡窮，束手就擒矣。唐高祖沙汰一勒以後，錄捉賊之功，太祖其首乎！

（四）

束鹿張鼎彝《毀念佛堂議》

元藏拙草茅，素不慣交顯達，一時君子，蓋多其人，苦愚陋無由知，以尋父遊遼左，貶節叩號，無門不入。奉天少京兆束鹿張先生，爲吾友尚夫兄；且憐苦子，爲頒布報帖所屬，是以得侍坐側聞此議也。謹錄爲喚迷助。

甲子，張子奉簡命，督學奉天，既抵省，適《通志》成。大京兆以其稿屬爲讎校，見其誌祠祀，錦北關有曰念佛堂者，喟然曰：“風俗之不淑，民無禮也；人心之不正，上無教也。”子輿氏曰：“不以堯之所以治民治以，賊其民者也。”堯之所以治民者何也？勞之，來之，匡之，直之，輔之，翼之，使蚩蚩者氓，日用飲食，曉然於三綱五常而不敢於邪慝，斯已矣。錦州爲我朝龍興地，太祖、太宗曁世祖皆嘗以堯舜之治治者也，今上命吾儕來尹茲土，固將曰爾受茲嘉師，庶勞之、來之、匡之、直之、輔之、翼之，以無負我二三城堯舜之民也。錦民者，竟羣然以念佛爲業，而又肆然鳩工庀材而樹之堂，而又巍然峙於都會之衢，而又煌然登諸《通誌》以昭示夫天下後世。所謂勞之、來之、匡之、直之、輔之、翼之者，固如是耶？余竊以爲懼。爰召太守某君而議曰：“盍毀諸？”辭曰：“錦民之習於是也衆，且匪伊朝夕矣，仍之便。”予瞿然曰：“佛法至漢明始入中國，迄今千餘年，西方聖人之名遍海澨，凡名山大川，靡不有珠宮貝闕以供香火。然聖君賢相，雖未能盡去髡髮之侶，斷未有等釋氏於二帝、三王之道，迪萬世以祈雍熙者也。卽蕭瑀、王欽若之徒，爲聖君賢相所不齒，亦不敢播爲令甲，以合掌當空、閉門誦經之事號召乎寰區也。甚而至於佛圖澄之佐石勒，姚廣者之佐成祖，身本緇衣，而得君行政，奏底定之勳，宜以其術易天下矣，卒亦未敢攙一言於制治之書，俾有室有家者胥率彼天竺教，作六時梵誦也。子太守，當堯舜在御，而乃使錦之民羣然以念佛爲業，肆然鳩工庀材而樹之堂，巍然峙都會之衢，煌然登諸《通誌》以昭示天下後世，爲蕭、王、佛、姚所不爲，將何以無負嘉師而對揚天子之休命？至不矚於非義，而誘諸衆且久，則甚矣！子太守之飾也，聞之義州鄉俗，故重佛老及諸不經之神，有豎閭先生者，製祀外神文祝而悉焚之，一時翕然無或梗焉者。夫義之民衆矣，其俗亦非一日矣，豎閭不過一謝病鄉先生耳，非其有責也，非其有權也，乃毅然行之而義州人無敢梗焉者，豈有他歟？躬行以導之，積誠以動之，坦白洞達以曉之，雖甚頑愚固，無不可格之民也。子太守，保釐東郊，民之表也；誠破其飾而振共誘，何畏乎徒之繁而淫於俗者之深且久哉？若念錦土瘠涼，其材或可惜，則錦響有遼右書院，爲明樊介福直指所建，借其地而復之，集郡之俊秀實其中而課之，以白鹿洞之規條，救俗育才均有賴焉，其誰曰不宜？惟子太守勉旃！”弗應，默然而退。嗟乎！義，錦屬也。豎閭先生之子若孫猶有存者，甯無聞之而齒冷！

《闢念佛堂說》

京兆方構前議未成稿，予適入衙，慨然詔予曰："闢異端，渾然素志也。念佛堂之設最爲不經，盍爲我闢之？"予退，草此以進。

昔者，聖人之治天下也，惟務生人；其生人也，務厚人之所以生。故父子，人之相生也者，教之孝慈；兄弟，人之同生者，教之友恭；夫婦，人之從生者，教之義順；君臣、朋友，維人之生者，教之令共與信。恐人之未必克盡於是教也，爲之立學校以宣行藝，鳴鞀鐸以警道路，導之也；爲之法度藏諸王府律令，懸之象魏，示之也；入教者嘗於祖，出教者刑於社，令民知所趨避也。聖人之公卿，百執事以及州牧里師咸奉是以勤其職，聖人亦以是上下其績，此二帝、三王之治之所以隆而風俗之所以美，爲繼天立極之化也。降及秦漢，治雖不古，而君臣、父子、夫婦、朋友，凡天下之爲生者，未之有改也。自漢明帝乃西迎以死教天下之妖鬼入我中國，其號曰佛，五蘊皆空，是死其心及諸臟腑也；以耳目口鼻爲賊，是死其身形也；萬象皆空，是並死山川草木禽魚也。推其道，易天下男僧女尼，人道盡息，天地何依？是並死世界宇宙也。舉振古來千百聖人所以生天下之道法盡夷滅之，舉千萬載生民所以相生、從生、同生、維生者盡斬斷之，然人君迎之、親王奉之，歷代風靡，寺菴遂遍天下。仁人君子望清涼臺，未嘗不痛心疾首也！然寺庵雖儼然立，僧尼雖公然行，而都鄙不寺不庵之地，閭閻不僧不尼之人，猶未有異名別號以倡邪說者。迨"紅巾"、"白蓮"始自元明季世，焚香惑衆、種種異名旋禁旋出，至今日若"皇天"，若"九門"、"十門"等會，莫可窮詰。家有不梵剎之寺庵，人成不削髮之僧尼；宅不奉無文無君之妖鬼者鮮矣，口不誦無父無君之邪號者鮮矣。風俗之壞，於此爲極！猶幸朝廷嚴擅建庵觀寺廟、私度僧尼之禁，凌遲無生老母，屠夷新河妖人。煌煌顯律，凜凜王章，愚民猶有不辨邪正、不畏生死、相聚會佛者，仁人君子所以聽佛聲，未嘗不痛心疾首淫淫淚下也！噫！愚民何知？妄謂念佛可以致福免禍耳，殊不思福者何？子孫昌、家業富之謂也。禍者何？絕子孫、無家業之謂也。彼佛者，有子孫耶？有家業耶？佛已無福，念之其可以致福耶？佛已大禍，念之其可以免禍耶？况天地鬼神，昭昭在上，不可以僞言欺，苟不實踐忠孝、篤行仁義，卽口稱忠臣孝子之名，日誦大仁大義之語，天地鬼神必且靳之福而降之禍。况口稱不忠不孝之非鬼，日誦賊仁殘義之邪言，天地鬼神其不益怒而加禍耶？以念佛求福，愚且妄矣。念佛已愚且妄，况聚爲羣社、立之室堂，公然建之城市、聞之官長，其干法壞俗又何等耶？是久愚之愚、妄之妄者矣！今《錦州府誌》有云念佛堂者，世未前聞，官吏非徒不之禁，而且顯登之記載以長邪，汚典册，奈何不知聖人生天下之教，而忍於助死天下之教也？仁人君子所以閲《錦府祠祀記》，未嘗不痛心疾首淫淫淚下也！噫！

《擬諭錦屬更念佛堂》

既呈前説，京兆遂出所議示予。予曰："經世之文也！"然竊念議之闢之，不若直行文更之，遂草此進。

嗚呼錦守！天生蒼赤，爰賦恆性；敍爲五典，釐爲百善。順之吉，逆之凶。矧其棄之，鮮不殄滅。越自東漢，皇天降割；於我時夏，使西番妖法，入惑我黔首。五典咸墮，百善俱廢；忍絕天性，謬託慈悲，苦戾人情，妄稱極樂。沙門輩復敢恣爲幻灝，創爲十王陰獄諸危酷，恐慄我赤子，謂呼乃佛號，立致種種福，立脫種種難。嗚呼！惟德動天，非修善克允福，弗倖邀？非改過克允禍，弗苟免？舉口而致斯民，疇不易從？始迷是非，繼反榮辱，終至不畏刑戮生死；是以呼佛成俗，敢營堂城市，罔知禁忌。嗚呼錦守！小人何知？惟君子心思。小人何識？惟君子耳目。素迪不勤，素戒不飭；念[1]復顯登之誌册，以翼邪俗。嗚呼！予兹懼上干天子降罰，傳譏於後世。嗚呼錦守！易乃風俗是責，吾濟其罷堂中所有，更匾額曰“鄉約所”，仰承天子制，選老成德望，朔望講讀，訓正斯民，無俾終惡。嗚呼！予聞兹士醫巫閭先生、賀子欽易諸佛刹爲書院，講朱考亭白鹿洞規，淑俗明季。當日士夫齊民，胥安從之，罔有異。矧予暨汝，實戶[2]名位；孰與鄉先生反掌丕變，信無梗。無俾誌册比觀，取羞賀賢。勖旃錦守，易一時羞，作千古美。錦守勖旃！

❶ “念”，疑爲“今”。——編者註
❷ “戶”，疑爲“尸”。——編者註

編後記

本書整理者許嘯天（1886~1946），字澤齋，號嘯天，別署嘯天生、嘯天盧主等，浙江上虞人。早年在《蘇報》發表文章，深得章太炎的賞識。後又致力於戲劇，能編善演。1914年，許嘯天與其妻高劍華創辦《眉語》雜誌，成為鴛鴦蝴蝶派的名刊之一。新文化運動興起後，許嘯天提倡新文化，致力於古代文化典籍和古代著名小說的點校和闡釋工作。曾以新式標點校點《黃梨洲集》《顧林亭集》《王船山集》《朱舜水集》《顏習齋集》（合為“清初五大師集”，《顏習齋集》是其中的卷五，知識產權出版社《民國文存》第一輯均有收錄）以及《紅樓夢》《三國演義》等，又以白話註釋《詩經》《戰國策》《史記》等。許嘯天著有小說、劇本多種，在小說創作方面以歷史演義題材為主，其中以《清宮十三朝演義》流傳最廣，曾改編為京劇，原作亦多次再版，此外還編著有《文學小史》《中國文學史解題》《國故學討論集》等。1946年抗戰結束，許嘯天返回上海，任上海誠明文學院教授，創辦嘯天講學社，教授中國文學史，兼事寫作。

許嘯天在《顏習齋集新序》中稱顏習齋是一位“積極的實證派”。顏習齋即顏元（1635~1704年），河北博野人，清初思想家、教育家，字易直，后改渾然，習齋是顏元的號。其人少時為學頗雜，好陸王，后轉宗程朱，及至中年，全面摒棄程朱陸王，對程朱抨擊尤力。他看到佛教和宋明理學有許多相同之處，因此對佛教的批判也很尖銳，這主要都是為他的政治思想和學術思想服務的。顏習齋強調習行精神對認識的重要作用，反對書院式教學，其實學思想為門人李恕谷繼承和闡發，世稱“顏李學派”。清初是哲學上批判的時代，這種批判精神，以顏李學派為代表。錢穆在《中國近三百年學術史》中稱：“夫近三百年學術思想之大師，習齋要為巨擘矣，豈僅於三百年！”錢穆提到顏習齋的批判精神時說：“上之為宋、元、明，其言心性義理，習齋既一壁推倒；下之為有清一代，其言訓詁考據，習齋亦一壁推倒。‘開二千年不能開之口，下二千年不敢下之筆’，遙遙斯世，‘前不見古人，後不見來者，念天地之悠悠，獨愴然而涕下’，可以為習齋詠矣。”

本書依據群學社1926年1月付印、1928年再版的《顏習齋集》爲底本進行整理。本書共分三卷，收錄李塨撰寫的顏習齋年譜、鍾錂所纂的言行錄及顏習齋的《四存編》，比較全面地反應顏習齋的生平事蹟、舉止言行和學術思想。編輯在整理的過程中，版式上將原來的直排變為横排，以便於今人閱讀；對底本中需要補充或明顯錯訛需要糾正的地方，以“編者注”的形式說明；底本已經使用了現代標點，但與今天的規範仍有差異，編輯以尊重原稿為主、依據現代漢語標點規則修改；原書三卷體例不一，卷二有目錄，此次將其刪除，另外在不影響原書內容的情況下，調整了標題層次。限於整理者水準，錯漏不當之處仍在所難免，誠望讀者批評指正。

韓　帥

二零一二年十一月

《民國文存》第一輯書目

紅樓夢附集十二種	徐復初
萬國博覽會遊記	屠坤華
國學必讀（上）	錢基博
國學必讀（下）	錢基博
中國寓言與神話	胡懷琛
文選學	駱鴻凱
中國書史	查猛濟、陳彬龢
林紓筆記及選評兩種	林紓
程伊川年譜	姚名達
左宗棠家書	胡嘯天
積微居文錄	楊樹達
中國文字與書法	陳彬龢
中國六大文豪	謝無量
中國學術大綱	蔡尚思
中國僧伽之詩生活	張長弓
中國近三百年哲學史	蔣維喬
段硯齋雜文	沈兼士
清代學者整理舊學之總成績	梁啟超
墨子綜釋	支偉成
讀淮南子	盧錫烴

國外考察記兩種	傅芸子、程硯秋
古文筆法百篇	胡懷琛
中國文學史	劉大白
紅樓夢研究兩種	李辰冬、壽鵬飛
閒話上海	馬健行
老學蛻語	范禕
中國文學史	林傳甲
墨子間詁箋	張純一
中國國文法	吳瀛
錢基博著作三種	錢基博
老莊研究兩種	陳柱、顧實
清初五大師集（卷一）· 黃梨洲集	許嘯天
清初五大師集（卷二）· 顧亭林集	許嘯天
清初五大師集（卷三）· 王船山集	許嘯天
清初五大師集（卷四）· 朱舜水集	許嘯天
清初五大師集（卷五）· 顏習齋集	許嘯天
文學論	夏目漱石、張我軍
經學史論	本田成之、江俠庵
經史子集要略	羅止園
古代詩詞研究三種	胡樸安、賀楊靈、徐珂
古代文學研究三種	張西堂、羅常培、呂思勉
巴拿馬太平洋萬國博覽會要覽	李宣龔
國史通略	張震南
先秦經濟思想史	甘乃光、熊夢
三國晉初史略	王鍾麒
清史講義（上）	汪榮寶、許國英
清史講義（下）	汪榮寶、許國英

清史要略	陳懷
中國近百年史要	陳懷
中國近百年史（上）	孟世傑
中國近百年史（下）	孟世傑
中國近世史	魏野疇
中國歷代黨爭史	王桐齡
古書源流（上）	李繼煌
古書源流（下）	李繼煌
史學叢書	呂思勉
中華幣制史	張家驤
中國貨幣研究二種	徐滄水、章宗元
歷代屯田考（上）	張君約
歷代屯田考（下）	張君約
東方研究史	莫東寅
近世歐洲史	何炳松
西洋教育思想史（上）	蔣徑三
西洋教育思想史（下）	蔣徑三
西洋教育史大綱	姜琦